JN081503

Minerva Shobo Librairie

都市居住の社会学

社会調査から読み解く日本の住宅政策

大谷信介
［著］

ミネルヴァ書房

都市居住の社会学

——社会調査から読み解く日本の住宅政策——

目　次

序　章　都市居住の社会学

1　日本社会の制度疲労と社会学の役割

2020年の新型コロナウイルスのパンデミックは，14世紀の黒死病（ペスト）の流行がヨーロッパ社会を激変させたように，世界史を大きく変えていく歴史的出来事である。日本社会もこれまでの「社会秩序」や「社会制度」を歴史的に見つめ直し，コロナ禍後の新しい社会の制度設計を考えていかなければならないといえるだろう。

日本社会は，江戸時代の幕藩体制から1968年の明治維新を通して，新しい社会制度を構築してきた。その制度改革はある意味では成功し，日清・日露・第１次世界大戦を経て国際社会の中でも注目される存在となっていった。しかし，明治維新後70年を経た日本社会は，あらゆる領域で制度疲労を起こし，1937年の日中戦争から第２次世界大戦の敗戦に至ってしまったのが歴史的事実である。その後日本は，戦後復興とともに新しい社会の制度設計を進め，世界情勢の幸運なめぐりあわせにも恵まれ，高度経済成長を経て，比較的民主的な社会を形成してきたといえる。しかし，戦後70年が経過した2015年以降，またしてもあらゆる領域で制度疲労が露呈してきているのが実情である。2015年という年は，「いわゆる団塊の世代が，年金受給対象の65歳以上となる年」であった。われわれは世界が経験したことのない超高齢化社会の真っ只中にいて，1945年の敗戦以降に作ってきたさまざまな社会制度が，設計後70年を経て制度疲労を起こしてきているという認識を強く持つ必要があるだろう。

日本社会の制度疲労はあらゆる領域で起こってきているが，最も象徴的な事例としては統計行政の制度疲労が指摘できる。2019年１月に発覚した，毎月勤労統計調査の不適切な取り扱いを発端とする統計不正問題は，国民に大きな衝撃を与えた。毎月勤労統計調査は，労働者の賃金や労働時間などの変化を把握するための統計であり，雇用保険や労災保険の算出などにも使われるきわめて重要な統計である[(1)]。また，毎月勤労統計調査以外にも国の重要統計とされる基幹統計のうち，約半数にあたる21統計で不正が発覚した。これらの問題は，「統計なくして国家などの運営は成り立ちません」としてきた国の基盤を揺るがすだけでなく，国際社会から日本の信用がなくなるのと同義の大問題である。今回の統計不正問題は，統計職員の統計に対する知識と意識の低さが問題の発端となったことは事実ではあるが，「統計リテラシーの欠如」という一言で片づけてよい問題ではなく，日本の統計行政の制度疲労として深刻に受け止めるべき問題である[(2)]。

戦後日本の統計が本格的に整備され始めるのは，1957（昭和22）年に統計法が公布されてからである。この法律によって，各省庁で所管行政に必要な統計を作成し，総務省統計局が統計の重複や欠落等の総合調整機能の役割を担うという分散型統計機構が形成されてきた。そして，世帯と事業所に関する全数調査である「国勢調査」，「事業所統計調査」とその調査結果を母集団とした標本調査である「統計調査」を導入していくことによって，戦後の統計行政が確立されていったのである[(3)]。戦後日本の行政施策の企画・立案の基礎資料は，こうした統計行政による統計調査によって収集されてきたのである。しかし，戦後70年の社会・経済・国民生活の激変の中で，これまでの政府統計だけで政策立案をすることが困難となってきているという制度疲労が出現してきているのである。

「景気判断に関する統計指標に象徴されるように，これまでのように単純に〈証拠〉とならなくなってきた事実」，「プライバシー意識の高揚に伴う調査拒否の増加や回収率の低下が深刻化している問題」，「報告義務という建前で進めてきた調査方法の限界と国民の調査負担が増大している問題」，「統計学的根拠を持たない世論調査（RDD 法）が普及してきたが，それらも問題を抱え新たな調査方法開発が必要となっているという問題」，「事実（統計調査）と意識（世論調査）を区別する統計法の枠組みに基づく調査では，国民の実態を測定できなくなっている問題」等は，まさに制度疲労の代表的なものである。[4] こうした統計制度に基づく統計調査は，これまでは主として統計学や経済統計学の研究者が中心となって進められてきた。しかし統計制度の抜本的見直しのためには，統計学だけでなく「社会調査論」の知見が必要不可欠であり，社会学者の役割が重要性を増しているのである。[5]

これまでの日本社会では，統計行政に限らずあらゆる領域で，社会学者の政策への関わりは低調であった。社会学の学問的成果あるいは社会学者の発言が現実の政策や制度設計に生かされる機会が，経済学や政治学と比べればはるかに少なかったのは確かな事実であった。[6] 2015年以降は，そうした状況に問題提起をしていく機運が高まってきている。2015年の社会学会の学会誌『社会学評論』で，「社会学は政策形成にいかに貢献しうるか」が特集として取り上げられた。[7] また，2016年には社会調査協会の機関誌である『社会と調査』において，「社会調査と政策のあいだ」が特集として取り上げられ，政策の形成・評価・実践と社会調査をつなぐために何を考えていかなければならないかが問題提起されたのはそのことを象徴している。[8] 本書も，そうした問題意識に基づいて，住宅政策に対して社会学がどのような貢献ができるのかを考察したものである。

2　住宅・住宅政策研究と社会学の取り組み

これまで，住宅や住宅政策に関する研究はどのように進められてきたのだろうか。平山洋介は，国際学界で住宅研究が発展しているのに対して，それが日本で低調な状況について次のように指摘している。[9]

「日本では建築分野の研究者がおもに住宅研究を担った。この分野では，住宅それ自体に関する分析は多くみられるが，住まいの問題をより広い社会・経済・政策の文脈に関連づける仕事が十分ではない。社会科学の諸分野では，住宅研究の研究蓄積が少ない。社会階層，人口と家族，社会政策，福祉国家……などの議論が住宅論をほとんど含まずに展開しているのは日本ぐらいである」。

また，住宅研究が進んでいるといわれてきたイギリスにおいてさえ，住宅政策の批判的検証という研究が軽んじられてきたという事実の指摘もある[10]。

「住宅は，基本的には，市場で供給される商品であり，たとえ何らかの政策が必要だとしても，住宅市場にアクターとして参入することが困難な人々を対象とした，ごく限定的なものにとどまるとの見方が主流であった。官僚機構の内部でも住宅政策の責任主体は定まらず，結局のところ，ハウジングに関する重大な決定は，経済と税制を担当する省庁によって下されるのが常であった」。

こうした指摘は，まったく日本においても当てはまることであり，「住宅政策の不在」の問題状況も，「住宅研究の低調さ」とともに日本の大きな課題であったといえるだろう。

それでは，日本の社会学の領域で住宅や住宅政策に関する研究はどのように行われてきたのであろうか。

磯村英一は，1963年の『社会学評論』の「特集：社会学は社会的要請にどのように答えるか」に寄稿した論文を，「社会学の都市計画への接近はわが国に関する限り，全く未開の分野といわざるをえない」と締めくくっていた[11]。また1984年時点の磯村の論文では，社会学において住宅や住まいに対する関心の低いことを問題視し，「居住社会学」の必要性を次のように提起していた[12]。

「わが国で，〈住まい〉などというと，直ちにそれは〈住宅〉ととられ，その理論と対策は，建築や土木——最近では都市工学——という専門に任されてしまう。住まいは，たしかに物理的な構造であることは間違いないが，住むのは〈人間〉である。それを，常に建物の構造の面からだけとらえ，住む人間からの発想は，全くないような状態は見逃すことはできない」。

「都市の社会学的研究は，〈住まい〉の在り方を的確にとらえていない。いわんや人間が居住して〈地域社会に生活が根を張る状態〉としての〈住まい〉については無縁に等しい。この点で建築専門だったドクシヤデスが〈エキスティクス〉の名において，建築という自然科学の分野から，居住という人間科学の分野に，研究の領域のあることを指摘したことは注目される。人間科学の一つである社会学が，人間・家族・都市・地域・環境等の根拠として〈住まい〉という研究の分野があることは，新しい課題といえるであろう」。

こうした発言は，磯村英一がドクシヤデス主宰の世界居住学会（World Society for Ekistics）の会長を務めたり（1974-75年），1976年にバンクーバーで開催された国連人間居住会議の理論的総決算ともいえるウォードの『人間と居住――人間は地球にどう住むか』を翻訳し日本へ紹介するなど，積極的な活動を展開していたことが背景に存在していた[13]。共訳者の駒井洋も，『人間居住環境を考える――住みよい都市づくりへの提言』といった学際的な研究者による研究成果を出版するなど，社会学だけでなく広く「人間居住論」の一般化を図ろうと展開していたのである[14]。それらは，経済成長一辺倒だった日本社会において，世界全体を視野に入れた壮大な問題意識に基づく問題提起ではあったが，日本の政策課題や社会学の居住論の確立につながらなかったことはきわめて残念なことであった。

これまでの社会学においては，〈住宅〉という研究対象は，正面から取り扱われることはほとんどなく，家族や都市や福祉といったテーマと関連づけて，副次的，断片的に論じられることが多かった。

家族社会学の領域では，家族のライフスタイルとの関連で〈住宅〉や〈住まい方〉が論じられてきた。そこでは，団地族・単身赴任・高層住宅・親との同別居・二世帯住宅といった諸問題が，家族と関連づけて論じられてきたのである[15]。すなわち，現実の家族がどう変化しているかをずっと追ってきた家族社会学が，住宅という〈ハコ〉と家族という〈現実〉を関連づけて考察してきたのである。そこでは〈変わる家族〉と〈変わる住まい〉という視点が中心的テーマとなってきたといえるだろう[16]。

都市社会学の領域でも，〈住宅〉や〈住宅政策〉が正面から取り扱われることはほとんどなかった。社会学者が政策形成に関わった事例としては，自治省のモデルコミュニティ事業があげられるが，それらは町内会等の伝統的地域集団とは異なる地域社会形成の提言であり，住宅政策と直接関係するものではなかった[17]。それ以外の研究でも，アーバニズム論に象徴される都市的生活様式との関連で〈郊外〉研究としてニュータウン居住の問題が議論されたり，親族関係や近隣関係等のパーソナルネットワークに関する実証研究において，居住形態との関係が副次的に分析に登場する程度であったといえるのである[18]。最近では，社会学研究においても「ハウジングの社会学」，「住宅社会学」，「住宅政策研究」といった〈住宅〉や〈住宅政策〉に関する研究が提起されるようになってきているが，いまだ研究領域として確立されていないのが現実である[19]。

3 社会調査に基づく都市居住の社会学とは

社会学において，〈都市居住〉の問題が扱われる場合に大きな問題だった点は，研究者の「思い入れ」に基づいて，研究対象が考察されてきた点である。その象徴的な事例は，〈ニュータウン〉や〈コミュニティ・町内会〉についての社会学者の考察である。

社会学において，〈郊外〉や〈ニュータウン〉が語られるとき，ほとんどの場合は，否定的に扱われることが多かった。西澤晃彦は，郊外を「迷宮」と位置づけ，「郊外のニュータウンは均質的かつ共同性が弱く，それゆえにそこに育った若者たちは社交性・社会性が欠如している」と指摘し，「郊外居住者の攻撃性」が都市社会学のテキストとして語られているのである[20]。宮台真司も，「ニュータウンには特有の同質感があり，収入がまったく同じクラスのやつが同じブロックに住んでいる。家も同じ」，「郊外化の歴史の中で，家族が実質を失っていくと，形にこだわる家族が出てくる」，「隣近所との接触の可能性は，ものすごく少なく」，「共同性が完全に欠如している」。このようなニュータウンは「誰だって住みにくく，居心地の悪い場所」であると否定的に位置づけている[21]。こうしたニュータウンへの否定的評価から，1997年に神戸市須磨区で発生した「酒鬼薔薇事件」といわれる連続児童殺傷事件の一因として，〈ニュータウン居住の問題〉が語られたのである。この事件については，社会学者だけでなく，当時のマスメディアの報道でも，事件の背景をニュータウン居住の問題と関連づけた報道が多くなされたのである。

本書で取り扱っている2004年に実施した「関西ニュータウン調査」は，事件が起こった須磨ニュータウンも調査対象に含まれていた。この調査は，関西学院大学の COE 研究の指定研究と社会調査実習の一環として実施されたものであった。この調査に参加したゼミの学生たちは，犯人と同い年の世代であり，犯人が社会復帰した2005年に卒業論文を書いていたのである。学生たちが注目したのは，社会学者やマスメディアの報道に対する疑問であった。中でも神戸市在住の学生が書いた卒業論文の序章には，リアリティのある問題意識が記載されていた。犯人と同世代の学生が書いた文章という意味でも貴重な資料と思われるので少々長いが引用してみたい。

「中学３年生の５月，神戸市須磨区で淳君殺害事件が起きた。日本史上類を見ないこの事件は，異常で残忍な犯行手口や，犯人がわずか14才だったということで地域社会を震撼させた。また，事件現場は私の高校の学区内と非常に近く，現場近くに住む友人からも当時の話をたくさん聞く機会があった。私はその夏知人の縁で，この事件に関して最相葉月さんからインタビューを受けたことを鮮明に覚えている。それはあの時，犯人と同い年であった「14才」の中学３年生が，世間から一種特別な目で見られていたことを意味していたのだろう。当時「14才」であった我々にとって，この事件の衝撃は大きく，一生忘れがたい事件であるはずだ。また，事件の犯人であった少年が2005年元旦に正式に社会復帰することが決定したというニュースは，私の卒業論文作成にあたり大きな意味をもち，当時のことを再び思い出させた。

事件が起こったのは「閑静なニュータウンの一角」だった。一般的にはプラスイメージで語られることの多い，〈ニュータウン〉での凶悪事件だったという点でも，当時注目された事件だった。私はそれまで友人の住む北須磨という場所を，初めて〈ニュータウン〉として捉えるようになった。少年の社会復帰のニュースをきっかけに，私は関西学院大学の図書館で，この事件に関する文献等がどれくらい出版されているかを調べた。すると，予想以上に多くの文献があったが，事件が特異であっただけに，心理学や犯罪学，教育学等様々な分野から言及されていることを知った。しかし，その中で，私の専攻する社会学の分野からもこの事件の原因論について書かれているのを知り，驚くと同時に興味を持った。それは，この事件の背景に〈ニュータウン〉というものがあり，事件の原因として否定的に〈ニュータウン〉が捉えられていたからだ。また，社会学よりも，より一般的なマスコミ（ここでは新聞において）でも，当時〈ニュータウン〉を否定的に捉えていた記憶がある。例を挙げれば，「ニュータウンという《急いだ街づくり》を迫られる地域では，周囲とのコミュニケーションや生の人間関係を築くのが難しい特徴がある」「ニュータウンは近所づきあいが希薄になりがちで，事件があった際も目撃証言が出にくい」というものである。

私の問題意識は，①これらのニュータウン批判が，どれだけの事実を根拠として語られているのか，②ニュータウンの悪いとされていることが事件の“直接の原因”となりうるのか，③ニュータウンとそれ以外の地域にそれほど大きな差があるのか，ということである。このような問題意識をもった理由は，「関西ニュータウン比較調査」の結果から，一概にそうとは言えないと考えたからである」。

この卒業論文では，インターネットによる新聞検索を使って新聞報道を分析するとともに，ニュータウン調査のデータ分析をもとに，事件の原因をニュータウンとする見解を否定したのである。大変優秀な卒論であり，全文は，調査実習報告書として刊行されている[22]。引用した文章には，社会学者やマスメディアの報道で，殺人事件の原因として〈ニュータウン〉が位置づけられている実態への，学生の率直な疑問や違和感がよく示されていたといえるだろう。殺人事件の一因として，郊外やニュータウン居住の問題を結び付けて考えることは，研究者の単なる「思い入れ」に過ぎないものであり，「郊外居住者の攻撃性」の指摘は問題でもある[23]。〈ニュータウン居住〉の問題性を指摘するためには，ニュータウン居住者と他の居住者を対象とした社会調査を実施することによって，実証的に検証する作業が必要不可欠である[24]。

「都市居住の社会学」を目指す場合，対象をどのように評価すべきかという立場性を強調することから始めるのではなく，居住者の実態や事実を正確に測定できる社会調査を設計することによって都市居住の問題点を明らかにすることが重要であると考えている。本書では，そのような「都市居住の社会学」の視点から，住宅政策の問題点やあり方を考察していきたいと思う[25]。

都市社会学の領域では，古くから多数の実証的社会調査が積み重ねられ，社会学における社会調査論を牽引してきた。それは社会調査論のテキストの多くが都市社会学者によって作成されてきたことにも示されている[26]。しかし，そうした社会学領域での社会調査研究の蓄積が，これまで，国や地方自治体が実施するいわゆるアンケート調査を政策形成に有効な手段となるまでの影響を与えてこなかったという事実にも注目する必要がある。

その一因として考えられるのが，これまでの調査研究の質問文作成過程で，「意識を問う質問」が多用されてきた点を指摘することが可能である。自治省モデルコミュニティ事業にも影響を与えたコミュニティ形成論では，〈コミュニティモデル〉を，調査対象者の意識類型を決めるという手続きで決定してきた。具体的には，４つの文章を提示して「あなたのお考えに近いものを選んでください」という回答結果で，〈地域共同体モデル〉，〈伝統型アノミーモデル〉，〈個我モデル〉，〈コミュニティモデル〉を決定してきたのである[27]。またそれを修正する形で問題提起された調査研究でも，「コミュニティモラール」という「意識を問う質問」が使われていた[28]。それは近隣関係の測定でも同様で，コミュニティ形成論関連の調査研究では，望ましいと思う近所づきあいという「意識を問う質問」が使用されることが多かった[29]。この点については第９章で詳細に指摘したい。

当時多用された「意識を問う質問」は，行動として直接あらわれない自分の考えや意見，将来の予定や要望，満足度などを尋ねる質問と位置づけられる。それらは，考える基準や気分によって回答が変化してしまうことも多く，回答者が答えにくいだけでなく，データとして解釈する場合でも困難さがつきまとう。それに対して，回答者の現在の状況や過去の経験を事実として測定する「事実を問う質問」は，「意識を問う質問」より有用性の高いデータが得られるのである。そのことは，大阪府44市町村が実施した総合計画策定のための「市民意識調査」を対象として2002年に実施した「44市町村調査票分析」によって明らかになった事実であった。それまでの大阪府44市町村で実施されてきた市民意識調査があまり政策形成に寄与できる分析ができてこなかった大きな原因として，漠然と市民の意識を問う質問文が多く，市民の行動や実態を正確にデータとして測定できる質問が少なかったことが関係していたと考えられたのである[(30)]。

この状況は，市役所だけでなく県庁が実施する「県民意識調査」でも同様であった[(31)]。またこうした問題状況は，国の政府統計調査や統計法の規定とも密接に関連していることが，筆者が2013-15年に務めた「内閣府の世論調査に関する有識者検討会」の経験から明らかになってきた。統計法（第２条５項）では，国の行政機関が実施する「統計調査」を「個人又は法人その他の団体に対し事実の報告を求めることにより行う調査」と定義している。この条文に書かれている「事実の報告」という文言は，統計行政においてはきわめて重要な意味を持つ言葉である。統計法では，統計調査を〈事実を調べる調査〉と規定し，「統計調査には，意見・意識など，事実に該当しない項目を調査する世論調査などは含まれません」と位置づけているのである。すなわち政府統計は，総務省統計局が管轄する「事実の報告」としての「統計調査」と，内閣府が総務省に届け出をする必要がなく機動的に実施できるが「事実に関する質問」ができないという制約をもった「世論調査」に大別されて実施されてきたのである。内閣府の世論調査が，政策形成の有力なデータとなってこなかったのは，「事実を問う質問」が問えないという統計法の「調査の枠組み」に起因していたのである[(32)]。

また一方で「事実の報告」として蓄積されてきた53の基幹統計を中心とした総務省管轄の「統計調査」も，「証拠」としての意義はあるものの，複雑な現代社会の政策課題の分析には限界があることがわかってきた[(33)]。それは端的に言うと，「政府統計が，クロス分析ができない」という限界である。すなわち「住宅土地統計」では，国民の住宅について詳細に統計がとられているが，「家計調査」で調べられている家計の構造や，「社会生活基本調査」で調べられている生活時間や，内閣府の「国民生活世論調査」の生活満足度等を，相互にクロス分析することができないのである。その点社会学領域で蓄積されてきた「社会調査」では，仮説に基づいて質問文を設計し，それらをクロス分析することによって政策課題の解明が可能となるのである。住宅政策は，人間の〈住居〉や〈住まい方〉の実態を正確に測定し，総合的に分析していくことによって，政策立案が可能になると考えられる。本書が目指す「都市居住の社会学」は，これまで社会学領域で蓄積されてきた「社会調査」を，「事実を問う質問」を重視する方向で再検討し，都市居住の問題点を明らかにしていきたい。政府統計では，「証拠に基づく政策立案」（evidence-based policy making）が標榜されてきたが，本書では，「社会調査に基づく政策課題分析」を重視する「都市居住の社会学」の視点から，住宅政策の問題点やあり方を考察していきたいと思う[34]。

4　本書の構成

第1章では，日本人がどのように住宅に居住してきたのかという住宅事情と，住宅政策がどのように進められてきたのかという実態を歴史的に整理している。住宅事情や住宅政策の展開については，これまで第2次世界大戦後の動向に焦点があてられることが多かった。本書では，巻末に整理している「20世紀の歴史と日本の住宅事情・住宅政策」にも示されるように，明治維新以降における戦前の住宅事情や住宅政策についても考察することを心掛けた。20世紀の歴史と関連づけて〈都市居住〉を考えるという点も，本書で強調したい重要な研究視点である。

第2章では，日本人の都市居住の実態を規定してきた要因について考察している。日本社会は，産業革命，高度経済成長，高度情報化等の要因をもとに農業国家から都市国家へと変貌してきた。こうした都市化の実態が，日本人の住まい方を決定づけてきたことは確かな事実である。農村から都市への人口移動，大都市圏への人口集中，東京一極集中といった都市化の背景には，産業革命，旧民法改正による家族制度の変化，戦争と戦災復興，高度経済成長政策と地域開発政策，震災と震災復興政策，等が密接に関係している。また，住宅需要は，戦後のベビーブームによるいわゆる「団塊の世代」と「団塊ジュニア世代」に代表される「人口ピラミッド」にも影響を受けている。それらをできるだけ総合的に把握する視点から，日本の都市化と都市居住の実態を整理した。

第３章では，関西を対象として住宅開発がどのように進められ，どのように関西の都市空間が形成されてきたかを考察している。関西に着目するのは，住宅開発という点では常に関西が関東に先駆けて事業が進められてきたからである。小林一三による鉄道開発と住宅地経営の方法は，関東の私鉄開発の模範となってきた事業である。また関一大阪市長の都市計画への考え方は，1919年の都市計画法の制定に影響を与えるものであった。高度経済成長期の郊外住宅開発として全国で展開されたニュータウンのモデルケースとなったのも関西の千里ニュータウンであった。現在ニュータウンは，都市居住の一形態として全国に一般的にみられるようになっている（2013年の国土交通省のニュータウンリスト〔計画戸数1000戸以上・計画人口3000人以上・地区面積16ヘクタール以上〕では，全国に2015のニュータウンが存在すると報告されている）。この章では，都市居住の一形態としてのニュータウンの人口構成の特徴についても詳細な考察を行っている。

第４章では，2004年２月に関西の８つの大規模ニュータウン（千里・泉北・和泉・須磨・西神・三田・洛西・平城）を対象として実施した「関西ニュータウン調査」によって判明してきた特徴が整理されている。この調査は，2003年度関西学院大学21世紀 COE プログラム『人類の幸福に資する社会調査の研究』の指定研究として実施されたものである。この調査の特徴は，調査票作成過程で，関係自治体（大阪府・兵庫県・京都府・奈良県・神戸市・三田市・豊中市・吹田市・堺市・和泉市・京都市）の職員の方々に研究会メンバーとして参加していただき数多くのコメントをいただいたことである。またこの調査のもうひとつの特徴は，調査対象を市町村単位ではなく，該当する町丁字を限定してニュータウン居住者を母集団とした標本調査を実施したことである。この章では，その調査の詳細な分析によって，ニュータウン居住者の実態や生活行動が明らかにされている。

第５章で注目したのは「人はどのように住居を選択しているのか」という問題である。ニュータウンは，山や森林を切り崩して新たに住宅地を開発したところであり，居住者すべてが，住宅や居住地を選択して移り住んできた人たちである。その意味では，住宅選択や居住地選択要因を分析するには，最適の分析対象である。この章では，過去「住宅双六」という言葉で注目されてきた「住みかえ」研究を整理するとともに，社会調査によって「住居選択要因」をどのように測定してきたかに着目しながら，住居選択の実態を考察している。

第６章では，住宅政策の背景となってきた統計データに着目している。日本の住宅政策が建設政策の一環として運営されてきたため，住宅に関する政府統計は，住宅ストックの量的確保が基調にあった統計として整備されてきた。また官庁統計が，「国勢調査」をベースとした標本調査として整備されてきた結果，世帯ベースのデータが数多く存在し，建物ベースのデータがほとんど存在しない実態を生み出してきた。その実態は建築規制や都市計画を策定する地方自治体レベルも同様で，「市内にマンションが何棟あるのか」すら把握できない状況下で，「住宅マスタープラン」が作成されてきたのが現実である。

第７章では，住宅地図の建物ベースのデータを使って作成したマンションデータベースによって，どのような住宅事情が明らかになるのかを西宮市を対象として検討している。特に最寄り駅や用途地域制情報を新たに入力したり，複数年の住宅地図を比較分析したりすることによって，さまざまな市内の住宅事情が明らかになってくることが示されている。地方自治体によって作成可能な都市計画や建築規制が存在する現実の中では，市内の住宅事情を建物ベースでしっかり把握することがきわめて重要となるであろう。

第８章では，住宅地図の別記情報を〈抽出台帳〉として国勢調査データにもとづく〈割当法〉を使って実施した，マンション居住者を対象とした標本調査の実験的試みを紹介している。「マンション調査」では，居住者の属性的特徴だけにとどまらず，〈働き方〉や〈生活行動〉，〈近隣関係〉等の生活実態も測定することが可能となり，今後の都市居住のあり方や住宅政策の課題を考察する上での，基礎資料となることが示される。

第９章では，〈下り坂〉日本社会における住宅政策の課題が検証される。人口学者が，日本の人口が１億人を突破した1968年，人口ピークの2008年，将来１億人を切ると推定される2052年という人口曲線を使って問題提起した〈上り坂〉〈下り坂〉という視点は，住宅問題を考える上ではきわめて有効な時代区分である。1968年という年は，「一世帯一住宅」を達成した年であり，「霞が関ビル」が竣工し日本の都市空間が高層化を開始した年でもある。また中枢管理機能の「東京一極集中」が劇的に進展し始める年ともいえるのである。日本の住宅政策の主要な部分は，1968年以降の〈上り坂〉日本社会で推進されてきたものである。それは今後の少子高齢化がさらに進展する〈下り坂〉社会では，〈空き家の増加〉や〈マンション老朽化〉に象徴されるように〈負の遺産〉として顕在化してくる問題でもある。こうした〈下り坂〉日本社会の問題とともに，2020年に突然問題化した〈新型コロナウイルスのパンデミック〉によるコロナ禍後の日本社会も踏まえた，将来の住宅政策を考える視点を問題提起していきたいと思う。

注

(1) 雇用保険と労災保険の過少給付額は，厚労省の試算によると，雇用保険の場合で約1900万人，１人あたりの平均額は約1400円，総額は280億円となる見込みである。労災保険の年金給付の対象は約27万人で，１人あたり約９万円，総額は約240億円の見込みである。『日本経済新聞』「毎月勤労統計――雇用保険の算定基準に」2019年２月25日。

(2) 毎月勤労統計調査等に関する特別監察委員会（2019）「毎月勤労統計調査を巡る不適切な取扱いに係る事実関係とその評価等に関する追加報告書」。

(3) 小山弘彦（1997）「日本の未来を拓く統計調査」『官庁統計の潮流』大蔵省印刷局。

(4) 統計行政の制度疲労の詳細については，大谷信介（2015）「政府・地方自治体の政策立案過程における〈社会調査〉の役割――統計行政を踏まえた社会学からの問題提起」『社会学評論』66（２）：278-293頁，を参照されたい。

(5)　総務省自治大学校では65年ぶりに科目改訂を行い，2019年度から「社会調査の方法」を研修科目として新設した。また社会調査協会は，川崎市からの「市役所内のアンケート調査全般を改善・充実していきたい」という要請を受け，「川崎市アンケート調査支援モデル事業」というアドバイザー派遣事業を開始することになった。

(6)　盛山和夫（2015）「社会保障改革問題に関して社会学は何ができるか――コモンズ型の福祉国家をめざして」『社会学評論』66（２）：278-293頁。

(7)　太郎丸博・大谷信介（2015）「特集「社会学は政策形成にいかに貢献しうるか」によせて」『社会学評論』66（２）：166-171頁。

(8)　稲月正（2016）「特集「社会調査と政策のあいだ」に寄せて」『社会と調査』17：４-11頁，大谷信介（2016）「都道府県庁における県民意識調査の実態と職員研修の現状――長崎県・愛媛県・兵庫県の事例を中心として」『社会と調査』17：30-44頁。

(9)　平山洋介（2009）『住宅政策のどこが問題か――〈持家社会〉の次を展望する』光文社新書，294頁。

(10)　Lowe, Stuart（2011）*The Housing Debate*（祐成保志訳『イギリスはいかにして持家社会となったか――住宅政策の社会学』ミネルヴァ書房，2017年），p. i .

(11)　磯村英一（1963）「社会学の都市計画への接近」『社会学評論』14（１）：11-28，28頁。

(12)　磯村英一（1984）『住まいの社会学20の章』毎日新聞社，2-3，248-249頁。

(13)　Ward, Barbara（1976）*The Home of Man*（磯村英一・駒井洋訳『人間と居住――人間は地球にどう住むか』日本経営出版会，1977年）.

(14)　駒井洋・樺山紘一・宮本憲一・淡路剛久編（1983）『人間居住環境を考える――住みよい都市づくりへの提言』学陽書房，駒井洋編（1978）『人間と居住――地球共同体のための指針（現代のエスプリ137号）』至文堂，駒井洋編（1981）『人間居住環境の再編成（現代のエスプリ別冊［変動する社会と人間３］）』至文堂。

(15)　袖井孝子（1994）『住まいが決める日本の家族』TOTO 出版。

(16)　上野千鶴子（2002）『家族を容れるハコ 家族を超えるハコ』平凡社，鈴木成文・上野千鶴子・山本理顕他（2004）『「51C」家族を容れるハコの戦後と現在』平凡社，篠原聡子・大橋寿美子・小泉雅生他（2002）『変わる家族と変わる住まい――〈自在家族〉のための住まい論』彰国社。

(17)　国民生活審議会調査部会コミュニティ問題小委員会（1969）『コミュニティ――

生活の場における人間性の回復』。この小委員会には，安田三郎・倉沢進・奥田道大の３人の社会学者が参加した。それらの総括としては，玉野和志（2015）「地方自治体の政策形成と社会学者の役割」『社会学評論』66（２）：224-241頁。

⒅ 大谷信介（1995）『現代都市住民のパーソナル・ネットワーク――北米都市理論の日本的解読』ミネルヴァ書房。

⒆ 祐成保志（2008）『〈住宅〉の歴史社会学――日常生活をめぐる啓蒙・動員・産業化』新曜社，祐成保志（2014）「訳者解説――ハウジングの社会学・小史」，Kemeny, Jim（1992）*Housing and Social Theory*（祐成保志訳『ハウジングと福祉国家――居住空間の社会的構築』新曜社，271-272頁），祐成保志（2016）「住宅がもたらす分断をこえて」井手英策・松沢裕作『分断社会・日本――なぜ私たちは引き裂かれるのか』岩波書店，33-45頁，高木恒一（2012）『都市住宅政策と社会――空間構造 東京圏を事例として』立教大学出版会，山本理奈（2014）『マイホーム神話の生成と臨界――住宅社会学の試み』岩波書店。

⒇ 西澤晃彦（2000）「郊外という迷宮」町村敬志・西澤晃彦『都市の社会学――社会がかたちをあらわすとき』有斐閣，203-236，206頁。

㉑ 宮台真司（1997）『透明な存在と不透明な悪意』春秋社，45-67頁，宮台真司（2000）『まぼろしの郊外――成熟社会を生きる若者たちの行方』朝日新聞社，259-274頁。

㉒ 小島千佳（2005）「淳君殺害事件におけるニュータウンの影響」関西学院大学社会学部大谷研究室『ニュータウン住民の住居選択行動と生活実態――「関西ニュータウン比較調査」報告書』23-50頁。

㉓ 西澤晃彦は，「郊外それ自体においても，均質性を脅かす存在を否認する陰湿な攻撃性は胚胎している」と述べ「郊外居住者の攻撃性」を指摘している。西澤（2000）前掲論文，224頁。その他ニュータウンを否定的に位置づけた研究としては，小田光雄（1997）『〈郊外〉の誕生と死』青弓社，三浦展（1999）『「家族」と「幸福」の戦後史――郊外の夢と現実』講談社現代新書，三浦展（2004）『ファスト風土化する日本――郊外化とその病理』洋泉社，などがある。

㉔ ４都市調査（調査の詳細は第５章１節参照）の結果では，ニュータウン居住者の近隣関係が，「古くからの一戸建て」「分譲マンション」「公営住宅」居住者より密であることが示されている。以下の結果は，ニュータウン居住者が，近隣関係が希薄であるとは言えないことを示している。

4都市調査の居住類型別隣人づきあいの実態（%）

	全体	古くからの一戸建て	ニュータウン一戸建て	分譲マンション	公営住宅	N=
①家族構成を知っている	86.3	88.1	91.8	80.4	85.6	941
②出身地を知っている	51.5	60.7	61.2	36.0	50.3	936
③職業を知っている	72.2	82.4	81.8	56.8	69.6	932
④学歴を知っている	29.0	46.1	30.2	16.8	85.6	929
⑤結婚いきさつを知っている	21.3	27.5	22.4	12.5	85.6	930
⑥悩み事を知っている	16.2	14.9	14.0	12.5	26.4	924
⑦一緒に出かけた	13.0	12.1	12.8	8.5	20.9	926
⑧おすそわけをした	77.5	77.3	86.3	64.3	85.8	929
⑨家に遊びに行った	35.7	37.5	36.1	25.8	47.3	928
⑩悩み事を話した	19.1	17.2	19.8	11.4	31.7	928
⑪家族ぐるみのつきあい	24.6	29.9	23.3	16.2	32.0	923
⑫頼み事をした	46.6	49.1	52.1	33.0	56.3	925

4都市調査の居住類型別近所づきあいの実態（人）

	全体	古くからの一戸建て	ニュータウン一戸建て	分譲マンション	公営住宅	N=
①一緒に出かけた人	1.17	1.03	1.25	1.17	1.23	915
②おすそ分けをした人	3.35	3.06	4.12	2.63	3.74	921
③家に遊びに行った人	2.20	1.87	2.83	1.87	2.31	916

関西ニュータウン調査（調査の詳細は第4章1節参照）では，関西8つのニュータウンの比較が可能であるが，下表が示すように，須磨ニュータウンの「隣人づきあい」では，全体平均に近い数字を示していたが，「近所づきあい」では，他のニュータウンに比べ極端に希薄な数字が示されていた（近隣関係の質問文内容については第8章4節参照）。

関西ニュータウン調査の隣人づきあいの実態（%）

	全体	須磨	西神	泉北	千里	和泉	平城	三田	洛西	N=
①家族構成を知っている	86.2	86.2	90.1	85.2	85.7	82.6	83.5	84.6	93.1	1627
②職業を知っている	67.1	68.1	75.5	68.4	61.6	53.7	65.7	65.7	78.3	1613 ∴
③一緒に出かけた	13.6	12.4	14.6	17.6	15.5	8.7	10.7	11.4	13.2	1624
④おすそわけをした	75.6	74.5	79.3	77.3	76.3	69.1	71.8	73.1	81.3	1632
⑤家に遊びに行った	35.8	37.9	32.6	41.3	33.3	31.3	28.9	35.3	42.6	1604
⑥家族ぐるみのつきあい	26.0	24.2	27.4	29.7	26.3	19.7	18.3	26.4	32.1	1595
⑦頼み事をした	48.4	45.8	51.8	49.4	51.2	34.7	44.5	42.5	67.1	1596 ∴

∴= カイ2乗検定 $p < 0.001$

関西ニュータウン調査の近所づきあいの実態（人）

	全体	須磨	西神	泉北	千里	和泉	平城	三田	洛西	N=
①一緒に出かけた人	1.27	1.00	1.28	1.56	1.12	0.87	1.23	1.47	1.41	1532
②おすそ分けをした人	3.39	2.86	3.87	3.48	3.09	3.07	3.25	3.74	3.76	1557
③家に遊びに行った人	2.31	1.65	2.76	2.46	1.73	2.40	2.58	2.83	2.14	1542

また注目されるのは，須磨ニュータウン住民の町内会加入率が，68.0％と他のニュータウンに比べ極端に低いことである。それは住民の町内会班長・役員経験率でも，まちびらき年が古いニュータウンにもかかわらず全体平均を下回る51.8％という数字にも示されている。

関西ニュータウン調査の町内会加入率と役職経験率（％）

	全体	須磨	西神	泉北	千里	和泉	平城	三田	洛西	N=
町内会に加入している	77.9	68.0	79.9	76.7	80.6	60.3	80.3	86.0	89.6	1630 ∴
班長・役員経験あり	54.8	51.8	47.4	63.9	56.2	32.9	53.8	52.5	72.9	1613 ∴

(25) 研究者の「思い入れ」によって研究対象が考察されてきたもう一つの事例としては，社会学者が政策形成にも関わった〈コミュニティ形成論〉の一連の研究を挙げることが可能である。コミュニティとは，基本的に〈町内会〉に対する否定的評価をベースとして新たな地域社会形成が提唱されたものであり，その評価については都市社会学の領域でも〈町内会論争〉として議論が繰り返されてきた。町内会は，1940年の内務省訓令により行政の末端機関に組み込まれ，戦時中に隣保組織として戦争に参加していたという理由から，戦後 GHQ により解散・禁止令が出されていた。1951年サンフランシスコ講和条約の締結による禁止令の失効により，町内会が復活してきたのである。その後町内会をめぐっては，否定的評価ベースとした「コミュニティ形成論」（奥田道大〔1983〕『都市コミュニティの理論』東京大学出版会）と肯定的評価をベースとした「町内会文化型論」等（中村八朗〔1973〕『都市コミュニティの社会学』有斐閣，近江哲夫〔1984〕『都市と地域社会』早稲田大学出版会）が〈町内会論争〉として問題提起されてきた。

「都市居住の社会学」として重視したいのは，「山を切り崩して造成されたニュータウンに，町内会は形成されたのか？」，「ニュータウン居住者は，町内会にどのように参加しているのか」といった問題について社会調査を実施することによって解明していく研究方法である。前者の問題については，2006年の社会調査実習で，三田ニュータウンを対象として，ニュータウンで初めて自治会が設立された武庫が丘

6丁目自治会と2番目に設立された2丁目自治会がどのように結成されたのかについて聞き取り調査を実施した。その調査では，「宅地造成や建築内容についての共通の不満が存在した」，「第1次分譲時に，地元を優先する三田市民枠が存在し，そのメンバーが中心となった」，「中心となる有能なリーダーがいた」ことなどが明らかとなったが，すべての居住者が「自治会をつくるのは当然」という認識があったことが町内会設立の背景であったことが判明した。その意味では，「町内文化型説」の妥当性が証明された調査であったといえる。この調査の詳細については，関西学院大学社会学部大谷研究室（2007）『ニュータウンにおける自治会形成――町内会は日本の文化なのか』を参照されたい。

(26)　森岡清志編著（2007）（1998）『ガイドブック 社会調査［第2版］』日本評論社，玉野和志（2008）『実践社会調査入門――今すぐ調査を始めたい人へ』世界思想社，原純輔・浅川達人（2009）（2005）『社会調査[改訂版]』放送大学教育振興会，大谷信介・木下栄二・後藤範章・小松洋編著（2013）（2005・1999）『新・社会調査へのアプローチ――論理と方法』ミネルヴァ書房等。

(27)　〈地域共同体モデル〉：この土地にはこの土地なりの生活やしきたりがある以上，できるだけこれにしたがって，人々の和を大切にしたい。〈伝統型アノミーモデル〉：この土地にたまたま生活しているが，さして関心や愛着といったものはない，地元の熱心な人たちが，地域をよくしてくれるだろう。〈個我モデル〉：この土地に生活することになった以上，自分の生活上の不満や要求をできるだけ市政その他に反映していくのは，市民としての権利である。〈コミュニティモデル〉：地域社会は自分の生活上のよりどころであるから，住民がお互いにすすんで協力し，住みやすくするよう心がける。奥田道大（1983）『都市コミュニティの理論』東京大学出版会，30-31頁。

(28)　鈴木広はコミュニティモラールを測定する質問文として，〈感情〉：人からこの地域の悪口をいわれたら，何か自分の悪口をいわれたような気になりますか，〈統合認知〉：この町の人たちのまとまりはいい方だと思いますか，〈参加意欲〉：この町のためになることをして何か役に立ちたいと思いますか，の3側面から12の質問文を開発しているが，それらはすべて「意識を問う質問」である。鈴木広編（1978）『コミュニティ・モラールと社会移動の研究』アカデミア出版会，442頁。

(29)　国民生活センターが実施した「金沢市住民生活調査」では，Q．一般にいって「近所づきあい」の仕方にはいろいろな程度のものがありますが，あなたは次のうちのどれが望ましいとお考えですか，①心をうちわって，ざっくばらんに話したり相談したりする（21.4%），②お互いの生活を大切にして節度を持って付き合う（56.2%），③ほどほどに調子を合わせるようにする（15.9%），④必要最小限のことに限って付き合う（5.9%），⑤その他（近所づきあいはしないを含む）（0.5%），という質問文が使われていた。国民生活センター編（1975）『現代日本のコミュニティ』川島書店，298頁。近隣関係を測定する質問文の開発については，本書第８章４節および，大谷信介（2001）「都市ほど近隣関係は希薄なのか？」金子勇・森岡清志編著『都市化とコミュニティの社会学』ミネルヴァ書房，170-191頁を参照されたい。

(30) 44自治体の全質問文1206問を対象とした分析では，「事実を問う質問」は全体の22.3%に過ぎず，78.7%が回答の固定しにくい「意識を問う質問」であった。大阪府44市町村の市民意識調査があまり生産的な分析ができてこなかった大きな原因として，漠然と市民の意識を問う質問文が多く，市民の行動や実態を正確にデータとして測定可能な質問が少なかったことが関係していると考えられたのである。大谷信介編（2002）『これでいいのか市民意識調査――大阪府44市町村の実態が語る課題と展望』ミネルヴァ書房，大谷信介（2009）「市民意識調査の再構築 ⑥ 市民の〈意識を問う調査〉から〈実態を把握する調査〉へ――「事実を問う質問」の活用」『地方自治 職員研修』42（２）（583）：80-81頁。

(31) 2017年に実施した全国40都道府県の県民意識調査の1585質問文の分析では，「事実を問う質問」が22.3%，「意識を問う質問」が73.4%という結果であった。関西学院大学社会学部大谷研究室（2018）『47都道府県庁が実施する社会調査の実態把握――「県民意識調査」の実施状況と問題点』44-51頁。

(32) 大谷信介（2015）前掲論文，278-281頁。総務大臣に対する手続を要しない調査の範囲としては，次の５つを挙げている。①統計作成以外の目的で行われる調査，②専ら意識等に関する調査，③気象観測等に関する調査，④インターネットのホームページにアクセスした者が自由意志で回答できるような調査，⑤行政機関の内部で行われる業務報告等。『基幹統計調査及び一般統計調査に係る承認申請等の手続に関する事務処理要領』総務省政策統括官（統計基準担当）決定 2008年12月18日（2010年３月１日改正）。

(33) 政府統計調査の限界については，関西学院大学社会学部大谷研究室（2020）『政府統計調査の限界と生活実態調査の可能性――「川崎・神戸・福岡市民生活実態調査」報告書』を参照されたい。

(34) 2014年3月に発表された「公的統計の整備に関する基本的な計画」では，「公的統計は，「証拠に基づく政策立案」(evidence-based policy making) を推進し，学術研究や産業創造に積極的な貢献を果たすことが求められている」と指摘している。総務省統計局 (2014)「公的統計の整備に関する基本的な計画」。

第1章　日本の住宅事情と住宅政策の歴史

1 戦前日本の住宅事情と住宅政策

住宅は人間の「住生活」を入れる器（うつわ）であるが，その住生活＝住むことは，人類と人間社会の発展とともに，歴史的に変化してきた。日本人がどのような住宅に住んできたかに関しては，住宅史研究として優れた研究蓄積が存在している。ここでは，特に住宅政策と関連を持つと思われる観点から，戦前の住宅事情を整理してみたい。

戦前の住宅事情を考える場合，「戦前の都市居住は，そのほとんどが民営の借家であった」という事実に着目する必要がある[(1)]。1922（大正11）年の東京市および近隣町村の中等階級住宅調査によれば，その93％が借家であった。また，1930（昭和5）年の東京市住宅調査では，旧東京市15区の総計で，借家住宅は70.4％であった。また1941（昭和16）年厚生省が実施した大都市住宅調査では，借家の割合が，東京市で73.3％，大阪市で89.2％，名古屋市で89.2％となっており，いずれの都市でも借家が圧倒的に多かったのである。またその調査では，東京・横浜の借家住宅では，41～45％が一戸建てであるが，大阪では，借家のほとんどが長屋であり，富裕層も長屋形式の住宅に住んでいたことが明らかにされている[(2)]。現在の日本の住宅は持家が約60％を占めているが，戦前の都市では，中流階層でも必ずしも住宅を所有することなく，借家に住み，家族の事情に合わせて気軽に転居するというのがごく普通の行動様式であった。

明治，大正期の住宅問題は，不良住宅地区（スラム）対策，災害復興対策としておもに取り組まれ，篤志家や宗教団体による事業が多かった。たとえば1911（明治4）年の浅草区，下谷区での大火後に寄せられた義捐金をもとに浅草玉姫町に木造の長屋が建設された（7棟128戸)。その後は，玉姫町住宅として東京市に引き継がれ，公的住宅の最初期のものとなった。1918（大正7）年の米騒動の後，社会政策の一環として自治体に住宅担当組織がつくられ，初期の公益住宅の建設や管理が始められている。また中流階層の住宅対策として，長期低利の融資を行い住宅の自力建設を促す「住宅組合」や「住宅協会」も1921（大正10）年に設立されている[(3)]。

公的住宅の系譜と並行して，西洋的な生活を取り入れた民間によるアパート建設と企業による社宅建設も始まっていた。日本初のアパート（積層集合住宅）は，1910年11月6日に東京上野に誕生した「上野倶楽部」の木造5階建て63戸のアパートであった（そのことから11月6日はアパートの日となっている)。また社宅系の建物で日本最古の鉄筋コンクリート（RC）造アパートでもあるのは，1916（大正5）年の旧三菱端島炭鉱（軍艦島）の端島アパート30号棟（7階建て・139戸）である。東京において代表的なRC造アパートとしては，1925（大正14）年のヴォーリズ設計の「お茶の水文化アパート」（5階建て・42戸）であった。

国の政策として注目されるのは，関東大震災後に内務省によって設立された財団法人「同潤会」の住宅事業である。死者14万人を出した未曾有の大災害となった関東大震災の復興には，世界各国から総額5900万円の義捐金が寄せられ，そのうちの1000万円を投じて1924年に設立されたのが同潤会であった。その事業内容は，罹災者の生活安定のための小住宅の補給であった。その後同潤会の事業内容，組織は拡大し，広く住宅問題に取り組むことになっていった。同潤会の活動は東京・横浜に限られ建設戸数も18年で11,985戸と多くはなかったが，はじめて本格的な公的住宅供給機関として事業が展開された。特に鉄筋コンクリート造りアパートメントハウス事業は，戦後に展開する計画的な集合住宅団地の先駆けとなった点で注目される[(4)]。その後「同潤会」の住宅事業は，「住宅営団」へと引き継がれたが，「住宅営団」は，戦後まもなく廃止され，戦前，戦中の公的住宅の系譜はここでいったん途切れることになる。

2 終戦直後の住宅事情と住宅調査

戦後日本の住宅政策は，第２次世界大戦の戦災による420万戸の住宅不足を出発点として始まっていく。日本は1945（昭和20）年に敗戦したが，同年発足した戦災復興院によると，全国で戦災を受けた都市は，120を数え，210万戸の住宅が焼失したと報告されている。開戦時の全国の住宅総数は約1400万戸であったから，その15％が焼失したことになるのである。敗戦直後の住宅不足戸数は約420万戸と推定されている。その内訳は，空襲による焼失210万戸，強制疎開の取り壊し55万戸，海外引揚の需要67万戸，戦時中の供給不足118万戸の計450万戸から戦争死による需要減30万戸を引いたものである。全人口のおよそ４分の１に相当する2000万人余の人々が家を失い，壕舎や仮小屋に居住する家族も多く，まさに憂慮すべき状態であった。(5)

表1－1　大阪市市民局「戦災者生活報告」（1945年10月）

	一戸住	間借	アパート	寮	同居	壕舎	集団収容所	不詳
世帯数	—	2507	2129	3899	21396	7827	155	1099
百分比	45.4%	22.2%	1.9%	3.5%	19.0%	6.9%	0.1%	1.0%

出所：篭山京（1953）「住宅問題の所在」６頁より引用。

大阪では，戦前に約61万戸あった住宅数は，戦後，半分以下の29万戸にまで減少した。表１－１は，大阪市が終戦直後1945（昭和20）年10月に調査した「戦災者生活報告」である。住む家がなくて壕舎にいた者が約7800世帯，約２万6000人にのぼったことが報告されている。(6)そのうち畳や電灯のない世帯が約７割，冬を控えて布団もない世帯が1300世帯以上もあった。迫りくる冬を前に大阪市は，緊急処置として仮設住宅を建設した。その多くは１棟４戸建ての共同住宅で，１戸当たりの面積は約７坪，床は板張り，水道は共同で１棟に１栓というつくりだった。旧兵舎や寮，学校なども住宅に転用された。廃車になった木炭バスにも人が住んだ。戦時中はガソリンが不足したため木炭を燃やして走る自動車が製造された。それを仮設住宅に転用したわけである。よく知られているのは，大阪市旭区の「城北バス住宅」，都島区の「毛馬バス住宅」などの市営住宅である。「城北バス住宅」は1951年まで，「毛馬バス住宅」は1955年まで存続した。(7)

このように戦後の深刻な住宅問題は，戦争の悲しい惨害ではあったが，住宅難が戦後一向に改善されていかなかった理由としては，戦前日本の住宅の大半を占めていた借家が減少していったことがあげられる。従来借家の提供者だった家主＝貸家業者は，一般にきわめて零細な小資本主であった。1939年に施行された，家賃の値上げを抑制する地代家賃統制令，1941年に改正された借家法（正当な事由なく家主が借家人に解約を求めたり更新を拒んだりすることを禁じた）は，戦後も継続された。家賃統制と借家法改正は，家主の権利の制限とひきかえに借家人の権利を強化した。ただこれには，借家の供給を停滞させる副作用があった。猛烈なインフレで物価が高騰したにもかかわらず，地代・家賃の値上げは抑制されたため，経営に行き詰まり，空家を売却したり，借り手に払い下げたりする家主が続出した。表１－２は，戦前（1941年）と戦後（1953年）の住宅種別を都市別に比較したものであるが，戦前に24都市平均で75％を占めていた借家は，戦後直後に53％にまで減少し，戦前に22％であった持家は，41％と倍増していたのである。

表１－２　住宅の種別の戦前戦後比較（％）

	1941（昭和16）年			1953（昭和28）年		
	持　家	借　家	給与住宅	持　家	借　家	給与住宅
24都市	22.29	75.9	1.81	41.38	53.17	5.45
６大都市	20.06	78.42	1.52	40.19	55.18	4.63
その他の都市	30.22	66.94	2.84	44.34	48.18	7.48

出所：篭山京（1953）「住宅問題の所在」５頁より引用。

戦後の住宅事情や住宅政策を考察するにあたって，特に注目すべき点としては，借家比率の減少という流れが形成された点以外に，次の２点も指摘することが可能である。

第１は，戦後の住宅難に直面した研究者によって，宅地・住宅の実態を正確に把握しようとする学際的な社会調査が展開された事実である。それは，宅地住宅総合研究会の研究者が実施した調査と文部省科学研究費による「宅地および住宅問題の総合的研究」の参加者が実施した一連の社会調査である。これらは，東京大学社会科学研究所を中心に法学部，経済学部の研究者が参加して，調査対象地区の選定のための実地検分や調査票の立案検討を行って実施されたものであり，根本的住宅対策の樹立や差し当たり焦眉の急を救う方策を決定するための宅地住宅の実態を把握した社会調査として高く評価できるものであった。[(8)]

第2は，住宅行政の所管が，厚生省から建設省に移管されたという事実である。敗戦直後の極端な住宅不足への対処は，1945年9月の罹災都市応急簡易住宅建設要綱の閣議決定によって始められた。これは，越冬用の国庫補助住宅を30万戸建設しようとしたもので，同年の建設戸数は約4万3000戸にしか達しなかったが，国民諸階層を対象とする直接的な公的住宅供給に先鞭をつけたものとして重要な意味を持った。この事業は，当初は厚生省社会局住宅課の所管とされたが（厚生省設置は1938年，同課は39年発足），1945年11月に戦災復興院が設立されると，その業務は同院によって引き継がれ，その他の住宅行政も以降は原則として一元的に同院の所管に属すべきものとされることになった。そして，戦災復興院が48年1月に建設院となり（内務省の解体に伴う同省土木局との統合），次いで48年7月の建設省の設置へと発展していくのに伴って，住宅政策は，国土復興と経済再建のための建設行政の一環としての位置づけを一層はっきりと確定されていったのである。[(9)]従来厚生行政の一部とされていた住宅行政が敗戦を契機に建設省に移管されていったことは，住宅政策から社会政策的・生活対策的側面を希薄化させる方向で作用したことともに，日本の住宅政策が建設省を中心に経済政策として展開されるようになった意味できわめて重要な事実として位置づけられる。

3 戦後日本の住宅政策はどのように進められてきたか
——住宅政策の３つの柱

戦後日本の住宅政策は，住宅総数（ストック）を拡大することを基本路線として進められてきた。住宅政策の３つの柱となったのは，1950年の「住宅金融公庫（現 住宅金融支援機構）」の創設，1951年の「公営住宅法」の制定，1955年の「日本住宅公団（現 都市再生機構）」設置であった。すなわち，住宅購入に対する資金融資，低家賃の公営住宅，大都市勤労者向けの住宅供給によって，住宅の量的確保が推進されてきたのである。ここでは，戦後日本の住宅政策の３本柱といわれている政策を簡単に整理してみよう[10]。

（1）住宅金融公庫法

1950年に公布された住宅金融公庫法第１条では，「住宅金融公庫は，国民大衆が健康で文化的な生活を営むに足る住宅の建設及び購入に必要な資金で，銀行その他一般の金融機関が融通することを困難とするものを融通することを目的とする」と憲法25条の理念が明示された。理念的には画期的なものであったが，居住の確保を，財政が逼迫した国に代わり民間自力建設に委ねる，いわゆる持家施策の端緒ともなった住宅政策であった。

金融公庫の融資は当初，１戸あたり面積30平方メートルから48平方メートル（北海道は50平方メートル）までの住宅を対象とし，標準建築費の75％を限度とし，同居人がいること，25％以上の頭金があること，償還金の７倍（後に６倍）以上の月収を条件として，かつ完成までに３回の現場検査（第２回から無審査）を必要とするという，とても厳しい要件で実施された。そのため当初は，資金のあるごく少数の金持ち優遇策と受け取られたが，住宅難の厳しさ，他の公的住宅供給の不十分さ，インフレの進行による金利（5.5％）の負担感の軽減化などから，次第に申込者が増え，それとともに，融資限度額も建築費の75％から，木造では80％，耐火建築では85％へと拡大された。こうして金融公庫融資は，住宅政策の中で重要な位置を占めるようになり，持家施策を担う重要な柱となった。1979年から始めた「ステップ償還制度（当初５年間はほとんど金利のみを返済し，５年が過ぎると返済額が途端に大きくなる仕組み）」は持家取得へのハードルを低くしたが，それは，持家取得世帯に返済困難・住宅ローン破綻というリスクを抱え込ませるものだった。このリスクは，バブル崩壊，長期不況によって現実のものとなった。その後も政府は，景気対策のための住宅建設促進という論理を優先し続けた。当初返済額を大幅に引き下げる「ゆとり償還制度」，そして「頭金ゼロ」融資という特別措置が推進された。こうした公庫ローン破綻で持家を手放した人は，2002年４月から翌年12月までの11カ月間に２万2000人にのぼったとされている[11]。こうした現象は，借り手責任といって済ませられる問題ではなく，世帯収入の着実な増加を前提とした融資制度の根本的な欠陥である。

住宅金融公庫は，制度自体に対する社会的批判だけでなく，公庫融資の拡大が民間住宅ローンの拡大を妨げているという「民業圧迫」論によって，2007年に廃止され，独立行政法人住宅金融支援機構に改編された。しかしその後も35年ローンの「フラット35」を売り出し，頭金の少ない層にも貸し出しているのが現状である。

（2）公営住宅

1951年に制定された公営住宅法では，その目的を「健康で文化的な生活を営むに足る住宅を建設し，これを住宅に困窮する低額所得者に対して低廉な家賃で賃貸する」こととした。具体的には，国が建設費を補助し，地方公共団体が建設して住宅困窮者に貸すというものであった。制度創設当初，公営住宅は１種と２種に区別され，２種住宅はより低収入の階層が低い家賃で入居するものとされ，国は１種住宅に２分の１，２種住宅に３分の２の補助金を地方に対して与えていた。１種・２種の区別は，1996年の公営住宅法改正によって廃止され，現在では原則として下から25％以下の収入階層に入居資格があることとなっている（所得が下位から何％の世帯に入居資格を与えるのかを示す指標が，カバー率である。このカバー率は，制度発足当初では，80％に達していたのに対し，1970年代には33％へと低下し，1996年の公営住宅法改正によって，25％にまで減少した)。家賃については，建設に要した費用（原価）を70年で回収するのに必要な額を上限として自治体ごとに定める方式（原価家賃）をとってきたが，96年の改正以降入居者の収入と住宅の規模や立地，老朽化の程度などを考慮して定める方式（応能応益家賃）に変わっている[(12)]。

表１－３　建設年代別公営住宅ストック数の内訳

年　代	1945-54	1955-64	1965-74	1975-84	1985-94	1995-2004	2005-12	合　計
戸　数（万戸）	1.2	7.6	64.3	57.9	40.6	30.6	14.3	216.5
割　合	0.5％	3.5％	29.7％	26.8％	18.8％	14.1％	6.6％	100％

出所：国土交通省。日本建築センター（2017）『A Quick Look at Housing in Japan（日本語訳）』28頁より引用。

現在，公営住宅は全国で約200万戸が供給されているが，それは，住宅総数の５％，また借家総数の13％を占めるに過ぎず，きわめて低い数字である。また建設状況に着目してみると，高度経済成長期のピーク時には，10万戸以上の公営住宅が建設されたが，近年は年間1.8万戸程度で推移しており，そのうち６～８割程度は建替えによるものとなっている。2003年における公営住宅への入居募集に対する応募倍率は，全国平均で9.4倍であり，特に大都市圏できわめて高い倍率（東京都27.4倍，大阪府13.8倍）となっている[(13)]。

表１－３は公営住宅総数（ストック）を建設年代別に整理したものであるが，1965～74年に建設されたものが29.7％と最も多く，次いで1975～84年に建設された26.8％と，1965～84年の20年間に建設された公営住宅が全体の56.5％を占めている[(14)]。この数字は，公営住宅のほとんどがその20年間に建設され，その後はほとんど新規に建設されることはなかったという実態と，多くの公営住宅が建築後30年から50年以上経過し，老朽化した建物であるという実態を象徴的に示しているといえるだろう。

このような公営住宅の実態は，地方自治体の公営住宅建設に対する姿勢が大きく影響を与えてきた。低所得者に対する住宅供給は政府介入があって初めて成立する。自治体が公営住宅を積極的に建設することは稀である。公営住宅は低所得者を呼び寄せ，税収の伸びには寄与せず，福祉関係の財政支出を増大させるからである。それでも地方交付税制度が存在し，税収確保に関する危機感がそれほどなかった1960年代半ばまでの自治体は公営住宅の供給に特に消極的ではなかった。しかし1960年代半ばからは，公営住宅に対する自治体の拒絶感が高まったとされている[(15)]。その後1990年代から政府は，新自由主義的な住宅改革を進め，住宅の市場化に乗り出した。地方への税源移譲，国庫助成の廃止・縮小，地方交付税の削減というういわゆる「三位一体改革」は，政府が自治体の住宅政策を誘導するため手段を減少させるとともに，公営住宅に関する自治体の態度を一層消極化させていったのである。

平山洋介は，「戦後の住宅政策は中間層の持ち家取得を優先する枠組みを基礎に据え，公営住宅制度は最初から残余性を帯びていた」と指摘している。公営住宅法の1959年の改正では，収入超過者の「明け渡し努力義務」が導入され，収入が一定水準を超えた世帯は公営住宅に住むべきではないという考え方が制度化した。これに続く1969年の法改正は，高額所得者に対する「明け渡し請求」制度を創設し，公営住宅の供給対象の限定性を明確にした[(16)]。こうした国の法改正は，低所得者の公営住宅へのニーズを，公営住宅の供給（新規建設）によってではなく，入居資格の厳格化（カバー率を低くすること）によって解決しようとしてきた国の姿勢を象徴的に示している。また1996年の公営住宅法の改正では，公営住宅の入居条件を「単身高齢者」「母子家庭」とカテゴリー化していった。このことによって，公営住宅は，福祉関連の「カテゴリー」に合致する住宅困窮者を選び入居させる傾向を強め，住宅階層問題を深刻化させるようになっていったのである[(17)]。

（3）住宅公団

1955年には，住宅不足の著しい地域における勤労者のための住宅建設および大規模かつ計画的な宅地開発などを目的として，国の特殊法人として日本住宅公団が設立された。発足初年度は全国で50以上の団地を造成，合計２万戸の住宅建設が計画され，１万7000戸が実際に建築・供給された。それらの賃貸住宅団地第１号は，公団発足９カ月目の1956年４月に入居開始した大阪府堺市の金岡団地（賃貸住宅675戸）であった。普通分譲住宅の第１号は，1956年５月に入居開始となった千葉市稲毛団地で，これは期間20年の割賦払いによる分譲住宅であった。以降，公団は「団地」と呼ばれることとなった耐火構造・鉄筋コンクリート造の共同集合住宅を賃貸・分譲用に建設・供給し始めることになる。ダイニングキッチン方式を取り入れた２ＤＫを主力とした団地住宅は，当時急速に普及した洗濯機・掃除機・冷蔵庫という家電製品（３種の神器）を備えた新しい住み方を生み出し，人々の住意識，生活様式に大きな変革をもたらしていった。それは，東京都練馬区の光が丘に公団の住宅団地が初めて建設され，「団地族」という新語を生み出したことにも象徴されている。

住宅公団の特色は，居住者として公営住宅階層と金融公庫の融資によって持家を建設できる階層の中間に位置する階層を対象としていたことである。また公営住宅が，自治体による住宅建設であるため都道府県の境界を越えて住宅地を開発することができないという制約があったのに対して，公団は行政境界を越えて住宅供給を行うことができるという特色を持っていた。この特徴を生かし公団は，その後千里・泉北ニュータウン・多摩ニュータウン・高蔵寺ニュータウンなど大都市郊外でニュータウン建設の主要な担い手として大きな役割を果たすことになった。また都市化の進展に伴って公団は，都市内部での住宅開発にも取り組み，商業施設と一体となった面開発方式の住宅建設を行い，再開発や区画整理の事業主体となることができるなど次第に事業分野を拡大していった。[18]

住宅公団は他方で国の特殊法人であることから，その時々の国の方針によってあり方が大きく左右される側面を持っていた。住宅公団は主たる業務として賃貸住宅と分譲住宅を建設することになっていたが当初は賃貸住宅に主力が置かれていた。それが1980年度を境に賃貸住宅と分譲住宅の割合が逆転することになった。さらに1981年には宅地開発公団と合併して住宅・都市整備公団として新たに発足し，「大規模な」宅地開発に励まざるをえなくなっていった。それは「遠・高・狭」の言葉に象徴されるアフォーダビリティから言って好ましくない団地の多数の出現を生み出したのである。その後公団は行き詰まりをみせ，1999年には都市整備公団とされ，分譲住宅事業から撤退した。さらに2004年７月からは公団組織は解消され，独立行政法人都市再生機構（Urban Renaissance Agency〔UR〕）となっている。本間義人は，公団の行き詰まりの原因として，国の方針にもとづく質より量に固執した「戸数主義」，宅地開発公団との合併による「宅地開発への傾斜」，住宅建設・供給を「分譲へシフトしたこと」の３点を指摘している(19)。

4　区分所有法の制定とマンションの大衆化

国の住宅政策の３本柱とは別に，民間企業を中心とするマンション建設も，戦後の住宅事情を考える上では，重要なファクターである。ここでは，マンション法ともいわれる1962年の区分所有法の制定とその後のマンションの大衆化の過程を整理してみたい。

高度経済成長時代に突入し，RC造の中層住宅の建設が進んでいった。当初は賃貸が主流であったが，地価上昇に伴い，住宅の資産としての価値が意識されるようになり，分譲での供給が始まった。最初の分譲共同住宅は，1953（昭和28）年に東京都によって建設された11階建ての宮益坂アパートであった。当時の分譲集合住宅は，所有権や法的位置づけ，共用部分の運営管理などについて民法上の規定しかなく法的には十分な整備がなされていなかったが，1962（昭和37）年に制定された区分所有法によって，管理組合の役割，専有部分と共用部分の区分と管理，改築，建替えなどの許可，議決の方法など多くの事項について定められ，マンションの法制化が行われた。この法律によって，マンションの資産としての位置づけが明確となり，担保対象として銀行の融資を受けての購入が可能となった。この法律を契機として，1962～63年にかけて第１次マンションブームと呼ばれる時期が到来した。その後も住宅ローン制度の整備や住宅情勢の動向に伴って，何度かのマンションブームがやってくる。1970

（昭和45）年の住宅金融公庫の「高層分譲住宅購入資金」の貸付が開始されたのを契機として供給が拡大した第３次マンションブーム（1972～73年）やいわゆる団塊の世代が一斉に住宅取得に動き出した1977～80年の第４次マンションブームはその典型的なものであった。当初マンションは，一方で投資用の不動産，他方で居住用として郊外一戸建て住宅に至る住替えの一ステップとしてとらえられてきたこともあったが，その後都市居住の重要な一形態として大衆化していった。

近年では年間約10万戸前後が供給され，その累計は2014（平成26）年末において約613万戸，約1510万人が持家として所有しており，その数は着実に増加している。その一方で，１つの建物を多くの人が区分所有するマンションは，各区分所有者等の共同生活に対する意識の相違，多様な価値観を持った区分所有者の意思決定の難しさ，建物構造上の技術的判断の難しさなどから，マンション管理組合内で合意形成を行うことが困難であり，多くの課題を有しているのが現状である。今後，老朽化したマンションの増加に伴い建替えを要するマンションが増えることが予想されるため，2002（平成14）年にはマンション建替組合の設立や権利関係の円滑な移行等を内容とする「マンションの建替えの円滑化等に関する法律」が制定された。また，2014（平成26）年には，新たにマンション敷地売却制度及び容積率緩和特例の創設を内容とする改正が行われている[20]。

今後は，築年数を経たマンションが急激に増大していくものと見込まれることから，これらに対して適切な維持，管理，再生がなされないままに放置されると，老朽化したマンションは区分所有者自らの居住環境の低下のみならず，ひいては周辺の住環境や都市環境の低下など，深刻な問題を引き起こす可能性がきわめて高いといえるだろう。

5　戦後日本の住宅政策の特徴

ここでは最後に戦後日本の住宅政策がどのような特徴を持って進められてき

たかについて，次の5点に整理してまとめてみたい。

（1）経済政策に従属させてきた住宅政策

戦後日本の住宅政策の最大の特徴は，国土交通省（旧建設省）が住宅政策を所管し，建設政策の一環として，住宅の大量建設を経済成長のエンジンとみなす経済政策（景気対策）として推進されてきたことである。その契機となったのは，従来厚生行政の一部とされていた住宅行政が，敗戦を契機に建設省に移管されたことであった。敗戦直後の極端な住宅不足への対処は，当初は厚生省社会局住宅課の所管であった。敗戦後1945年11月に戦災復興院が設立され，住宅政策も移管され，その後48年1月に建設院となり（内務省の解体に伴う同省土木局との統合），1948年7月の建設省の設置へと発展していった。この経緯が，「福祉国家の社会政策」という側面よりも，「経済政策（生産力政策）」という側面が重視されるといった住宅政策の流れを形成したと位置づけることが可能である。その後は，いわゆる「土木国家」といわれる，中央集権体制・巨大公共投資を軸に土木・建設業を中心とした諸産業が政・官・財界の癒着・談合構造を形成する形で，住宅政策が進められてきたのである[21]。

（2）持家・新築を重視する建設政策

住宅政策を経済政策に従属させてきた建設政策では，「持家・新築」が重視されてきた。住宅政策の3本柱の中で「住宅金融公庫」がいち早く制定された事実が，そのことを象徴している。「持家・新築」重視の政策は，日本の住宅政策で民間借家・中古住宅が軽視される特徴を形成していった。持家取得促進を重視する日本政府は，小量の公的賃貸住宅しか建設せず，民営借家世帯のための家賃補助制度をつくってこなかった。多くの先進国では，所得レベルに応じた家賃負担と家族数に応じた居住水準の保証という考え方のもと，国の制度として「住宅手当」を計上している。OECD（先進30カ国）の中で一般的な賃貸向け住宅手当を有していないのは，日本・韓国・カナダ・ベルギー・ルクセンブルク・ポルトガル・スロバキアの7カ国と少数である[22]。このことは，賃貸住宅に居住する国民に対して国からの補助がないこと意味している。

また「持家・新築」重視の政策は，中古住宅軽視の状況を作り出してきた。日本の中古住宅の流通状況は，国際的にみてきわめて低い水準にある。日本の既存（中古）住宅市場における既存住宅流通シェア（新築・既存をあわせたすべての住宅流通戸数のうち，既存住宅流通戸数の占める割合）は15％程度であり，アメリカの約83％，イギリスの約87％，フランスの約68％などと比べ，とても低い水準にある。また，滅失住宅の平均築後経過年数は32年程度であり，アメリカの約67年，イギリスの約81年に比べると，住宅ストックを長く活用しているとは言い難い状況にある。こうした短いサイクルでの建替えは，産業廃棄物の排出量を増加させる等，地球環境への影響も懸念されている。今後は既存住宅を安心して取引することができる流通市場の整備等を通じ，既存住宅流通市場の活性化を図る必要があると言えるだろう[23]。

（3）低所得層に対する援助の手薄・公営住宅の軽視

公営住宅制度は「住宅に困窮する低額所得者」を対象とし，住宅事情が特に深刻な階層に対する施策として大きな役割を果たしている。しかし公営住宅は住宅政策の中で中心的な位置を占めたことがない。その残余的な性質は，1951年の制度発足から現在に至るまで一貫して深まってきた[24]。公営住宅に対する政府の消極的姿勢は，公営住宅法（1951年）が，住宅金融公庫法（50年）より遅れ，政府提案ではなく議員提案として登場したことに象徴的に示されている[25]。公営住宅法の制定過程については，阿部昌樹が次のように記述している。「公営住宅法は，厚生省が独自の厚生住宅法案を準備しその立法化を企図しているという状況を背景として，建設省がそれに先んじ，公営住宅を自らの所管事項とすべく立案し，国会議員に働きかけ，議員提出法案として国会に上程させたという経緯を経て成立したものであった。その際の議員側のとりまとめ役は，建設業界出身の田中角栄衆議院議員だった[26]」。また原田純孝は，「政府の住宅政策は低所得者層の多数を置き去りにしたままで，中ないし中上層の中堅所得者の住宅確保を積極的に援助するいわば〈上に厚く下に薄い〉性格の政策であり，住宅利用の階層的格差を拡大させた」と指摘している[27]。こうした戦後住宅政策の低所得層に対する援助の手薄さについては，数多くの研究者によって指摘されてきたところである[28]。

公営住宅は，国が建設費を補助し，地方公共団体が建設して住宅困窮者に貸す制度である。税収面から考えても，自治体が公営住宅を積極的に建設することは稀である。その意味からは，低所得者に対する住宅供給は政府介入があって初めて成立するものであり，本来であれば国営住宅として真剣に取り組むべき政策であったといえるだろう。

（4）家族向け住宅供給を優先＝「男性稼ぎ主」型世帯重視

日本の公共政策は，結婚して家族を持つことをライフコースの社会標準とみなし，「男性稼ぎ主」型世帯をメインストリームの中心に位置づける家族主義の傾向を持っていたと言われている[29]。夫が収入を稼ぎだし，被扶養者である妻が家事と子育てを担うという役割分担にもとづく「標準世帯」に対する支援が優先されてきたのである。すなわち，人々は，結婚し家族を形成して初めて住宅政策の対象となったのであり，単身者や未婚者が支援の対象外とされてきたのである。住宅金融公庫は，当初単身者を融資対象から外していた。単身者に対する融資を開始したのは1980年代になってからである。1981年から40歳以上，1988年から35歳以上の単身者を融資対象とし，年齢制限がなくなったのは1993年からであった。また公営住宅の制度は，入居資格の「同居親族要件」を設定し，単身者の入居を受け入れなかった。高齢者などの単身者は，1980年から受け入れた。「同居資格要件」は，2012年に廃止され，若年・中年の単身入居が法的には可能になったが，多くの自治体は，公営住宅管理の条例を用いて単身者の入居制限を続けている。住宅公団が提供してきた公団住宅は，その大半が家族向けであり，1970年代後半から単身者に住宅を供給し始めたが，その動機の一つは，空家への入居者の確保であった。このように住宅政策による家族と単身者の制度上の区別は，徐々に弱まってきてはいるが，政府援助にもとづく単身者向け住宅の供給が小量である点に変わりはないのが実情である[30]。

（5）企業福祉の住宅制度がその一翼を担う

日本の住宅システムの特徴的な点は，企業が重要な位置を占めてきた点である。歴史的には給与住宅が，企業によって長期雇用・年功序列賃金・住宅制度を含む多彩な福利厚生制度として整備されてきたのである。[31]日本における給与住宅は，明治20，30年代の紡織工業および鉱山業の発展とともにあらわれる。それはよく知られているようにきわめて拘禁的な労働力確保手段として，前期的労働関係の上に成立したものであった。戦前の労働者の大半は，民間の借家に住むのを原則としており，給与住宅は付随的な限られたものすなわち業務上社宅（生産施設の一部とみなされてよい）を中心としていた。[32]その後1939年には，企業による従業員向け住宅の建設をうながす「労務者住宅供給三カ年計画」が策定され，さらには住宅営団が設立された。[33]また1953年には，産業労働者住宅資金融通法によって，給与住宅に対する住宅金融公庫貸付の道を開くことになる。[34]その後高度経済成長期にかけて，独身寮と社宅を保有する企業が増え，持家取得に対する企業の支援が1970年代から拡大した。社宅建設と土地取得は，借入金利子の損金算入が認められたため，企業にとっても節税効果の面でメリットがあったのである。しかしポストバブルの不況が続き経済環境が変化する中で，企業セクターは住宅制度を縮減し，給与住宅の供給を減らすことになる。この過程については，第7章の西宮市における社宅減少の部分で具体的に説明したい。

以上，日本の住宅政策の特徴を5点にまとめてきた。戦後420万戸の住宅不足から始まった日本の住宅政策では，持家・新築を重視する建設政策として，住宅政策を経済政策に従属させる経済主義の傾向が重視されてきた。その結果1973年には，「一世帯一住宅」が達成され戦後20年にわたる住宅不足は解消されたが，その後も「住宅ストックを増やす」住宅政策が一貫して推進されてきた。1990年代半ばからは，新自由主義の政策再編により，「市場重視」の住宅政策が展開されてきた。その結果今日では，「住宅余剰」の一方で「住宅不足」が存在するというアンバランスな住宅事情を招くとともに，空家率も年々増加し2018年には13.6％と過去最高になってきたのが実態である。本来であれば住宅政策は，「一世帯一住宅」が達成された1973年以降は，国民がどのように「住まう」のかについて真剣に検討されるべきであったが，オイルショック以降も政府は一貫して，住宅政策を建設政策の要素として運営し経済政策に従属させてきたのであった。

注

(1) 塩崎賢明編（2006）『住宅政策の再生——豊かな居住をめざして』日本経済評論社，45頁。

(2) 西山夘三（1989）『すまい考今学』彰国社，151頁。東京市住宅調査に関しては，今井勝人（2004）「近代都市の到達点における住宅——東京市の住宅・1930年」今井勝人・馬場哲編著（2004）『都市化の比較史——日本とドイツ』日本経済評論社，247-278頁。

(3) 山口幹幸・川崎直宏編（2015）『人口減少時代の住宅政策——戦後70年の論点から展望する』鹿島出版会，22-29頁。

(4) 建設省五十年史編集委員会編（1998）『建設省五十年史』建設広報協議会，453頁。

(5) 前掲『建設省五十年史』，457頁。

(6) 篭山京（1953）「住宅問題の所在」東京大学社会科学研究所編『日本社会の住宅問題——宅地住宅問題の諸側面』東京大学出版会，6頁。

(7) 橋爪紳也（2018）『1970年大阪万博の時代を歩く——戦災からの復興，高度経済成長，そして万博へ』洋泉社，28-31頁。「城北バス住宅」は現在，「大阪くらしの今昔館」（天神橋筋6丁目）に精巧なジオラマが展示されている。

(8) 宅地住宅総合研究会は，昭和23年秋に東京大学法学部から我妻栄・田中二郎，同経済学部から山田盛太郎・大河内一男，同社会科学研究所から矢内原忠雄・宇野弘蔵・有泉亨が参加して結成された。実施された調査は，東京都内の一地区の宅地，建物，居住のすべてにわたった丹念な悉皆調査，台東区内の主要地主，家主の範疇調査，台東区の不動産取引業者の実態調査等で，結果は以下の書物に残されている。東京大学社会科学研究所編（1952）『戦後宅地住宅の実態——宅地住宅総合研究』東京大学出版会，東京大学社会科学研究所編（1953）『日本社会の住宅問題——宅地住宅問題の諸側面』東京大学出版会，有泉亨編（1956）『給与・公営住宅の研究』東京大学出版会。

⑼ 原田純孝（1985）「戦後住宅法制の成立過程――その政策論理の批判的検証」東京大学社会科学研究所編『福祉と国家 6 日本の社会と福祉』東京大学出版会，330-333頁。

⑽ 住宅金融公庫法，公営住宅法，日本住宅公団法の成立過程については，渡辺洋三が，戦後の住宅政策と住宅立法という観点から詳細に論じている。渡辺洋三（1962）『土地・建物の法律制度（中）』東京大学出版会，515-568頁。

⑾ 塩崎賢明編（2006）『住宅政策の再生――豊かな居住をめざして』日本経済評論社，68，135頁。

⑿ 塩崎（2006）前掲書，69-70頁。

⒀ 国土交通省住宅局（2003）「公営住宅制度の課題について」平成17年 5 月30日。

⒁ 日本建築センター（2017）『A Quick Look at Housing in Japan』（日本語版），28頁。

⒂ 阿部昌樹（2001）「住宅政策における自治体の役割」原田純孝編『日本の都市法 Ⅱ 諸相と動態』東京大学出版会，299-320頁。

⒃ 平山洋介（2005）「公営住宅制度の変容とその意味」『都市問題研究』57（ 4 ）：71-84頁。

⒄ 林浩一郎（2018）「住宅階層問題の変容と都営団地の持続可能性」石田光規編著『郊外社会の分断と再編――つくられたまち・多摩ニュータウンのその後』晃洋書房，47-61頁。

⒅ 塩崎（2006）前掲書，70-72頁。

⒆ 本間義人（2004）『戦後住宅政策の検証』信山社，192-194頁。

⒇ 山口幹幸・川崎直宏編（2015）『人口減少時代の住宅政策――戦後70年の論点から展望する』鹿島出版会，46-47，70-71，90-91，110-111，172-173頁。

(21) 本間義人（1996）『土木国家の思想――都市論の系譜』日本経済評論社。

(22) 小玉徹（2017）『居住の貧困と「賃貸世代」――国際比較でみる住宅政策』明石書店，13，28頁。

(23) 日本建築センター（2017）前掲書，53頁。

(24) 平山洋介（2005）「公営住宅制度の変容とその意味」『都市問題研究』57（ 4 ）：71-84，71頁。

(25) 渡辺（1962）前掲書，526頁。

(26) 阿部（2001）前掲論文，299-320，310頁。

(27) 原田（1985）前掲論文，317-396，340-346，393頁。

(28) 大本圭野（1985）「福祉国家とわが国住宅政策の展開」東京大学社会科学研究所編『福祉と国家6 日本の社会と福祉』東京大学出版会，397-452頁。

(29) 平山洋介（2011）『都市の条件——住まい，人生，社会持続』NTT 出版，19-24頁。

(30) 平山洋介（2009）『住宅政策のどこが問題か——〈持家社会〉の次を展望する』光文社新書，44-50頁。

(31) こうした日本的システムは，大企業と中小企業，正規雇用と非正規雇用の格差に直結したものであり，公務員にも手厚い保護がされてきた。また男女間の格差も特徴的であった。女性は，結婚・出産を契機として退職が想定され，独身寮の大半は男性社員が対象で女性社員の多くは自宅から通勤することが想定されていた。

(32) 戸坂嵐子（1956）「給与住宅の沿革」有泉亨編『給与・公営住宅の研究』東京大学出版会，19-22頁。

(33) 祐成保志（2016）「住宅がもたらす分断をこえて」井手英策・松沢裕作『分断社会・日本——なぜ私たちは引き裂かれるのか』岩波書店，39-40頁。

(34) 渡辺（1962）前掲書，537頁。

第2章　都市居住を規定してきた要因
——20世紀の歴史と都市化の変遷

日本の住宅事情や住宅政策の背景を理解するためには，20世紀の歴史を詳細に検討することが必要である。これまで住宅問題に関する議論は，第２次世界大戦後の変化に焦点を当てて分析が進められてきた。本章では，明治以降の産業革命・震災・戦災・戦後復興・高度経済成長・安定成長といった20世紀の歴史的出来事と日本経済と都市化の実態を関連づけながら，日本の住宅事情を整理していきたい（巻末資料「20世紀の歴史と日本の住宅事情・住宅政策」を参照されたい）。

1　戦前日本の都市の発展

封建時代の日本は農業社会であり，総人口の80～85％は農民であった。江戸は100万人を擁し，大阪，京都も大都市であったが，近代的な都市社会の展開は明治以降となる。江戸時代における人口統計は不完全なもので信頼性には欠けるが，1872（明治５）年に戸籍法を実施してからは，若干の精度を持った人口統計が得られるようになった。

明治初期の日本の総人口は，1872（明治５）年に3480万人，1900（明治33）年に4384万人，国勢調査が開始する1920（大正９）年には5596万人に達し50年弱で63％の増加を見た。特に19世紀末から1920年にかけては，日本における産業革命が進展した時期であり，全国的に都市化が進展した時期でもあった[(1)]。その後1940（昭和15）年に71,933万人と増加し，終戦時に減少したが，戦後のベビーブームもあって1950（昭和25）年には84,115万人と増加した。

明治初年の都市人口を概略的に整理してみると次のように整理できる[(2)]。

人口１万人以上の都市は99（そのうち城下町が63）都市であった。

表2－1　日本の総人口の推移（万人）

1872	1900	1920	1940	1950	1960	1970	1980	1990	2000	2010
34,806	43,847	55,963	71,933	84,115	94,302	104,665	117,060	123,611	126,926	128,057

人口10万以上＝東京（67万）・大阪（29万）・京都（23万）・名古屋（11万）・金沢（11万）

人口５万以上＝広島（7.6万）・和歌山（6.2万）・横浜（6.1万）・神戸（5.8万）・仙台（5.5万）

人口３万以上＝堺（4.5万）・福岡（4.5万）・熊本（4.4万）・福井（4.1万）・松江（3.6万）・新潟（3.5万）・鳥取（3.4万）・弘前（3.3万）・兵庫（3.2万）・長崎（3.2万）・鹿児島（3.2万）・函館（3.1万）・秋田（３万）・高松（３万）

すなわち大なる人口を持った都市は，ほとんどが城下町であり，それ以外はすべて貿易港であった。明治初期の都市は全国に比較的均等に分散していた。それは，徳川幕府が全国を統治する政策上，全国を小領に分割し，一定距離に諸藩を置いたこと，藩内における政治・経済・軍事のあらゆる活動の統合の中心が城下町にあったことによる。

その後日本は，日清戦争頃までに資本主義発展の基礎を確立し，日清・日露の大戦を経て第１次世界大戦に至る間に戦争による市場の拡大，資源の獲得を通じて産業革命を完成し，都市産業の急速な拡大・農村の商品経済化・階層分化・農民の離村が多くなり，都市工業は低賃金労働の人的資源を獲得し，農業国から工業国への転換が行われた(3)。

表２－２は，戦前の６大都市の人口データを整理したものである。各都市とも1889（明治22）年の市制施行時の人口から，日清（1894～95）・日露（1904～05）・第１次世界大戦（1914～18）を経た1920（大正９）年の人口を比較してみると，産業革命に伴う都市化が進展していった状況が読み取れる(4)。また，戦前の６大都市の人口推移で注目されるのは，1923（大正12）年９月１日に発生した関東大震災の影響である。1920年と25年の人口を比較してみると，東京（217万→

表2-2　戦前の6大都市の人口推移（人）

	東京	大阪	京都	名古屋	横浜	神戸
1879（M12）	671,335	291,565	232,683	111,783	46,187	44,368
1889（M22）	1,389,684	476,271	279,792	162,767	121,985	135,639
1897（M30）	1,333,256	753,375	332,374	252,699	188,455	194,598
1908（M41）	2,186,079	1,226,647	442,462	378,231	394,303	378,197
1920（T 9）	2,173,201	1,252,983	591,323	429,997	422,938	608,644
1925（T14）	**1,995,567**	**2,114,804**	679,963	768,558	405,888	644,212
1930（S 5）	**2,070,913**	**2,453,573**	765,142	907,404	620,306	787,616
1935（S10）	5,875,667	2,989,874	1,080,593	1,082,816	704,290	912,179
1940（S15）	6,778,804	3,252,340	1,089,726	1,328,084	968,091	967,234
1950（S25）	5,385,071	1,956,136	1,101,854	1,030,635	951,189	765,435

注：1879年は「日本全国郡区分人口表」，1989年は「日本帝国民籍戸口表」，1908年は「日本帝国人口静態統計」，1920年以降は「国勢調査」の数字。

199万）と横浜（42万→40万）の人口が減少している。それに対して大阪の人口は，125万→211万と急増し東京の人口を超えていたのである。この地震は，14万人の死者を出した未曾有の大災害であり，膨大な住宅が失われただけでなく，東京の都市発展にも長年にわたって多大な影響を与えた災害であった。

1925年と30年の国勢調査人口では，東京199万人・大阪211万人，東京207万人・大阪245万人と大阪が東京を上回り，1930年には38万人も人口が多かったのである。この背景には，1925（大正14）年に関一市長によって，従来の4区を8区に分割，旧町村を5区に再編・編入して13区制の「大大阪」を採用したことも関係しているが，第1次世界大戦による好景気もあって，大阪の都市発展が目覚ましいものであったことも確かな事実である[(5)]。その後1932年に東京市が従前の15区に加え再編した20区を編入し35区制の「大東京市」を成立させたため，1935年の国勢調査以降，大阪市と東京市の人口の差は大きく開いていった。それまで「東洋一」の大都市と自負してきた「大大阪」は，国内では「大東京」の後塵を拝することとなった。それでも大阪の人の自信は揺るがず，「愛市精神」を源泉として，都市美の形成と都市格の向上をはかりつつ，一層の発展を目指していった。都市美の創出の象徴だったのが，御堂筋メインストリートであった[(6)]。

2 日本農業の変貌と産業構造の変化

封建時代の農業中心の社会構成は，20世紀の歴史の中で，工業・商業といった都市的産業を中心とした社会構成へと劇的に変化してきた。表2-3は，国勢調査における就業者の産業別割合の経年変化を整理したものである。

表2-3 全国の産業別就業者割合の推移（15歳以上就業者，単位：%）

	1920	1930	1940	1950	1960	1970	1980	1990	2000
第一次産業	53.8	49.7	44.3	48.5	32.7	19.3	10.9	7.2	5.0
農業	51.2	47.1	41.7	45.4	30.1	17.9	9.8	6.4	4.5
林業	0.7	0.6	0.9	1.2	0.9	0.4	0.3	0.2	0.1
漁業	2.0	1.9	1.7	1.9	1.5	1.0	0.8	0.6	0.4
第二次産業	20.5	20.3	26.0	21.8	29.1	34.0	33.6	33.3	29.5
鉱業	1.6	1.1	1.8	1.6	1.2	0.4	0.2	0.1	0.1
建設業	2.6	3.3	3.0	4.3	6.1	7.5	9.6	9.5	10.0
製造業	16.4	15.9	21.1	15.8	21.7	26.1	23.7	23.7	19.4
第三次産業	23.7	29.8	29.0	29.6	38.2	46.6	55.4	59.0	64.3
運輸・通信	3.8	3.9	4.2	4.4	5.0	6.2	6.3	6.0	6.2
卸・小売・飲食	9.8	13.9	12.6	11.1	15.8	19.3	22.8	22.4	22.7
サービス	7.1	8.4	8.9	9.2	12.0	14.6	18.5	22.5	27.4
その他	2.9	3.6	3.2	4.9	5.4	6.5	7.8	8.1	8.0
就業者総数(千人)	27,261	29,620	32,483	36,025	44,042	52,593	55,811	61,682	62,977

出所：総務省統計局・国勢調査報告より作成。

1920（大正9）年時点では，就業者の過半数（51.2%）は農業に従事していた。その後，全就業者に占める農業従事者は減少し続けていく。特に1970年には，17.9%，2000年には4.5%と激減している。こうした日本の農業社会からの転換という実態は，表2-4に示される，専業・兼業農家の割合を見てもよく理解することができる。統計が異なるので若干実施年が異なっているが，1919（大正8）年，総農家の70%が専業農家であった割合は，2000（平成12）年には，18.2%にまで減少してきている。また兼業農家でも農業を主としない第2種兼業農家の比率は，統計を取り始めた1941（昭和16）年以降年々増加し続け，2000（平成12）年には，総農家の66.8%を占めるに至っているのである。

表2-4　専兼業別農家数の推移

年　次	総農家数	専業農家		兼業農家		第1種兼業		第2種兼業	
		戸数	%	戸数	%	戸数	%	戸数	%
1919（大正08）	5,481,187	3,837,080	70.0	1,644,107	30.0	…	…	…	…
1930（昭和05）	5,599,670	4,041,682	72.2	1,557,988	27.8	…	…	…	…
1941（昭和16）	5,498,826	2,303,901	41.9	3,194,925	58.1	2,040,103	37.1	1,154,822	21.0
1950（昭和25）	6,176,419	3,086,377	50.0	3,090,042	50.0	1,753,104	28.4	1,336,938	21.6
1960（昭和35）	6,056,630	2,078,124	34.3	3,978,506	65.7	2,036,330	33.6	1,942,176	32.1
1970（昭和45）	5,402,190	844,828	15.6	4,557,362	84.4	1,814,067	33.6	2,743,295	50.8
1980（昭和55）	4,661,384	623,133	13.4	4,038,251	86.6	1,002,262	21.5	3,035,989	65.1
1990（平成02）	2,970,527	473,359	15.9	2,497,168	84.1	520,560	17.5	1,976,608	66.5
2000（平成12）	2,336,909	426,355	18.2	1,910,554	81.8	349,685	15.0	1,560,869	66.8

出所：農林業センサス累年統計書より作成。

日本全体の産業構造という観点に着目してみると，戦後，高度経済成長とともに第2次産業，特に製造業が増加し，1970（昭和45）年には全就業者の26.1%が製造業就業者であるというピークの数字を記録している。この過程はまさに戦後の工業化における進展の段階と位置づけることが可能であろう。1970（昭和45）年以降は，第3次産業，中でもサービス業就業者の比率が増加し続け，2000（平成12）年には，全就業者の27.4%をサービス業が占めるに至っている。特に戦後の工業化の展開は，まさに都市化の進展と軌を一にしているのである。

3　戦後昭和の歴史と地域開発政策の展開

日本社会が，農村社会から都市社会へと転換していった背景を考察するためには，戦後昭和の歴史を詳細に頭に入れておく必要があるだろう。それは，戦後の昭和という時代に実施された経済政策や国土計画が，農村の変貌や都市化の進展ととても深く関連していると考えられるからである。表2-5は，日本の地域開発の推移を，戦後昭和の経済状況や社会状況と関連づけて年表として整理したものである。この表によって，戦後の産業構造の転換や都市化の進展を，当時の経済・社会状況と関連づけて理解することが可能になると思われる。

戦後日本の地域開発の歴史については，松原治郎（1978）の開発政策の段階区分というとてもすばらしい先行研究が存在している。しかし松原の段階区分は第六期の安定経済成長の段階で終わっており，昭和全体を網羅していないという欠点がある。ここでは松原の段階区分を踏襲し，第七期として民活・既成緩和の段階を加える形で，戦後昭和の地域開発の歴史として筆者が再編成した。[(7)]

表2-5　戦後昭和の歴史と国土計画

昭和20（1945）年	敗　戦
25（1950）	**国土総合開発法**　朝鮮戦争
30（1955）	保守合同・55年体制
31（1956）	神武景気，３種の神器（冷蔵庫・洗濯機・白黒テレビ）
33～36（1958～61）	岩戸景気　60年安保（岸内閣）
35（1960）	太平洋ベルト地帯構想・所得倍増計画（池田内閣）
37（1962）	**全国総合開発計画**　新産業都市建設促進法
39（1964）	東京オリンピック（新幹線・高速道路）
40（1965）	ベトナム戦争北爆開始
	41年　いざなぎ景気（3C＝カラー・クーラー・カー）
	42年　公害対策基本法，43年～学園紛争
44（1969）	**新全国総合開発計画**
45（1970）	大阪万博・公害対策基本法根本改正
	47年　日本列島改造論（田中内閣発足）沖縄返還
48（1973）	オイルショック・狂乱物価，51年　ロッキード事件
52（1977）	**第三次全国総合開発計画**
	田園都市構想（大平内閣），54年　第２次オイルショック
55（1980）	産業構造審議会テクノポリス構想
56～58（1981～83）	第二次臨時行政調査会（臨調）増税なき財政再建・行革
58～59（1983～84）	中曽根内閣アーバンルネッサンス
60（1985）	電電・専売民営化 Ｇ５→円高不況
62（1987）	**第四次全国総合開発計画**　緊急経済対策・NTT株売却→バブル経済へ
63（1988）	瀬戸大橋
64（平成１）（1989）	消費税導入

表2-6　戦後日本の国土計画・地域開発の歴史

第一期（昭和25～30年）資源開発中心主義の段階
・多目的ダム・石炭開発を中心とした資源開発・食料増産
・アメリカ T.V.A.を模倣，奥只見に代表される河川開発
・25年　国土総合開発法
・26年　全国51地域42県の候補地中，19地域の特定地域総合開発が指定される

第二期（昭和31～35年）工業開発中心主義の段階

・「開発が山から町へ移った」，資本効率を高める目的＝地方の工業化，素材供給型の重化学工業誘致が進む
・鉄鋼＝川鉄（京葉・水島），富士（名古屋・大分鶴崎），八幡（堺・木更津）
石油＝四日市・岩国・徳山等の旧軍施設払い下げをめぐって争奪戦
・経済的背景：朝鮮戦争の特需ブーム・自治体の財政窮乏による誘致条例制定という背景
・35年　「所得倍増計画」の産物としての「太平洋ベルト地帯構想」を発表

第三期（昭和36～39年）地域格差是正主義の段階

・「太平洋ベルト地帯構想」→地域間の格差の進行を助長すると批判される
・その批判に対応，かつ公共投資の効率を低下させない方式として37年，全国総合開発計画を制定
・特徴は，「先行投資主義」（産業基盤の整備・開発を公共投資によって行う），「拠点開発方式」（外部経済の集積による新しい経済圏をつくり，開発の連鎖反応を生みだす中心としての都市を建設）
・37年　新産業都市建設促進法制定　39府県44地域から申請があり，13地域が内定
（史上最大の陳情合戦），さらに政治的副産物として6工業整備特別地域指定

第四期（昭和40～44年）過密・過疎対策の段階

・これまでの地域開発が既成大都市の人口集中を止められず過密・過疎問題の深刻化
・既成大都市圏に人口が集まるのを前提として対策の重点を考える発想が展開された

第五期（昭和45～48年）大規模プロジェクト主義の段階

・44年　新全国総合開発計画（新全総）＝1：新ネットワークの形成（通信・航空・新幹線・高速道路網），2：大規模産業開発（農業開発基地・工業基地・流通基地・観光開発基地の建設），3：環境保全にかかわるプロジェクト＝大規模プロジェクトとして展開
・生産と生活を含め国土全体を開発の波に巻き込み，国土の編成を図る発想
47年　田中角栄の日本列島改造論→目につく土地は大手業者に買占められる
・その一方で，「開発か自然保護か」という問題提起・生活優先の主張としての住民運動が高揚，革新自治体が多く登場し，中央直結から市民参加→政治文化が転換

第六期（昭和49～55年）安定成長主義の段階

・オイルショック（48年10月の第4次中東戦争以降アラブ諸国〔OPEC＝石油輸出国機構〕がとった原油価格の4倍引上げ，供給削減等の石油戦略）によって，日本が高度経済成長から安定経済成長への転換を余儀なくされる
・第2次オイルショック（53年12月イラン政変を機に再び需要逼迫→1バレル＝30ドル時代へ）
・52年　第三次全国総合開発計画（三全総）閣議決定。工業開発優先から生活重視をめざす定住圏構想が提起されるが，本質的＝新全総の列島改造路線は修正されず

第七期（昭和55～64年）民活・規制緩和の段階

・貿易摩擦・内需拡大・増税なき財政再建・行政改革・民営化がキーワード
・58～59年　中曽根内閣アーバンルネッサンス，規制緩和と民間活力の導入による都市開発。
儲かる公的部門の民営化と内需拡大の名目での公共事業＝63年　瀬戸大橋開通

・60年９月　プラザ合意以降，為替レート切上げ（直前240円台，62年12月 123円台），急激な円高で円高不況が進行　61年４月　前川リポート＝内需拡大等７項目提言
・62年　第四次全国総合開発計画（四全総）閣議決定＝「世界の中枢都市＝東京」と多極分散型国土。テクノポリス・リゾート・コミューター航空＝全国一日交通圏等
・消費税法案のドサクサで63年末，総合保養地域整備法「リゾート法」可決，国立公園・水源保安林・農業振興地域等の指定解除や用途変更，ゴルフブームと連動し，乱開発とバブル経済へ

以上，戦後日本の地域開発の歴史は，国の経済政策と密接に関連しながら展開されてきた。日本の高度経済成長は，つねに開発志向であった国土計画にもとづいて実現してきたといっても過言ではないだろう[(8)]。しかし，開発が大規模に進められてきた結果，東京一極集中，過密過疎問題，地価高騰やバブル経済をはじめ全国的な環境破壊も同時に進展させてきた。開発の具体的内容は，新幹線，高速道路，河川，ダム，農地改良，林道建設といった社会資本整備につながる公共事業として展開されてきたのである。そうした土木建設事業を中心とした公共事業は，中央と地方を直結させる政治構造や，ゼネコンをはじめとする企業と（国会）議員の汚職構造，許認可を持つ官僚と天下り先を提供する企業との癒着といった，日本政治の政・財・官の癒着構造体質をしっかりと形成してきてしまったのである[(9)]。一方で，公害問題に端を発した住民運動は，1945（昭和20）年の終戦当時は当然であった，「お上には従っておいた方がよい」，「長いものには巻かれろ」といった日本独特の政治文化を，「市民主体の政治」や「国民生活を優先する政治」を重視する政治文化へと激変させてきたと位置づけることも可能である。

無条件降伏した1945（昭和20）年からたった75年を経過したに過ぎない日本社会の中で，日本経済，日本政治の構造変化を読み解くためには，こうした昭和の歴史を十分に分析する必要があるといえるだろう。それは，日本における都市化や都市居住の実態を分析していく上においても同じことである。

4　戦後の都市化の変遷——大都市圏の形成と東京一極集中

戦後の地域開発の展開・高度経済成長政策は，地方から都市への人口移動を

伴う都市化を急速に進展させていった。ここでは，日本の戦後都市化の変遷を東京と大阪に注目して，整理していこう。

表2-7　日本・大阪市・大阪府・東京都区部・東京都の人口推移

年	日　本	大阪市	大阪府	東京都区部	東京都
1920	55,963,053	1,252,983	2,587,847	2,173,201	3,699,428
1930	64,450,005	2,453,573	3,540,017	2,070,913	5,408,678
1940	73,114,308	3,252,340	4,792,966	6,778,804	7,354,971
1950	84,114,574	1,956,136	3,857,047	5,385,071	6,277,500
1960	94,301,623	3,011,563	5,504,746	8,310,027	9,683,802
(1965)		3,156,222		8,893,094	
1970	104,665,171	2,980,487	7,620,480	8,840,942	11,408,071
1980	117,060,396	2,648,180	8,473,446	8,351,893	11,618,281
1990	123,611,167	2,623,801	8,734,516	8,163,573	11,855,563
2000	126,925,843	2,598,774	8,805,081	8,134,688	12,064,101
2010	128,057,352	2,665,314	8,865,245	8,945,695	13,159,388
2015	127,094,745	2,691,185	8,839,469	9,272,740	13,515,271

出所：国勢調査より作成。

表2-7は，大阪市・大阪府と東京都区部・東京都の人口推移を示したものである。大阪市，東京都区部ともに人口のピークとなっているのは1965年である。都市社会学の領域では，1965年頃までを「都市化」段階，それ以降1990年代までを「郊外化」段階，2000年以降を「再都市化」段階と位置づけることがある[(10)]。日本社会の高度経済成長に伴う地方から大都市圏への大移動による都市化の段階は1965年頃までに進展し，その後郊外化による人口減少を経て，2000年以降のタワーマンションに象徴される都心回帰が進んだと位置づける見方である。そうした中心都市と周辺都市部との関係という視点からではなく，地方からの人口移動という観点から大阪市に着目してみると，東京とは違う大阪の地盤沈下の状況が別の角度から見えてくる。

表2-8と2-9は，1960年以降の大阪市と東京特別区への転入人口の状況を示したものである。大阪市は1960年，東京特別区は1965年をピークとして転入人口が減少している。大阪市の場合は，1960年の22万4000人から2010年には9万3000人と流入人口が半減している。東京特別区も1965年以降一貫して流入人口が減少している。この事実は，日本全体が地方から大都市圏への急激な都市

化の段階から，移動の少ない社会へと転換したことを示している。

注目されるのは，大阪市の流入人口に占める西日本からの流入者の比率である。1960年当時，流入人口総数の43.8%が西日本からであった比率は，2010年には14.8%にまで減少してきたのである。それに対して増加したのは，大阪府からの移動者の比率である。

表2-8　戦後大阪市への転入人口とその構成比率の推移

年	総数	北海道・東北	東日本	近畿（大阪府除く）	大阪府	西日本	北海道・東北	東日本	近畿（大阪府除く）	大阪府	西日本
1960	224,140	2,701	27,452	52,829	42,954	98,204	1.2	12.2	23.6	19.2	43.8
1965	218,500	2,690	28,277	50,574	54,948	82,011	1.2	12.9	23.1	25.1	37.5
1970	184,370	2,832	24,951	37,277	58,241	61,069	1.5	13.5	20.2	31.6	33.1
1975	128,838	1,701	17,454	27,374	49,788	32,521	1.3	13.5	21.2	38.6	25.2
1980	112,913	1,309	14,767	25,935	47,618	23,284	1.2	13.1	23.0	42.2	20.6
1985	107,113	1,369	15,239	25,097	44,350	21,058	1.3	14.2	23.4	41.4	19.7
1990	96,792	1,313	15,074	23,759	37,326	19,320	1.4	15.6	24.5	38.6	20.0
1995	113,476	1,314	17,601	37,382	40,070	17,109	1.2	15.5	32.9	35.3	15.1
2000	101,564	1,418	16,042	26,525	40,930	16,649	1.4	15.8	26.1	40.3	16.4
2005	96,032	1,587	17,148	25,137	36,943	15,217	1.7	17.9	26.2	38.5	15.8
2010	93,127	1,557	18,773	24,351	34,637	13,809	1.7	20.2	26.1	37.2	14.8
2015	101,218	1,765	21,269	27,283	36,030	14,871	1.7	21.0	27.0	35.6	14.7

出所：住民基本台帳人口移動報告より作成。

このことは，大阪が西日本から人を集める広域中心都市から，近畿内の中心都市へと転換してしまったことを意味している。このことは，まんべんなく全国から人を集め続けている東京の状況とは対照的といえるだろう。

図2-1は，別の観点から東京一極集中の状況を見るために，三大都市圏の転入超過数の推移を整理したものである。1973年のオイルショックまでの高度経済成長期には，三大都市圏ともに転入超過が続いており，地方から大都市圏への人口集中といういわゆる急激な都市化が進展した時期である。オイルショック以降の安定成長期になると，東京圏だけが人口増加を続け，名古屋圏はほぼ横ばい，大阪圏は一貫して流入人口がマイナスを続けていくのである。この事実がまさに東京一極集中と大阪の地盤沈下を象徴する現象である。東京圏の流入人口は，1987年をピークとするバブル経済期の東京圏への集中とバブ

表２－９　戦後東京都区部への転入人口とその構成比率の推移

年	総数	北海道・東北	東日本(関東除く)	関東(東京都除く)	東京都	近畿	西日本	北海道・東北	東日本(関東除く)	関東(東京都除く)	東京都	近畿	西日本
1960	585,468	116,132	110,158	197,738	46,220	34,825	80,395	19.8	18.8	33.8	7.9	5.9	13.7
1965	629,331	117,398	103,686	232,347	56,992	39,097	79,811	18.7	16.5	36.9	9.1	6.2	12.7
1970	584,870	104,701	89,299	214,616	58,427	40,519	77,308	17.9	15.3	36.7	10.0	6.9	13.2
1975	468,738	70,053	67,805	187,810	51,009	32,079	59,982	14.9	14.5	40.1	10.9	6.8	12.8
1980	415,325	55,150	59,631	171,319	47,314	28,282	53,629	13.3	14.4	41.2	11.4	6.8	12.9
1985	402,884	53,995	56,005	167,035	45,210	29,231	51,408	13.4	13.9	41.5	11.2	7.3	12.8
1990	359,152	44,350	46,568	156,246	38,111	26,800	47,077	12.3	13.0	43.5	10.6	7.5	13.1
1995	347,564	32,930	40,775	169,735	43,658	26,025	34,441	9.5	11.7	48.8	12.6	7.5	9.9
2000	362,123	33,744	42,861	172,840	45,432	29,844	37,402	9.3	11.8	47.7	12.5	8.2	10.3
2005	364,152	34,449	41,734	171,552	45,331	32,104	38,982	9.5	11.5	47.1	12.4	8.8	10.7
2010	334,899	30,951	38,341	154,992	41,733	32,203	36,679	9.2	11.4	46.3	12.5	9.6	11.0
2015	368,423	32,589	44,650	165,561	44,653	38,835	42,135	8.8	12.1	44.9	12.1	10.5	11.4

出所：住民基本台帳人口移動報告より作成。

図２－１　三大都市圏の転入超過数の推移（1954-2015年）

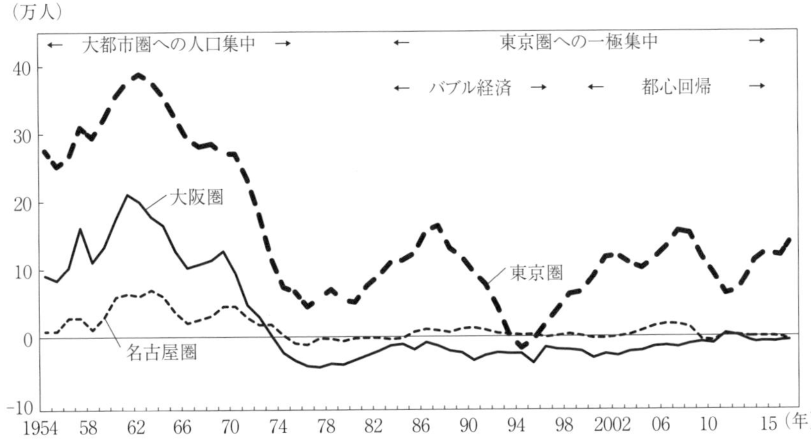

注：東京圏：東京都・神奈川県・埼玉県・千葉県，大阪圏：大阪府・京都府・兵庫県・奈良県，名古屋圏：愛知県・岐阜県・三重県

出所：総務省統計局「住民基本台帳人口移動報告年報」。

ル崩壊による下落，都心回帰による2007年をピークとする転入超過と2008年リーマンショックによる下落と，変動はあったものの，東京への一極集中は現在も継続的に続いている現象である。東京一極集中は，東京圏住民に住宅価格の高騰と住宅地の遠隔化を強いるなど，都市居住の問題に多大な影響を与えてきたのである。[11]

5 人口構成に影響を受ける住宅事情

人口移動を伴う都市化の実態とともに，日本社会の人口構成自体も，住宅需要や空家の実態等，住宅事情に多大な影響を与えている。

図2－2は，2015年の日本の人口ピラミッドである。第2次世界大戦後のベビーブームに誕生したいわゆる団塊世代（1947～49年）と団塊ジュニア世代（1971～74年）の2つの大きな山が象徴的である。年間出生数は，第1次ベビーブーム期には年間270万人，第2次ベビーブーム期には年間220万人であったが，それ以降毎年減少し続けている。1984年には150万人を割り込み，2015年にはとうとう100万人をも割り込んでしまった。合計特殊出生率は，第1次ベビー

図2－2　2015年の日本の人口ピラミッド

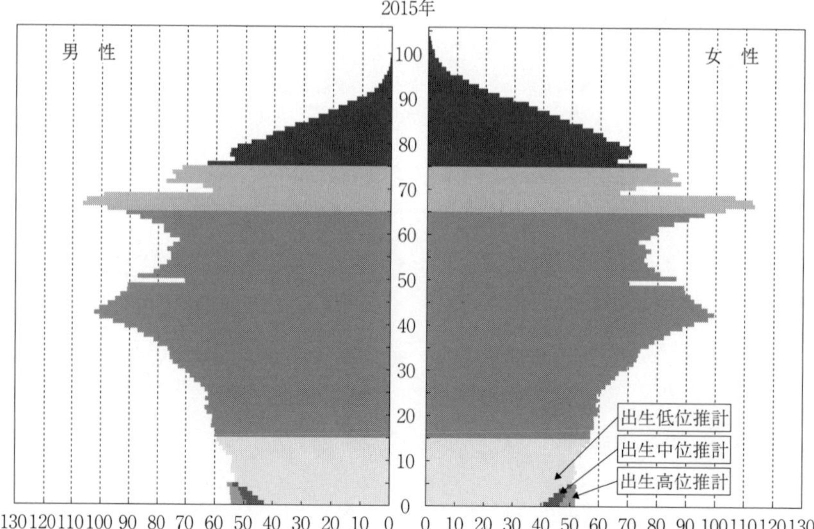

出所：1920～2010年　国勢調査，推計人口，2011年以降「日本の将来推計人口（平成24年1月推計）」（国立社会保障・人口問題研究所）。

ブーム期には4.2を超えていたが，1950年以降急激に低下した。第２次ベビーブーム期では2.1台で推移していたが，2005年には，過去最低である1.26まで落ち込んだ。2014年にはやや回復し1.43となっているが，合計特殊出生率が人口置換水準である2.07に回復することはむずかしく，長期にわたる人口減少は確実な見通しとなっている[12]。いわゆる世界的にも突出した少子高齢化社会である。こうした人口構成は，社会に対して多大な影響を与えている。その象徴的な問題は，「2015年問題」といわれる年金給付に関する問題である。「2015年問題」とは，団塊の世代が，2012年から65歳を迎え始め，2015年には団塊世代の全てが年金全額給付の65歳以上となる問題である。「2025年問題」も団塊の世代のすべてが後期高齢者になる問題で，介護・医療費への不安を表したものである。いずれも800万人という巨大な人口の塊が年金生活に突入し，介護問題等財政的にもとても大変となることを注意喚起したものである。

こうした団塊の世代・団塊ジュニア世代の動向は，住宅需要とも密接な関係を持っていた。図２−３は，国土交通省が実施している「住宅着工統計」の新設住宅着工戸数の推移を示したものである[13]。

図２−３　新設住宅着工戸数の推移

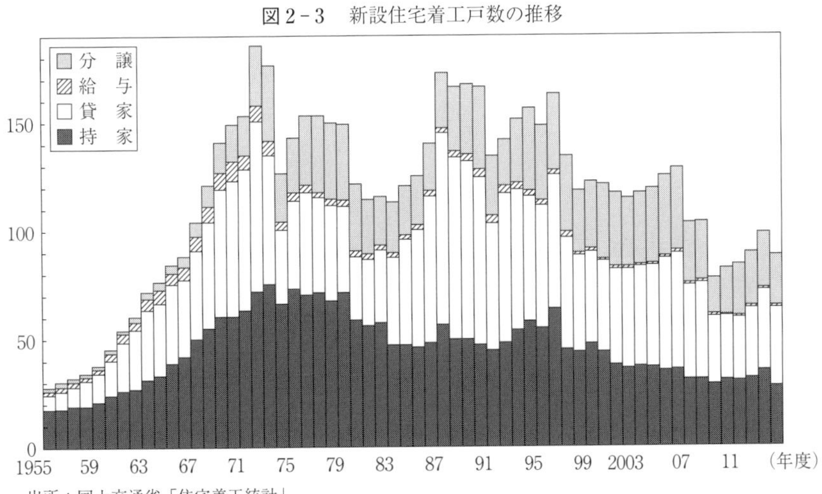

出所：国土交通省「住宅着工統計」。

また表２-10は，1962年の区分所有法制定以降の住宅関連状況を，マンションブームと関連づけて年表としてまとめたものである。この２つの図表を関連させてみていくと，住宅需要というものが，経済の状況とともに，団塊世代・団塊ジュニア世代の動向とも密接に関連していることが理解できるであろう。

表２-10　区分所有法以降のマンションブームと新設住宅着工戸数の推移

1962年	区分所有法（通称マンション法）
1963-64	第１次マンションブーム（高所得者向けマンション）
1968-69	第２次マンションブーム（大衆化路線・住宅ローン付きマンションの登場）
1970	住宅金融公庫「高層分譲住宅購入資金」貸付開始
1972-73	第３次マンションブーム　［1972年　180万戸（ピーク）］ 団塊の世代が住宅取得時期を迎える
1973	第１次オイルショック
1977-79	第４次マンションブーム
1979	第２次オイルショック
1986	中曽根民活
1986-89	第５次マンションブーム　［バブル経済期　160-170万戸］ 都心における高額化，ファミリーマンションの郊外化という傾向
1989	消費税導入（３％）
1991	バブル崩壊
1994-2002	第６次マンションブーム 経済対策による持家需要の喚起，阪神淡路大震災の復興需要等で増加 バブル崩壊に地価下落・東京都内に一次取得者向けマンション「都心回帰現象」 首都圏新築マンション分譲が８万戸を超える空前の大量供給が８年にわたり続く 団塊ジュニア世代＝新規世帯形成期，団塊世代＝熟年期を迎え持家取得時期。
1995	阪神淡路大震災
1997	消費税５％ 消費税・大手金融機関の破綻等の金融危機　［1990年代後半以降 120万戸前後］
2001	小泉構造改革
2003年以降	首都圏湾岸地域，500戸超・30階超大規模高層マンション→梅田・武蔵小杉
2008	リーマンショック　［2009年　100万戸を割り込み 77.5万戸］
2011	東日本大震災，震災復興需要
2013	消費税率引き上げ駆け込み需要等４年連続で増加　［2013年　98.7万戸］
2014	消費税８％，駆け込み需要の反動減　［2013年　88.0万戸］

新設住宅着工戸数がピーク（180万戸超）を迎えた1972～73年は，団塊の世代が新規世帯形成期で住宅取得時期にあたり，第３次マンションブームと合致しているのである。1970年代後半以降は，新設住宅着工数が減少していくが，それはオイルショックの影響もあるが，団塊世代の住宅取得が落ち着いてきた時期に入ったとも見ることが可能である。また，バブル崩壊後の1994～2002年の

図２－４　全国の空家数・空家率の推移（1963-2018年）

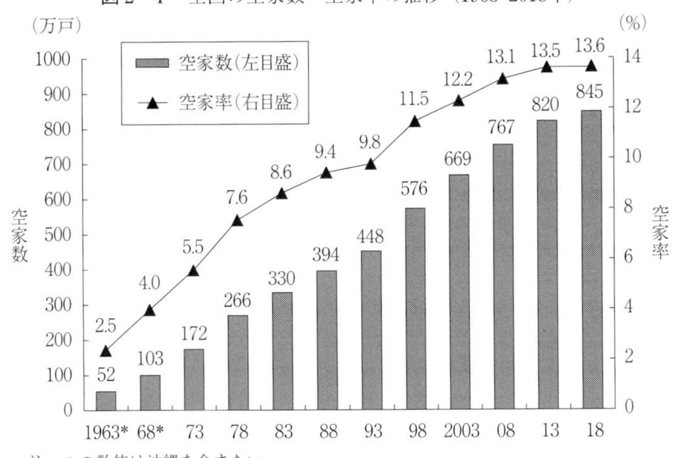

注：＊の数値は沖縄を含まない。
出所：2018年「住宅土地統計」。

時期は，第６次マンションブームと言われているが，この時期は，団塊ジュニア世代の住宅取得時期でもあり，団塊の世代にとっても熟年期を迎え持家取得時期となっていたことと一致しているのである。こうした住宅需要状況を反映して，不景気でありながら新築着工数の安定状況が続いたとも考えられる。

図２－４は，全国の空家数と空家率の推移を示したものである。2018年の空家数は846万戸，総住宅数に占める空家率は13.6%となっている。空家数の推移をみると，これまで一貫して増加が続いており，1968年から2018年の30年にかけて452万戸（114.7%）の増加となっている[14]。こうした空家の増大は，団塊の世代の高齢化に伴って，劇的に増加していくことが予想される。住宅政策は，経済状況とともに人口構成の状況によっても劇的に変化していくものであり，「日本国民がどのように住まうべきか」を多角的に検討していくことが必要といえるだろう。

注

(1)　矢崎武夫（1962）『日本都市の発展過程』弘文堂，285，345頁。

(2)　矢崎（1962）前掲書，285-287頁。

⑶ 矢崎（1962）前掲書，345頁。

⑷ 1926年当時，人口10万人以上であった長崎・広島・金沢・呉の4都市を加え「十大都市」とみなすこともあった。1903年から1913年の10年間において，人口増加率では，大阪と神戸が他都市を凌いで高く，とりわけ急速な都市化が進展していた。橋爪紳也（2019）『昭和の郊外 関西編』柏書房，9頁。戦前期の都市人口に関しては，伊藤繁（2004）「都市人口と都市システム――戦前期の日本」今井勝人・馬場哲編著『都市化の比較史――日本とドイツ』日本経済評論社，27-58頁。

⑸ 関一（1992）『住宅問題と都市計画』学陽書房，本間義人（1996）「社会政策としての住宅政策――関一の主張と結末」『土木国家の思想――都市論の系譜』日本経済評論社，129-191頁，芝村篤樹（2004）「関一の都市政策」今井勝人・馬場哲編著『都市化の比較史――日本とドイツ』日本経済評論社。

⑹ 橋爪（2019）前掲書，11-14頁。

⑺ 松原治郎（1978）『コミュニティの社会学』東京大学出版会，97-122頁。

⑻ 全総から四全総までの国土計画の実態については，本間義人（1992）『国土計画の思想――全国総合開発計画の三十年』日本経済評論社，本間義人（1999）『国土計画を考える――開発路線のゆくえ』中公新書を参照されたい。

⑼ 本間義人（1996）『土木国家の思想――都市論の系譜』日本経済評論社。

⑽ 松本は，西ヨーロッパの都市化・郊外化・逆都市化・再都市化の4段階の分類を，逆都市化を除いた3段階に分類している。松本康（2014）「都市圏の発展段階――都市化・郊外化・再都市化」松本康編『都市社会学・入門』有斐閣，104-127頁。

⑾ 2010年地域居住ビジョン研究会では，東京一極集中の弊害として，①低い居住水準と職住アンバランスの拡大，②生活・産業基盤（道路整備，通勤混雑緩和策，廃棄物処理，水・電力資源需要）の限界性，③災害対策の脆弱性の3点の問題を指摘していた。経済企画庁総合計画局編（1991）『2010年の地域と居住――東京一極集中の是正と豊かな居住を目指して』ぎょうせい，12-17頁。

⑿ 合計特殊出生率とは，人口統計上の指標で，1人の女性が出産可能とされる15歳から49歳までに産む子供の数の平均を示す。人口置換水準とは，ある死亡の水準の下で，人口が長期的に増えも減りもせずに一定となる出生の水準を「人口置換水準」と呼んでいる。現在のわが国における死亡の水準を前提とした場合，合計特殊出生率の人口置換水準は，概ね2.07となっている。

⒀ 日本建築センター（2018）*A Quick Look at Housing in Japan*（日本語），22頁。

⒁　総務省統計局「平成30年住宅・土地統計調査 住宅数概数集計 結果の概要」2019年４月26日。

第3章　関西における郊外住宅開発とニュータウン

1　戦前の関西における住宅地開発

戦前期の大阪では，旧城下町域にオフィス・商業施設などが集中する中心街が形成され，それを取り囲むように大阪湾沿岸・淀川沿いには工業地域と不良住宅地域を含む工場労働者が居住する長屋街が混在する形で広がっていった。大阪都市圏の構造は，近世の土地所有構造に規定されながら，産業化に伴う人口増加やその中でのさまざまな土地制度改革に対する地主層の時々の対応によって生まれてきた。西村雄郎は，大阪都市圏の形成過程の特質を東京と比較して次のように指摘している。「都心部に武家地の多い東京では都市の構造が国家や大資本の力によって決定されていったのに対して，大阪では江戸期の商業地，農地の利用に関して地主の対応が都市構造の決定因となった」。すなわち，武家地の多かった東京においては，その払い下げを受けた旧大名・政商・家族・高級官僚が新たな大地主として現れ，これらの層による大土地所有が成立したのに対して，町地が8割を占めた大阪では，旧市街地の土地所有者は1940年においても，基本的に近世と同一の所有者による土地所有が大半を占めたのである。この点に大阪都市圏の形成過程の重要な特質があることを西村は指摘したのである[(1)]。

戦前の関西の郊外住宅開発は，おもに次の3つのパターンでとらえることが可能である。それは，① 私鉄による住宅地経営，② 土地会社による住宅地経営，③ 耕地整理組合および区画整理組合による住宅地分譲の3つである[(2)]。

鉄道会社による住宅地経営というとその代表的なものは，阪急による開発である。阪急の前身である箕面有馬鉄道軌道の創業者小林一三は，沿線の住宅地開発を積極的に進め，1910（明治43）年に分譲開始の池田室町をはじめ，沿線に次々と経営地を拡大していった[(3)]。その方式は，鉄道の終点に集客施設（1910年に箕面に動物園，11年に宝塚温泉，13年に宝塚唱歌隊）を創設するとともに，途中駅の徒歩圏に住宅地を開発するというものであった。1929（昭和４）年に始発駅梅田に開設された阪急百貨店は，今は一般的である日本初のターミナルデパートであった[(4)]。

阪神は，開業当初は沿線への大阪からの移住を奨励し，1909（明治42）年には西宮駅前で貸家経営を始めたが，路線が旧集落をつなぐ形で敷設されたため甲子園開発以外には自ら大規模な住宅開発を行うまでには至らなかった。阪神より20年も早い1885（明治18）年に開業した阪堺（後の南海）も，帝塚山や住吉大社方面への人の動きの活発化を背景として，明治末期には住宅地経営を始めていた。近鉄の前身である大阪電気軌道や大阪鉄道も，大正時代後期から昭和初期にかけて，沿線で大規模な住宅地経営を開始した。

1910（明治43）年に開業した京阪電鉄は，阪神電鉄の香櫨園に対抗して香里園遊園地を設けるが，結局遊園地は廃止され住宅地としての道を歩むことになる。しかし大阪の鬼門にあるという俗説が災いしてか，他の私鉄に比べると本格的な沿線開発は第２次世界大戦後まで待たねばならなかった[(5)]。中川理は，「近代郊外住宅地の歴史的研究が，住宅地の開発側からみた開発史にとどまっており，実際に，郊外に居住地を選択した人々の選択行動から郊外住宅地の形成を論じたものがほとんど見られなかった」ことを指摘し，「都市の方位観」の重要性を指摘した。すなわち，京阪沿線は，大阪から見れば表鬼門，京都から見れば裏鬼門に位置するため，「鬼門の忌避」によって宅地化が遅れたのである。それは国鉄片山線も同様であり，四条畷の宅地化が遅れた理由として鬼門の方角とされる因習があったことが『四条畷市史』に書かれている。香里への成田山不動尊大阪別院，四条畷への身延山久遠寺関西別院の寺院誘致は，まさに鬼門イメージを解消する手段として企てられたことが指摘されている[(6)]。

②の土地会社による住宅地経営は，1916年雲雀丘を開発した日本住宅（阿部元太郎）をはじめ1931年大美野田園都市の関西土地，仁川（1929）・寿楽荘

(1932) の平塚土地など，長期にわたって次々と開発を行う大規模な会社から，町なかの小さな不動産業までさまざまであった。[7] 私鉄や土地会社の住宅地経営の成功を目の当たりにして，地元の地主層が組合を設立して実施したのが，③の耕地整理および区画整理による住宅地開発である。1919（大正８）年制定の都市計画法によって耕地整理による宅地化が認められ，大正中期から昭和初期にわたって各地で続々と実施された。

関西の住宅地開発概略を整理してみると，戦前の住宅地開発は，私鉄，土地会社，耕地整理によって進められ，いずれによるものも1935（昭和10）年頃にピークを迎えたとされている。[8] 大阪都市圏における戦前および戦時期の1945年までに経営された郊外住宅地については，水内俊雄によって，鉄道線名，最寄り駅名，都心駅からの距離，住宅地名，経営面積，経営開始年の内容が，一覧表として詳細に整理されている。[9]

戦前の関西の住宅開発を語る上では，欠かせない人物の一人として関一をあげることができる。関一は，1914年東京高等商業学校（現一橋大学）教授から大阪市助役に就任し，1923年に同市長となり，1935年までの21年間，大阪市の市政を担当したが，この間，都市計画法の制定等に関連して研究者・実務家として多くの論文を発表して学界・官界にさまざまな影響を与えた。[10] 関は，住宅問題こそ都市計画の中心課題としなければならないと主張し，都市中下層を対象とする住宅政策に注目するとともに，実際に精力的に郊外地の開発に取り組んだ。1917年に関が起草した「大阪市街改良草案」は，郊外を開発して都心の過密を緩和し，住宅問題の解決にあたろうとするイギリス流の都市計画の考え方にもとづいたものであった。大阪市の働きかけの結果，1918年に，まず東京市区改正条例が東京以外の５都市に準用され，翌年には都市計画法・市街地建築物法が制定されたのである。[11]

2　戦後大阪農業の変遷と大阪都市圏の形成

戦後の大阪都市圏の空間構造を，産業構造が農業から工業へ転換していったという観点から，農地の転用実態に着目して整理してみよう。戦後大阪の農業は，産業構造の再編と急激な都市化・工業化の過程で，農地の改廃が進行し，同時に農地の利用度合いも低下するなど，総じて後退の一途を辿ってきた。また，農民の兼業化・脱農化も進み農家数も著しく減少していった。大阪の都市化が凄まじい勢いで進行したのは，1950年代後半であり，中でも本格的な展開を見せるのは1960年代である[(12)]。

表3-1　大阪府の土地利用区分別面積の動向（単位：ha，（　）は%）

	1965年	1972年	1980年	2000年
農用地	38,135 (20.7)	26,956 (14.5)	21,897 (11.8)	15,252 (8.1)
森林・原野	68,074 (37.0)	65,952 (35.5)	59,246 (31.8)	58,514 (30.9)
水面・河川・水路	8,649 (4.7)	10,536 (5.7)	10,134 (5.4)	10,155 (5.4)
道　路	8,690 (4.7)	10,681 (5.8)	13,056 (7.0)	16,309 (8.6)
宅　地	30,677 (16.7)	44,208 (23.8)	52,439 (28.1)	58,368 (30.8)
住宅地	—	23,211 (12.5)	27,002 (14.5)	31,496 (16.6)
工業用地	—	7,488 (4.0)	6,740 (3.6)	5,559 (2.9)
事務所・店舗等	—	13,509 (7.3)	1,897 (10.0)	21,313 (11.3)
その他	29,772 (16.2)	27,190 (14.7)	29,644 (15.9)	30,685 (16.2)
計	183,997 (100.0)	185,496 (100.0)	186,416 (100.0)	189,286 (100.0)

出所：大阪府土木部，同都市整備部総合計画課調べによる。
大西敏夫（2018）『都市化と農地保全の展開史』39頁より引用。

表3-1は，大西敏夫が整理した1965年以降の大阪府の土地利用区分面積の変遷である。1965年当時の大阪府の土地利用状況に着目してみると，総面積18万4000ヘクタールのうち，農用地は3万8000ヘクタール（20.7%）を占め，また森林原野は6万8000ヘクタール（37.0%）で両者を合わせると60%余りを占めていた。その意味では，すでに高度経済成長期に入っていた1965年当時の大

阪府下各地では田園風景が広範にみられたといえるのである。その後急速に農地の宅地転換が進み，2000年には，農用地１万5000ヘクタール（8.1%）・森林原野は５万8000ヘクタール（30.9%）と減少し，宅地だけで30%を超え，それに道路（8.6%）を加えると，都市的土地利用は約40%近くとなり，土地利用面では，農業と森林原野の合計と肩を並べている。2000年の実態を地域別にみると，「農業と森林・原野の構成比」対「宅地や道路の都市的土地利用の構成比」は，大坂府北部地域で「52.6%対30.3%」，大阪市を含む中部地域で「14.9%対62.2%」，南部地域で「45.9%対30.9%」，となっており，とりわけ大阪市を含む中部地域での都市化の著しさが窺い知れる[13]。

西村雄郎は，大阪都市圏の地域構造の特徴をインナーリングエリア形成に着

図３-１　インナーリングエリア概念図

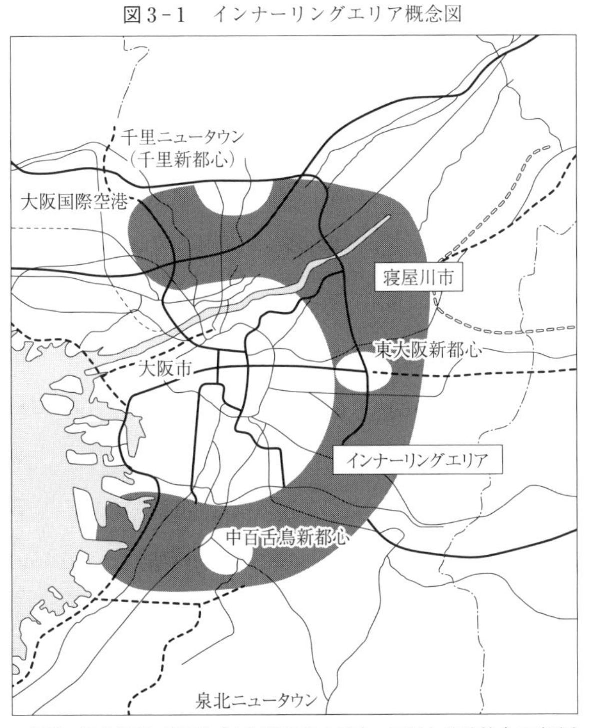

出所：西村雄郎（2008）『大阪都市圏の拡大・再編と地域社会の変容』115頁より引用。

目して整理している。「戦前の大阪では，旧大阪城下町域にオフィス・商業施設などが集中する中心市街地が形成され，これを取り囲むように大阪湾沿岸・淀川沿いには公共地域と「不良」住宅地域を含む工場労働者居住長屋街（＝戦前長屋住宅地域）が混在する形で広がっている。また都市中・上層の居住地域は，上町台地や安孫子台地，そして私鉄の発達とともに郊外の丘陵地・海浜の痩せ地等（池田・宝塚，芦屋等）に郊外住宅地が形成されている。高度経済成長期には，戦前期の中心市街地と郊外住宅地の中間に位置し，低湿地であったために戦前期には居住地として利用されることのなかった大阪市街地の外縁部5～15キロメートル地域（豊中市，摂津市，門真市，寝屋川市，東大阪市，松原市，堺市など）に低所得労働者を対象とした「文化住宅」，木造アパートが建ちならぶ木賃住宅密集地域が作られ（＝インナーリングエリア），その外縁部に都市中間層居住地域として，千里ニュータウンや泉北ニュータウンなどの巨大ニュータウンが造成されたのである」。

このインナーリングエリアは，まさに大阪の人口増加に伴う宅地需要の増大が農地価格の上昇を招き，小規模地主が投機的な土地売却を進めるとともに，住宅需要に呼応した小規模工務店が木賃住宅（木造賃貸アパート等）建設を進めたことによって形成されてきたものと位置づけられる。インナーリングエリアに広がる木賃住宅密集地域は，① 狭小な敷地に建てられた老朽木造建築物が多く存在し，② このなかに多数の賃貸住宅が存在し，③ 狭い道路や袋路上の道路が無秩序に走り，④ 公園，幹線道路などほとんど存在せず，⑤ 大阪経済の低迷の中で高失業率，高生活保護世帯率など多くの生活問題が生じている地域である。大阪府と，当該地域を抱える自治体はこれらの地域を対象として1980年代前半から民間の老朽木賃住宅の建て替えを促進するため「密集住宅市街地整備促進事業」を展開していったのである[14]。

3 全国で展開されたニュータウン開発

高度経済成長期においては大都市圏への人口集中が進み，宅地の大量かつ計画的な供給が必要とされた。特に昭和30年代以降の著しい地価高騰等の影響から，既成市街地やその周辺で住宅適地が次第に減少し，住宅の建設が困難になっていった。そのため地価が比較的安い大都市郊外に開発地を求め，そこで大量の用地を取得してニュータウンの建設を進める動きが全国で展開された。

地価高騰の原因は，基本的には，企業の設備投資の急増に伴う工業用地，都市人口急増によって生じる住宅用地，第3次産業の伸長による商業用地等，土地需要の高まりにある。それに加え列島改造ブームに象徴されるように「土地神話」が蔓延し，地価の値上がりを期待した民間企業の投機的な取引や買占めがあったことも大きく影響していた。こうした地価高騰は，都心部の居住水準の低下のほか，住宅地の郊外拡散や遠隔化を招いていったのである[(15)]。

ニュータウンは，地方公共団体，公団，公社などの公的団体，組合や民間など，さまざまな主体の単独あるいは複数の協同により形成されてきた。大規模住宅開発の手法としては，新住宅市街地開発法，土地区画整理法，都市計画による一団地の経営，任意の宅地造成などがある。この中では，新住宅市街地開発法が，千里ニュータウンを適用第1号として1963年に制定されたわが国唯一のニュータウン開発法ともいうべきものである。新住宅市街地開発法によるニュータウン開発地点は，全国的にみると，いわゆる太平洋ベルト地帯に並んでいるが，北海道と関西，特に大阪府と兵庫県に集中していた。それは，北海道の場合は比較的土地が入手しやすく全面買収方式に適しており，東京の場合はまとまった開発地に乏しく，名古屋は土地区画整理手法が古くから盛んな土地柄であったことが原因と考えられている[(16)]。

日本の大規模宅地開発事業は，1960年に建設が着手された千里ニュータウンが，ほぼ成功の見通しがつくようになってきた1965年頃からの5年間に，新たなニュータウン計画の実施が集中しており，1971年以降は，こうしたビックプロジェクトは出てきてはいない。その5年間で開発された，1000ヘクタール以上のニュータウンを，着手年次別に整理すると以下のとおりである。

1960年　千里ニュータウン　（1150ヘクタール）

1965年　多摩ニュータウン　（2568ヘクタール）

1965年　泉北ニュータウン　（1520ヘクタール）

1967年　千葉北部ニュータウン　（2913ヘクタール）

1968年　筑波研究学園都市　（2696ヘクタール）

1969年　千葉海浜ニュータウン　（1270ヘクタール）

1969年　横浜港北ニュータウン　（1322ヘクタール）

1965年　北摂ニュータウン　（1101ヘクタール）

ニュータウンに関しては，明確な定義が存在するわけではなく，さまざまなとらえ方がされている[(17)]。ニュータウンの位置づけとしては，国土交通省が2013年に作成した，ニュータウンリストが参考となる。そこでは次の3つの条件が提示されている。

① 昭和30年度以降に着手された事業，

② 計画戸数1000戸以上又は計画人口3000人以上の増加を計画した事業のうち，地区面積16ヘクタール以上であるもの，

③ 郊外での開発事業（事業開始時にDID〔人口集中地区〕外であった事業）。

国土交通省のホームページにアップされているニュータウンリストには，上記の条件に合う全国2015のニュータウンがリストアップされている。そのうち，関西にある施行面積300ヘクタール以上の主なニュータウンは13である。「関西ニュータウン調査」で対象とした8ニュータウン（千里・泉北・須磨・西神・三田・和泉・洛西・平城）以外では，「彩都（箕面市）」「箕面森町（箕面市）」「中部（東大阪市）」「ひょうご情報公園都市（三木市）」「播磨科学公園都市（たつの市）」「林間田園都市（和歌山市）」の6つがリストアップされ，「洛西」が除外されていた[(18)]。

新住宅市街地開発法にもとづく事業は，単なる宅地供給ではなく，広大な地域全体の道路，公園，上下水道などの公共施設，学校・病院などの公益施設，適切な規模の住宅や店舗などを住区計画に定め，本格的なニュータウンづくりを目指したものであった。

表3-2は，関西ニュータウン調査で対象としたニュータウンの概要を整理したものである。まちびらき年に関しては，最初の開発年次を記載しているが，

表3-2　関西ニュータウン調査の対象としたニュータウンの概要

ニュータウン	所在市	まちびらき(年)	開発主体	面積(ha)	人口(2000年)
千　里	豊中・吹田	1962	大阪府	1113	95941
泉　北	堺	1967	大阪府	1557	143531
須　磨	神　戸	1967	神戸市	621	64070
洛　西	京　都	1971	都市公団	268	43049
平　城	奈良・木津・精華	1972	住都公団	618	41521
三　田	三　田	1981	兵庫県・住都公団	1085	52832
西　神	神　戸	1982	神戸市	541	143531
トリヴェール和泉	和　泉	1992	住都公団	177	10197

注：1．人口は2000年国勢調査人口町丁字集計でニュータウン該当部分の人口を集計した。
　　2．面積はその町丁字を MANDARA で算出したもの。

それらは道路開通や鉄道開業に伴って，順次開発が進められていった。たとえば，泉北・和泉ニュータウンは，泉北高速鉄道が，泉が丘，栂・美木多，光明池，和泉中央駅と開業するたびに，山を切り崩しつつ宅地開発が進められていったのである。

表3-3　道路・鉄道開発と【泉北・和泉ニュータウン】

1967年	泉北ニュータウンまちびらき　（宮山台分譲開始）
1969	泉北２号線開通　（竹城台）
1970	泉北１号線開通　（若松台）
1971	泉北高速鉄道　中百舌鳥～泉ヶ丘開通　（茶山台）
1972	泉北高速鉄道　泉ヶ丘～栂・美木多開通　（桃山台・槇塚台・晴美台・高倉台）
1977	泉北高速鉄道　栂・美木多～光明池開通　（城山台・鴨谷台）
1992	和泉ニュータウンまちびらき　（いぶき野分譲開始）
1995	泉北高速鉄道　光明池～和泉中央駅開通　（桃山学院大学移転開校）

4　ニュータウンのＭ字型人口構成の特徴

表3-4は，調査対象となったニュータウンの年齢別人口構成を2000年の国勢調査町丁字集計を使って作成し，全国構成と対比したものである。国勢調査では市町村別の人口データは存在するが，複数の市町村にまたがるニュータウンの人口を出す場合は，該当する町丁を抽出して再集計する必要がある。また１歳刻みの町丁字データは，2000年の国勢調査だけが入手可能で，他の年度の

表3-4　関西ニュータウン（NT）の高齢者比率と年齢別人口グラフ

ニュータウン名（開発年次）	高齢者比率（65歳以上人口比率，60歳以上人口比率）		年齢別人口グラフ（2000年） ＊棒線がNT，折線が日本全体 ＊Y軸はいずれも2.5％ ＊強調部分：団塊の世代，65歳以上	特　徴
千里（1962年）	65歳以上	19.1％	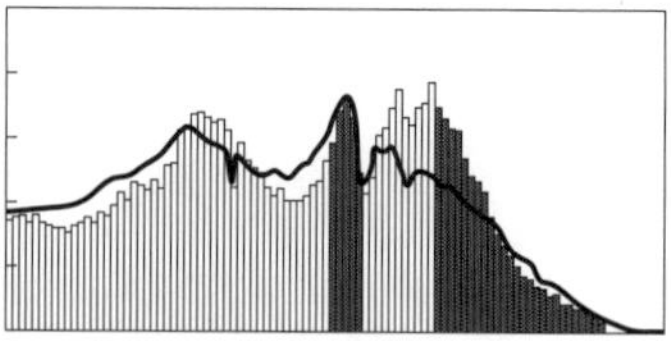	2000年時点で，日本全体よりも高齢層のふくらみが大きい。さらに60歳前半から団塊の世代まで高齢者が増加し続けている
	60歳以上	27.8％		
泉北（1966年）	65歳以上	11.2％	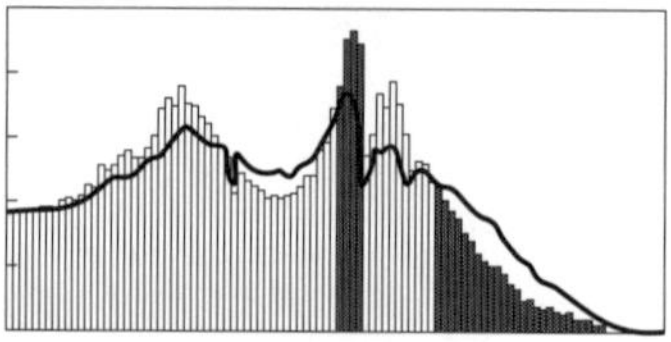	65歳以上の人口比率は低いが，60歳前半と団塊の世代の人口が突出している
	60歳以上	17.7％		
須磨（1967年）	65歳以上	14.5％	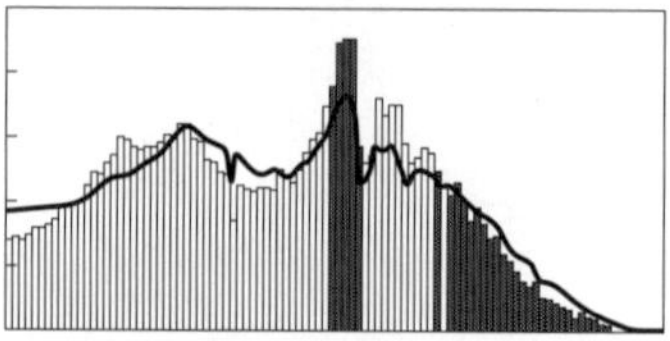	まちびらき年が近い泉北NTとほぼ同じ人口構成をしているが，泉北より65歳以上比率が高い
	60歳以上	21.4％		
平城（1972年）	65歳以上	8.8％	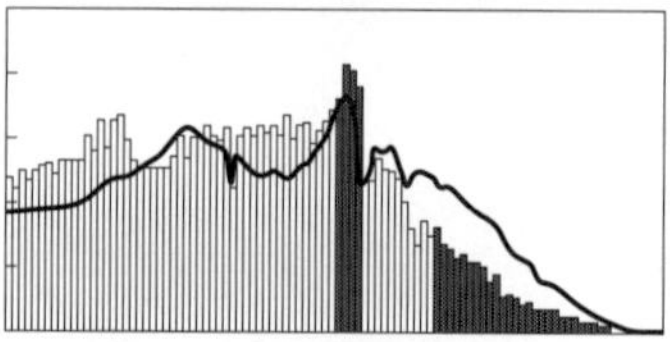	唯一，M字型が顕著でない＝人口の偏りがあまりないNTである。65歳以上の比率はとても低い
	60歳以上	12.8％		
洛西（1976年）	65歳以上	9.8％	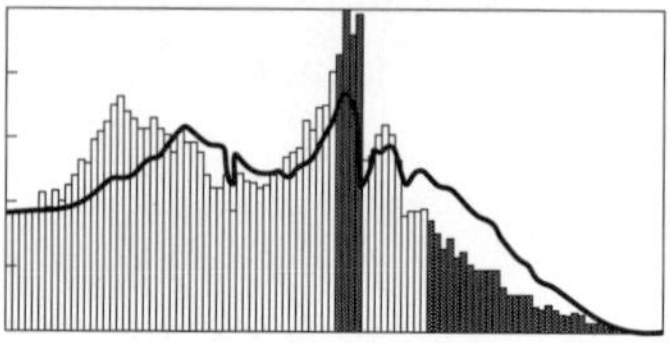	団塊の世代が非常に突出しているのが特徴である。60歳前半その前にも，人口の偏りが見られる
	60歳以上	14.8％		

国勢調査では公開されておらず，表3-4は，入手できる唯一のデータできわめて貴重である。(19)

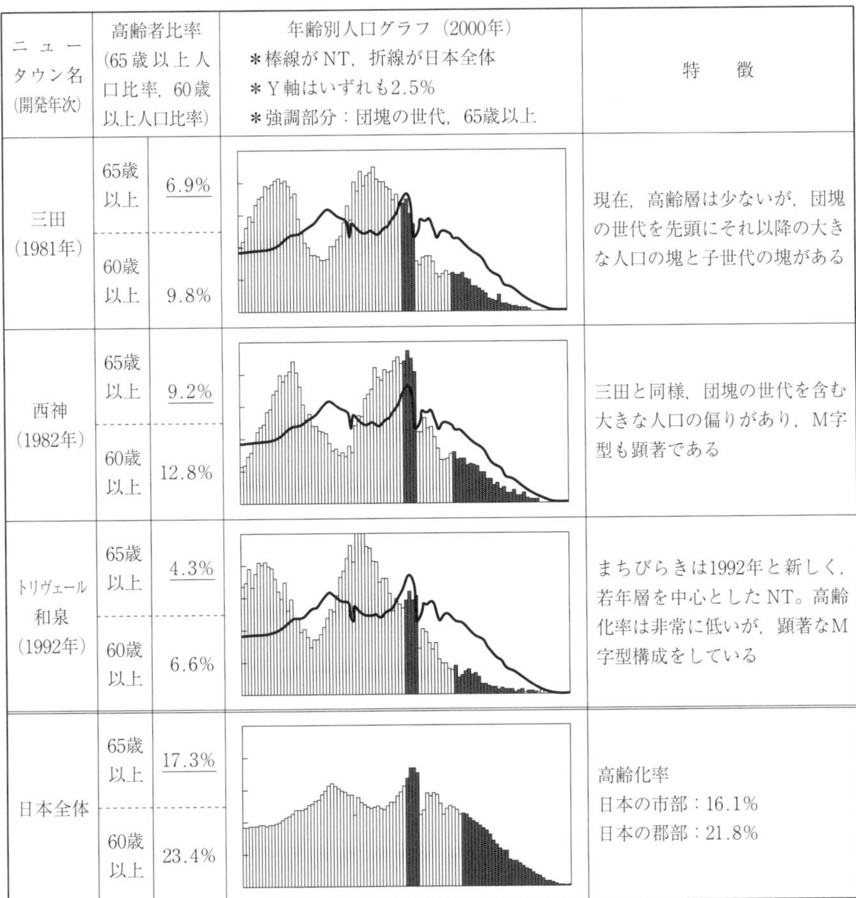

ニュータウン名（開発年次）	高齢者比率（65歳以上人口比率，60歳以上人口比率）		年齢別人口グラフ（2000年） ＊棒線がNT，折線が日本全体 ＊Y軸はいずれも2.5% ＊強調部分：団塊の世代，65歳以上	特　徴
三田（1981年）	65歳以上	6.9%		現在，高齢層は少ないが，団塊の世代を先頭にそれ以降の大きな人口の塊と子世代の塊がある
	60歳以上	9.8%		
西神（1982年）	65歳以上	9.2%		三田と同様，団塊の世代を含む大きな人口の偏りがあり，M字型も顕著である
	60歳以上	12.8%		
トリヴェール和泉（1992年）	65歳以上	4.3%		まちびらきは1992年と新しく，若年層を中心としたNT。高齢化率は非常に低いが，顕著なM字型構成をしている
	60歳以上	6.6%		
日本全体	65歳以上	17.3%		高齢化率 日本の市部：16.1% 日本の郡部：21.8%
	60歳以上	23.4%		

注：1．2000年国勢調査町丁字等別集計よりニュータウンの年齢別人口構成を作成。
　　2．団塊の世代とは，2000年時点で53～50歳だった層（1946～49年生まれ）とした。

この表によって，各ニュータウンの大まかな人口構成を把握することが可能となる（20年後の2020年の状況は，人口構成表を20年分右にずらして考察するとある程度の予測が可能である）。

ニュータウンの人口構成の大きな特徴は，三田・西神・和泉ニュータウンのグラフに象徴されるように，極端なM字型の人口構成をしている点である。

これは住宅を必要とする同じ年齢層とその子供世代が集中して居住してくることによって起こる特徴と考えられる。また，それぞれのニュータウンは，まちびらき年次の古さ・新しさによって同じような人口構成をしている点も特徴的である。まちびらき後50年以上経過している千里，泉北，須磨ニュータウンおよび約25年前に開発が開始された三田・西神ニュータウンの人口構成はそれぞれとても類似している。高齢化の深刻さという観点でみると，2000年時点では千里ニュータウンのみが顕在化し始めていたが，20年経過した現在では，泉北・須磨ニュータウンをはじめすべてのニュータウンにおいて高齢化が問題化していると考えられる。

ここでは三田ニュータウンの2000年時点の人口構成表をもとに，ニュータウンに特徴的なＭ字型人口構成がどのような課題を抱えていたのか概説してみたい。

三田ニュータウンは，兵庫県と都市再生機構によって1973年に起工され1981年にまちびらきされたニュータウンで，1980年にフラワータウン，1986年にウッディタウン，1991年にカルチャータウンで分譲が開始され，1992年には県立「人と自然の博物館」，1995年には関西学院大学神戸三田キャンパスが開学されるなど開発がすすめられた（図３－２参照）。三田市の人口は，1985年に４万人を超え，88年以降は，人口増加率全国１位を10年以上続けるなど急速な人口増加を果たした（89年５万人・90年６万人・91年７万人・93年８万人・94年９万人・96年には10万人を超え，2000年の三田市の人口は11万1737人〔国勢調査〕となっていた）。

図３－３は，2000年国勢調査人口のニュータウンに該当する三田市９町丁（武庫が丘町・狭間が丘町・弥生が丘町・富士が丘町・けやき台・すずかけ台・あかしあ台・ゆりのき台・学園）の人口を再集計した人口ピラミッドである。ニュータウンの人口総数は５万2832人であり，三田市民の約半数がニュータウン住民であった。人口構成は，40歳前後の親世代と12歳前後の子供世代がピークをなすＭ字を示していることが理解できるであろう。三田ニュータウンの大きな特徴は，まちびらき時期がバブル経済時期と重なっており，リーズナブルな一戸

図3－2　三田ニュータウン

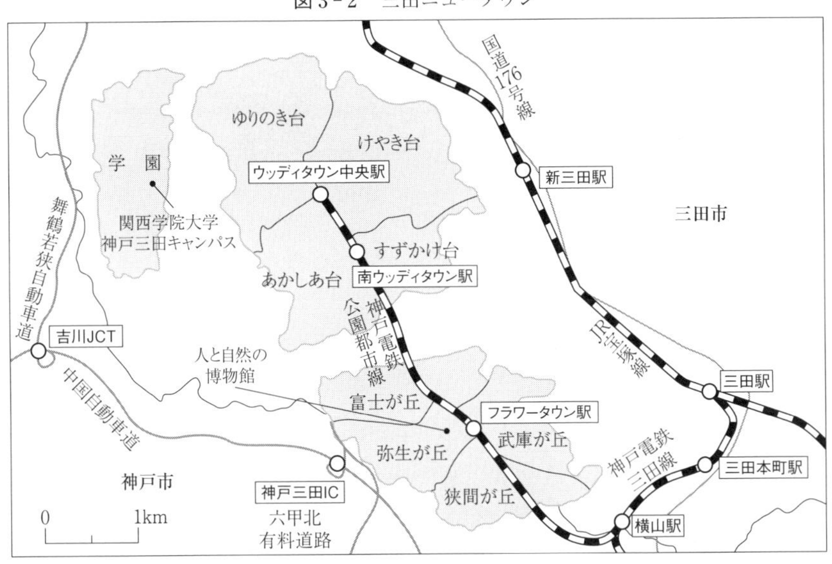

建てを求めて，高階層の住民が高倍率の抽選をくぐりぬけて広範囲から入居してきたことである。図の網かけ部分は，2000年時点で65歳以上と，15歳以下の人口部分である。ニュータウンの高齢化の状況は，60歳以上の人口比率は9.8%，65歳以上比率が6.9%と，全国平均の比率23.4%，17.3%に比べてとても低い状況であり，関西の８つのニュータウンの中でも1992年まちびらきの和泉ニュータウンを除いて，最も低い高齢化率となっている（表３－４参照）。M字型人口構成の大きな特徴は，人口の集中した年代によって，一挙に高齢化が進んだり，学校に行く年齢層が多かったりすることである。2000年当時の三田ニュータウンの大きな問題点は，まさに後者の学校問題であった。小・中学校のクラス数が増えたり，高校入試の競争率が高くなったこと等が当時の最大の問題であった。北摂三田高校の偏差値がとても高くなったことは，そのことを象徴していたといえるだろう。

また，図３－３からは，将来の三田ニュータウンの問題構造も予測することがある程度可能となる。たとえば，2020年の現在では，65歳人口は，20年ずら

図3-3　三田ニュータウンの2000年国勢調査人口の年齢別構成

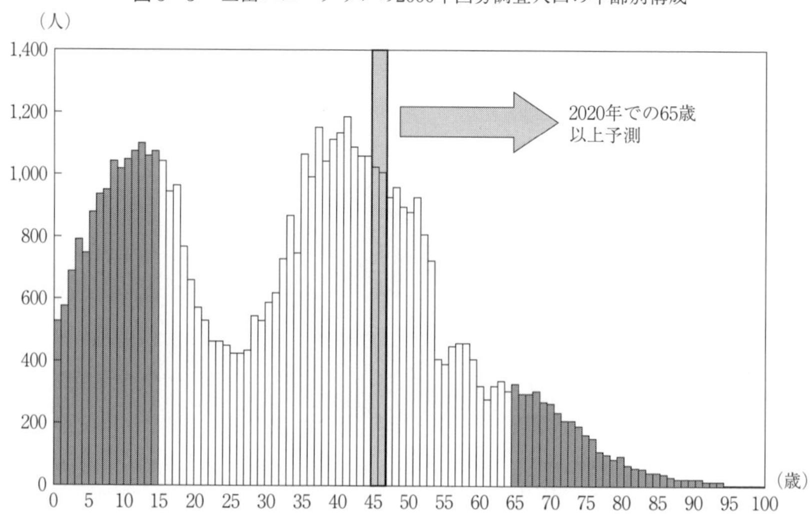

して45歳のところと仮定することが可能である。人口の集中した部分は，まだ65歳以上にはなっておらず，まだ現役層が多いと予想できる。ただ，集中部分は5～10年後には定年退職を迎えるであろうことも予想できるのである。ニュータウン住民の多くは，大阪へ通勤している層である。2000年時点では現役層であるが，定期券のなくなる退職後は，片道1000円以上の運賃がかかることを考えると，簡単には大阪に行けない状況が想定可能である。実際2020年春にはJR福知山線の春のダイヤ改正で，新三田―大阪間の本数が減便されているのが現実である。またもう一つの集中がみられた子供層は，2000年には22歳前後になっており，今後独立したり結婚したり，ニュータウンから離れていくことも想定されるのである。

ここでは，三田ニュータウンの2000年時点での人口構成表をもとに，ニュータウンの課題や将来像を分析しようとした。国勢調査の町丁字集計の1歳刻み年齢構成データを利用したものである。このようなデータが，その後の国勢調査データで集計することができないことが大きな問題であるといえるだろう。

注

⑴　西村雄郎（2008）「大阪都市圏における住宅地域の形成」浅野慎一・岩崎信彦・西村雄郎編『京阪神都市圏の重層的なりたち——ユニバーサル・ナショナル・ローカル』昭和堂，4-19，7，17頁。

⑵　角野幸博（2000）「京阪神」片木篤・藤谷陽悦・角野幸博編『近代日本の郊外住宅地』鹿島出版会，242-243頁。

⑶　吉田高子（2000）「池田室町／池田——小林一三の住宅地経営と模範的郊外生活」片木篤ほか編，前掲書，315-330頁。

⑷　原武史（1998）『「民都」大阪対「帝都」東京——思想としての関西私鉄』講談社，120-121頁，水内俊雄（1996）「大阪都市圏における戦前期開発の郊外住宅の分布とその特質」大阪市立大学地理学教室『アジアと大阪』古今書院。

⑸　橋爪紳也（2000）「香里園／枚方——京阪電鉄の郊外開発・鬼門を神域で鎮める」片木篤ほか編，前掲書，299-314頁。

⑹　中川理（2017）「郊外住宅地開発に見られた方位観と寺院の誘致」『近代日本の空間編成史』思文閣出版，404，403-409頁。

⑺　中島節子（2000）「雲雀丘／宝塚——阿部元太郎の理想郷「雲雀丘」の開発・その後」，和田康由（2000）「大美野田園都市／堺——大阪南部堺市に忽然と現れた環状放射街区」片木篤ほか編，前掲書，367-382，277-298頁。

⑻　角野幸博は，関西市街地について次のように整理している。「関西の市街地は，大阪を中心として時計まわりで螺旋状に進んだという俗説がある。たしかに大阪市南部から阪神間に飛び，阪急宝塚線，阪急京都線沿線から淀川をわたって京阪沿線，北河内，泉北を経て，再び六甲山北側から北摂さらに滋賀県方面へと，大規模開発の場所が移っている」。角野（2000）前掲書，243頁。

⑼　水内（1996）前掲書，52-53頁。

⑽　関一（1992）『住宅問題と都市計画』学陽書房，本間義人（1996）「社会政策としての住宅政策——関一の主張と結末」『土木国家の思想——都市論の系譜』日本経済評論社，129-191，129，173頁。

⑾　芝村篤樹（2004）「関一の都市政策」今井勝人・馬場哲編著『都市化の比較史——日本とドイツ』日本経済評論社，85-120，101頁。

⑿　大西敏夫（2000）『農地動態から見た農地所有と利用構造の変容』筑波書房，39-41頁。

⒀　大西敏夫（2018）『都市化と農地保全の展開史』筑波書房，39-40頁。

⒁　西村雄郎（2008）『大阪都市圏の拡大・再編と地域社会の変容』ハーベスト社，47，114-115頁。

⒂　山口幹幸・川崎直宏編（2015）『人口減少時代の住宅政策――戦後70年の論点から展望する』鹿島出版会，60-61頁。

⒃　近野正男（1984）「日本のニュータウン開発の鳥瞰」住田昌二編著『日本のニュータウン開発――千里ニュータウンの地域計画学的研究』都市文化社，14-34，20-21頁。

⒄　金子淳（2017）『ニュータウンの社会史』青弓社，28-35頁。

⒅　国土交通省のホームページには，「全国のニュータウンリスト」と「主な大規模ニュータウン（300ヘクタール以上）」が掲載されている。洛西ニュータウンは，新住宅市街地開発事業であったが，開発面積は274ヘクタールで300ヘクタールを切っていた。

⒆　公益財団法人「統計情報研究開発センター（シンフォニカ）」が販売した2000年国勢調査町丁字等別データ（CD-ROM）を使って，市町村別データとは異なるニュータウン人口を集計した。ニュータウン地区に該当する町丁字とコード一覧は，関西学院大学社会学部大谷研究室（2005）『ニュータウン住民の住居選択行動と生活実態――「関西ニュータウン比較調査」報告書』143頁を参照されたい。またニュータウンの１歳刻みのピラミッドは，国勢調査の集計の方法が異なるため，作成できなくなってしまっている。具体的には2010年国勢調査の場合，総務省統計局HPに「町丁字」×「５歳刻み」のデータはあるが，シンフォニカの有料データでも，「町丁字」×「１歳刻み」は存在していない。総務省統計局の「オーダーメード集計」は市町村単位の集計までなので，ニュータウンの人口ピラミッドを作成できなくなっているのが実情である。

第4章　関西ニュータウン調査から判明した特徴

――どんな住民がニュータウンに住んでいるのか

1　憧れのニュータウン――入居経緯とニュータウン満足度

「関西ニュータウン調査」は，関西の８つの大規模ニュータウンを対象として，人々の居住実態・住居選択行動・人間関係等の実態把握を通して，関西都市圏の形成過程や都市構造を明らかにすることを目的として実施したものである。2000年国勢調査の町丁字データを使ってニュータウン人口を確定し，それぞれ該当する市町村の選挙人名簿から，無作為抽出したサンプルを対象として，2004年時点での各ニュータウンの標本調査を実施したものである。本章では，この調査によってどのようなニュータウン住民の実態が明らかになったのかという点からファインディングスを整理してみたい。

【関西ニュータウン調査】：関西学院大学21世紀 COE プログラム
『人類の幸福に資する社会調査の研究』2003年度指定研究［研究代表者 大谷信介］
調査期間：2004年２月14日～３月31日
調査対象者：20～92歳の有権者（明治生まれの人を除く）
抽出方法：選挙人名簿による系統抽出法
調査方法：郵送法による質問紙調査
回収数：全体1685票／4800票（回収率 35.1%）

ニュータウン別人口・回収数・回収率

	平成７年国勢調査人口 20歳以上（サンプル数）	回収数	回収率
和　泉	5400　(400)	150	37.5%
西　神	37,954　(500)	197	39.4%
平　城	25,871　(500)	178	35.6%
三　田	26,136　(500)	202	40.4%
洛　西	26,285　(500)	148	29.6%
須　磨	56,628　(600)	201	33.5%
千　里	81,280　(800)	258	32.3%
泉　北	115,753 (1000)	332	33.2%
全　体	375,307 (4800)	1685	35.1%

この調査の目的は，現在ニュータウンに住んでいる人々が，どこから移り住んできて，どんな家族構成で，どこに通勤しているのか，どのように住居選択をしたのか，どんな人間関係を築き，ニュータウンにどの程度満足しているのか等，さまざまな実態を明らかにすることによって，関西の都市形成の構造を把握し，今後の住宅・都市政策のあり方を考察することであった。ニュータウンを調査対象とした理由は，その居住者のほとんどが住居選択をして移り住んでいるため，土着の住民を想定しなくてもよい点であった。また，千里や泉北等，まちびらきから40年以上が経過したニュータウンでは，もはやオールドタウンと呼ばれ都市再生が問われ始めている。本調査はこのような問題に対する解決策を提示していくことも目指した。

表4－1　いつ入居したのか（バブルと入居時期）

ニュータウン（まちびらき年）	-1979年	1980-85年	1986-92年（バブル期）	1993-97年	1998年-	計
須磨（1967）	**28.9**	**24.9**	12.7	12.2	21.3	100（197）
西神（1982）	0	15.8	**42.3**	23.0	18.9	100（196）
三田（1981）	0	4.5	**31.2**	33.2	31.2	100（199）
千里（1962）	**46.2**	9.5	8.7	22.2	24.5	100（253）
泉北（1967）	**35.5**	19.3	13.5	9.2	22.6	100（330）
和泉（1992）	0	0.7	5.3	38.0	**56.0**	100（150）
平城（1972）	10.2	9.7	**34.7**	13.1	32.4	100（176）
洛西（1976）	**23.6**	**38.9**	17.4	11.1	9.0	100（144）
計	20.8	15.2	20.1	17.6	26.2	100
	(342)	(250)	(330)	(289)	(431)	(1642)

表4－1は，回答者の入居時期を，ニュータウン別に整理したものである。入居年は，基本的にニュータウンの開発時期に影響をうけるものであり，「まちびらき」年が最も古い千里ニュータウン住民の46.2％が1979年以前に入居していた。続いて泉北ニュータウン・須磨ニュータウンという60年代に開発がはじめられたニュータウンで1979年以前入居者の比率が高かった。1976年まちびらきの洛西ニュータウンでは，1980～85年に入居した住民が38.9％と最も多かった。注目されるのは，バブル時期（1986～92年）に入居した住民が多く占めていた，西神ニュータウン（42.3％）・三田ニュータウン（31.2％）・平城

ニュータウン（34.7%）であった。まちびらきが1992年と新しく開発された和泉ニュータウンは，1998年以降入居した住民が過半数を占めている。そうした入居年の実態は，表4－2に示される回答者の年齢構成と平均年齢にも象徴的に反映されている。

表4－2　回答者の年代構成と平均年齢

	-20代	30代	40代	50代	60代	70代-	計	平均年齢（歳）
須　磨	11.8	10.8	11.3	28.7	27.7	9.7	100（195）	52.6
西　神	9.8	8.8	27.5	26.9	14.5	12.4	100（193）	51.3
三　田	6.6	15.7	28.4	26.4	12.2	10.7	100（197）	49.8
千　里	7.6	12.0	12.4	19.3	28.1	20.5	100（249）	55.8
泉　北	4.9	12.3	11.7	28.6	27.7	14.8	100（325）	55.4
和　泉	8.1	31.1	27.0	18.9	10.8	4.1	100（148）	45.1
平　城	8.0	12.0	20.0	29.7	18.3	12.0	100（175）	51.9
洛　西	11.9	6.3	12.6	25.9	26.6	16.8	100（143）	54.1
全　体	8.2	13.2	18.0	25.7	21.7	13.2	100（1625）	52.5

表4－2に示される回答者の平均年齢でも，開発年次の古い千里・泉北・洛西・須磨ニュータウンで平均年齢が高くなっており，和泉ニュータウンでは45.1歳と若くなっている。千里ニュータウンでは，回答者の20.5%が70歳代以上，28.1%が60歳代であり，約半数が60歳以上で占められている。こうした傾向は，第3章の表3－4に示されている，国勢調査データから作成した人口構成表と合致しているので，ぜひ参照されたい。

表4－3は，ニュータウン住民の居住形態を整理したものである。開発年次の最も古い千里ニュータウンでは，賃貸マンションに居住する住民が33.5%と最も多く公営住宅住民の22.2%を合わせると過半数の居住者が「賃貸」に住んでいる[(1)]。そうした「賃貸」の比率が高いのが，開発年次の古い，泉北・須磨・洛西ニュータウンである。それに対してバブル時期に開発された西神・三田ニュータウンでは，持家一戸建てに居住する住民がそれぞれ，65.5%・60.2%と6割を超え，購入マンション居住者の24.9%・29.9%を含めて考えると「持家」居住者が9割を超えているのが特徴である。1990年以降開発された和泉

表4－3　居住形態別構成比と居住年数

	持家一戸建て	購入マンション	賃貸マンション	公営住宅	その他	計	居住年数(年)
須　磨	42.5	31.5	12.0	9.5	4.5	100 (200)	17.8
西　神	**65.5**	24.9	1.5	1.0	7.1	100 (197)	12.1
三　田	**60.2**	29.9	3.4	1.5	5.0	100 (201)	9.6
千　里	21.4	19.5	**33.5**	**22.2**	3.5	100 (257)	20.9
泉　北	40.9	22.4	20.3	13.0	3.3	100 (330)	18.4
和　泉	42.7	**48.0**	6.0	0.0	3.3	100 (150)	6.2
平　城	55.9	14.7	23.7	1.1	4.5	100 (177)	12.5
洛　西	54.1	10.8	6.8	**21.6**	6.8	100 (148)	19.2
計	46.3 (768)	24.7 (410)	14.9 (248)	9.5 (158)	4.6 (76)	100 (1660)	(1646)

ニュータウンでは，住民の48%が購入マンション居住者であることが特徴となっている。これらの特徴は，公団ニュータウン団地の開発に関する以下の記述を裏づける住民構成となっている。(2)

団地には，2つの類型があるとされる。第一類型は，公団ができてから10年程度の初期の型のことで，画一的，大量供給，賃貸中心という特徴がある。一方第二類型は，その後団地の置かれている社会的な状況が変化し，多様化，大規模化という特徴がみられるとともに，分譲の比率が増加した段階の型を指す。このように公団団地の誕生以降，〈画一的・賃貸中心〉という第一類型から，〈多様化・分譲中心〉という第二類型に変化していったのである

表4－4は，「住居の購入または借りるにあたって抽選はありましたか。あった場合には，その倍率をお答えください」という質問に対する回答結果を整理したものである。ニュータウンの入居にあたっては，購入の場合も賃貸の場合でも抽選があった場合が過半数を占めている。ニュータウン居住者の57.6%が，抽選を経験しており，平均倍率は18.3倍の高倍率であった。

居住形態別の抽選の有無では，公営住宅で83.2%と最も抽選があった比率が

表4-4　住居購入・賃貸時の抽選の有無と平均倍率

	須　磨	西　神	三　田	千　里	泉　北	和　泉	平　城	洛　西	全　体
あった	45.8	72.7	59.2	62.8	61.6	45.6	33.8	77.2	57.6 (807)
なかった	54.2	27.3	40.8	37.2	38.4	54.4	66.2	22.8	42.4 (595)
	(166)	(165)	(179)	(199)	(289)	(136)	(154)	(114)	(1402)
平均倍率	12.3	28.2	20.7	17.0	17.7	18.3	16.8	7.7	18.3

注：Q20の NA ＝283　倍率の母数（585）。

高く，持家一戸建て65.3%，賃貸マンション53.2%，購入マンションで39.2%と続いている。平均倍率の特徴は，持家一戸建て23.6倍で最も高く，購入マンションが10.4倍と続き，賃貸マンション（8.8倍）や公営住宅（8.8倍）と，借家であっても8倍以上の抽選倍率があったのである。

表4-5　居住形態別抽選有の比率と平均倍率

	抽選有の比率（%）	平均倍率（倍）
持家一戸建て	65.3	23.6
購入マンション	39.2	10.4
賃貸マンション	53.2	8.8
公営住宅	83.2	8.8

また入居時期別では，1979年以前（14.8倍），80～85年（16.8倍），86～92年（27.5倍），93～97年（16.7倍），1998年以降（10.4倍）と，やはりバブル期の競争倍率が突出して高かったのが特徴である。ニュータウン居住者は，高倍率の抽選を勝ち抜いた人々とも位置づけられるのである。

表4-6　入居時期別抽選有の比率との平均倍率

	抽選有の比率（%）	平均倍率（倍）
1979年以前	74.3	14.8
1980-85年	73.5	16.9
1986-92年	67.5	27.5
1993-97年	54.4	16.7
1998年以降	31.1	10.1

競争率が高いという結果以外にも，ニュータウン居住者に共通するきわめて興味深い調査結果が存在した。それは，「あなたはニュータウンが好きですか」

という質問に対して，回答者の93.1％が「好きである」と答えていたという数字であった。表4－7は，各ニュータウン住民のニュータウン選好度の結果である。この驚異的に高い数字は，住民のニュータウンに対する強い愛着を示している。

表4－7　居住者のニュータウン選好度（％）

		須磨	西神	泉北	千里	和泉	平城	三田	洛西	全体
このニュータウンが	好きである	91.8	92.9	92.9	95.6	92.7	93.6	93.1	91.7	93.1
	嫌いである	8.2	7.1	7.1	4.4	7.3	6.4	6.9	8.3	6.9

注：ワーディング：④あなたは現在お住まいのニュータウンが好きですか。1．好きである，2．嫌いである。

日本のニュータウンの住民評価が高いという事実については，他のニュータウンで実施された調査でも明らかにされている。福原正弘が，1996・97年に多摩・千里・高蔵寺・港北・千葉ニュータウン住民を対象としたアンケート調査では，ニュータウンの「住みやすさ」について住民が高い評価をしていることが報告されている。細かい数字は示されていないが，「住みよい」とする意見は，千里で70％強，高蔵寺で60％，多摩，港北で55％程度であるのに対して，千葉では30％にとどまっている。これに「多少住みよい」を加えると4つのニュータウンでは80％前後になるが，千葉は60％程度である。逆に「多少住みにくい」，「住みにくい」という意見は千葉を除けば10％以下であるが，千葉では17.3％とやや高い。つまり「ニュータウンの居住性に関して千葉を除いた住民は十分に満足していることになる」と報告されている。ここで注目されるのは，5つのニュータウンの比較で千里ニュータウンの高評価が，他のニュータウンを上回っている点である。この事実は，「ニュータウンへの愛着」，「ニュータウンでの永住希望」という項目でも千里ニュータウンが他のニュータウンの中で最も高いことが報告されている(3)。

表4－8は，関西ニュータウン調査で，「現在の住生活を総合的にみてどの程度満足していますか」というワーディングで測定した住生活満足度の結果を整理したものである。われわれの実施した調査では，8つのニュータウンの中で千里ニュータウンの数字が突出しているわけではない。最も高いのは，トリ

表4－8　居住者の住生活満足度（％）

	須磨	西神	泉北	千里	和泉	平城	三田	洛西	全体
満　足	**85.3**	**89.9**	**85.5**	**84.7**	**91.2**	**91.4**	**88.5**	**79.4**	86.8
（非常に満足）	13.7	18.3	15.8	21.7	27.0	14.5	11.4	8.2	16.4
（まあ満足）	71.6	71.6	69.7	63.0	64.2	76.9	77.1	71.2	70.4
不　満	**14.7**	**10.1**	**14.5**	**15.3**	**8.8**	**8.6**	**11.5**	**20.6**	13.2
（やや不満）	12.7	9.6	13.0	13.8	8.1	8.1	10.4	15.8	11.7
（非常に不満）	2.0	0.5	1.5	1.6	0.7	0.6	1.0	4.8	1.5

注：ワーディング：Q29．現在の住生活を総合的にみて，どの程度満足していますか。

ヴェール和泉ニュータウンの満足91.2％（非常に満足27.0％・まあ満足64.2％）であるが，どのニュータウンも８割以上が満足と回答していた。この事実は，関西のニュータウン住民が，他の３大都市圏のニュータウン住民よりも，ニュータウンに対して高い評価をしているという仮説的見解を提示することが可能であろう。

2　ニュータウンの住民構成と住宅階層問題

どんな人がニュータウンに移り住んだのか。ここでは，ニュータウン住民の前住居と出身地に着目してみたい。表４－９は，同じニュータウンから転居してきた人を除いた回答者の前住居を，県別に整理したものである。ニュータウン内移動の実数は，泉北95人，須磨59人，千里40人と比較的古いニュータウンに多く，子供の成長等により住み替えた場合が多かった。また県別の前住居に着目してみると，そのニュータウンが存在する府県を中心に入居者が集まっていることが理解できるだろう。

須磨・西神ニュータウンの前住居は，兵庫県が多く（89.3％・85.3％），千里・泉北・和泉ニュータウンの前住居は，大阪府が多い（76.9％・86.9％・91.8％）のが特徴である。三田ニュータウンと平城ニュータウンは，ニュータウンが位置する兵庫県と奈良県と，通勤先と考えられる大阪府に前住居が多い傾向があった。近畿外が前住居である比率が高かったのは，平城・千里ニュータウンであった。

表4-9　ニュータウン別前住地（県）と前住居がニュータウン内の人の実数

	大阪	兵庫	京都	奈良	和歌山	滋賀	三重	近畿外	計	NT 内移動
須　磨	2.7	**89.3**	0	0	0	0.7	0	7.4	100（149）	[59]
西　神	5.3	**85.3**	1.8	0	0	0.6	0	7.1	100（170）	[19]
三　田	**34.1**	**56.3**	1.2	0.6	0	0.6	0.6	6.6	100（167）	[23]
千　里	**76.9**	10.2	2.2	2.2	0	0	0	8.6	100（186）	[40]
泉　北	**86.9**	4.5	0.4	2.0	0	0.4	0	5.7	100（245）	[95]
和　泉	**91.8**	0	0	1.5	1.5	0	0	5.2	100（134）	[15]
平　城	**29.5**	6.0	12.1	**40.9**	0.7	0	0	10.7	100（149）	[33]
洛　西	7.8	0	**88.2**	0	1.0	1.0	0	2.0	100（102）	[22]
計	46.2 (602)	31.6 (411)	9.1 (118)	5.6 (73)	0.3 (4)	0.4 (5)	0.1 (1)	6.8 (88)	100 (1302)	[306]

表4-10は，「あなたとあなたの配偶者の出身地をお答えください。出身地とは15歳までに主に過ごされた住居とお考えください」という質問の回答を，性別を考慮して，夫の出身地を県別に整理したものである。

表4-10　ニュータウン居住者（夫）の出身地

	大阪	兵庫	京都	奈良	和歌山	他近畿	中国地方	近畿外	計
須　磨	4.0	**42.8**	0.5	0	0	0	6.5	**46.3**	100（201）
西　神	9.1	**42.6**	1.0	0.5	1.5	0.5	8.1	36.5	100（197）
三　田	21.3	28.2	2.5	1.0	1.0	1.0	**12.4**	32.7	100（202）
千　里	31.8	7.8	3.1	1.6	0.4	1.2	7.0	**47.3**	100（258）
泉　北	**42.8**	3.9	1.5	2.1	**2.4**	2.1	7.2	38.0	100（332）
和　泉	**50.7**	5.3	2.0	3.3	1.3	0.7	2.0	34.7	100（150）
平　城	18.5	6.7	6.2	19.1	**2.2**	1.7	2.8	42.7	100（178）
洛　西	1.4	0.7	**43.9**	0	2.0	2.0	4.1	**45.9**	100（148）
計	24.2 (404)	16.9 (281)	6.0 (100)	3.2 (53)	1.4 (23)	1.2 (20)	6.6 (110)	40.5 (675)	100 (1666)

ニュータウン居住者の約4割程度が，ニュータウンが位置する府県の出身者と近畿外の都道府県出身者であるとみなすことが可能である。また出身地の分布で注目される点としては，三田ニュータウンで中国地方出身者が12.4％と多いことである。これは高速道路の中国道がニュータウンの近くにあり，大阪圏の渋滞を避けて出身地に帰ることが可能な事実と関係していると考えられる。その傾向は，数は少ないが和歌山県出身者が，泉北・平城ニュータウンにいることも同じような理由を想定することが可能であろう。

表4-11 ニュータウン居住者の世帯年収

	400万未満	400-800万	800万以上	計	平均（万円）
須 磨	42.8（74）	30.6（53）	26.6（46）	100（173）	561
西 神	24.9（44）	27.7（49）	47.5（84）	100（177）	706
三 田	14.5（25）	39.0（67）	46.5（80）	100（172）	740
千 里	45.7（100）	31.1（68）	23.3（51）	100（219）	534
泉 北	34.5（101）	37.9（111）	27.6（81）	100（293）	587
和 泉	11.6（15）	46.5（60）	41.9（54）	100（129）	743
平 城	23.3（37）	32.7（52）	44.0（70）	100（159）	700
洛 西	39.2（51）	33.8（44）	26.9（35）	100（130）	564
全 体	30.8（447）	34.7（504）	34.5（501）	100（1452）	633

注：N.A.（81）・答えない（153）を除く。

次にニュータウン住民の階層構造に注目してみよう。表4-11は，「あなたの世帯のこの一年間の収入（ボーナス・税込み）は，どれくらいですか」というワーディングで質問した世帯収入をニュータウン別に集計したものである。集計にあたっては，「答えない」，「NA」を欠損値として処理し，平均年収に関しては選択肢の数字の中央値を便宜的に年収の値として計算しているため，あくまで大まかな傾向としての数字と考えるべきである(4)。世帯年収は，開発年次の古いニュータウンほど，退職者の比率が高く平均値が低い傾向がある。開発年次の最も古い千里ニュータウンが最も低く534万円，最も新しい和泉ニュータウンが最も高い743万円となっている。バブル時期に開発された，三田・西神・平城ニュータウンの居住者で700万円を超える平均値となっているのは，バブル時期に住宅購入ができた階層の高い住民が多く占めていることを象徴しているといえるだろう。

表4-12 ニュータウン居住者の居住形態別世帯年収（2004年調査時点）

	400万未満	400-800万	800万以上	計	平均年収（万円）
持家一戸建て	21.2（139）	29.8（195）	49.0（321）	100（655）	734
分譲マンション	20.5（75）	43.2（158）	36.3（133）	100（366）	674
賃貸マンション	50.7（111）	40.6（89）	8.7（19）	100（219）	440
公営住宅	73.4（102）	25.9（36）	0.7（1）	100（139）	338
全 体	31.0（427）	34.7（478）	34.4（474）	100（1379）	631

表4-12は，世帯収入を居住形態別に整理したものである。持家一戸建てが

平均年収734万，分譲マンションが674万と高く，公営住宅338万，賃貸マンション440万と低い傾向にある。年収は年齢と密接に関係するものであるが，それぞれの居住形態に住む平均年齢は，持家一戸建て＝54.1歳，分譲マンション＝48.8歳，賃貸マンション＝52.9歳，公営住宅＝55.8歳，ニュータウン居住者全体平均52.7歳，という結果であった。賃貸マンションの平均年齢が，全体平均とほぼ同じであったことを考えると，年齢の特徴ではなくニュータウンの賃貸マンション居住者の平均年収が低いという特徴を持っていることを指摘することが可能である。

表4-13　西宮マンション居住者の居住形態別年収（2008年実施西宮マンション調査：%）

	400万未満	400-800万	800万以上	計	平均年収（万円）
分譲マンション	31.1（145）	39.5（184）	29.4（137）	100（466）	614
賃貸マンション	35.5（38）	36.4（39）	28.0（30）	100（107）	599
公営住宅	86.8（79）	12.1（11）	1.1（1）	100（91）	269
UR 賃貸	66.7（40）	31.7（19）	1.7（1）	100（60）	373
社　宅	3.7（3）	48.8（40）	47.6（39）	100（82）	812
全　体	37.8（305）	36.4（293）	25.8（208）	100（806）	575

注：世帯年収については，回収分析標本（843）中，N.A.（37）であった。質問文では，①200万未満，②200-400万，③400-600万，④600-800万，⑤800-1000万，⑥1000万以上の6選択肢を使用した。平均年収の計算方法は，表4-9と同じ方法で集計した。

表4-13は，2008年に実施した西宮マンション調査の居住形態別の世帯年収の結果である。調査の詳細については第8章を参照されたいが，西宮の分譲マンションと賃貸マンション居住者の平均年収が，614万円と599万円と大きな差がないことと比較すると，ニュータウン賃貸マンションの特徴が着目に値することが理解できるだろう。その他の特徴としては，分譲マンションと公営住宅居住者の平均年収が，西宮市の数字よりもニュータウン居住者の方が高いという点である（分譲マンション〔ニュータウン＝674万円，西宮＝614万円〕・公営住宅〔ニュータウン＝338万円，西宮＝269万円〕）。また，ニュータウンの公営住宅居住者の平均年齢が55.8歳と，西宮の公営住宅居住者の平均の67.3歳と比較して12歳ぐらい若いという数字も特徴的である。調査実施年が2004年と2008年であることを考慮したとしても年齢構成が若いことは明らかである（西宮マンション居住者の居住形態別平均年齢は，分譲マンション＝58.4歳，賃貸マンション＝49.4歳，

UR 賃貸＝68.3歳，社宅＝42.0歳，全体平均＝57.4歳，という結果であった)。

ニュータウンが抱える問題として，「住宅階層問題」がしばしば注目されてきた。それは，以下の事例に象徴される問題である。

> ニュータウンの多摩市聖ヶ丘に88年入居開始の都営団地ができることになった際，公団分譲住宅の住民のあいだから「都営の子が入ると学校の偏差値が下がる」「都営が近くにできると持ち家の資産価値が下がる」といった声が公然とあがり，建設反対の署名運動が起きた[(5)]

竹中英紀は，こうした「地域社会において，ある種別や区域の住宅に住む集団と，ほかの種別や区域の住宅に住む集団とのあいだで，社会経済的な格差や異質性が顕在化し，差別や紛争の原因となっていく現象」を「住宅階層問題」として位置づけたのである[(6)]。こうした問題は，1996年公営住宅法改正によって，公営住宅の入居条件が「単身高齢者」，「母子家庭」に限定され住宅困窮者を選び入居させる傾向が強まってきたことによって，「住宅階層問題」を深刻化させてきているという最近の報告も存在しているのである[(7)]。

こうしたこれまでの「住宅階層問題」の指摘は，地域で起こる差別や紛争の問題を現象として問題とすることが多かったが，実際どのような社会経済的な格差が存在しているかについては実証的に明示されてこなかった。前述の表4-12で示された，持家一戸建て回答者の平均年収が734万，分譲マンション674万，公営住宅338万，賃貸マンション440万という調査結果は，居住形態別居住者の所得格差をある意味明らかにした調査結果といえるだろう。

表4-14は，1999年に西宮・武蔵野・八王子・松山の4都市で居住類型別に対象者を選定して実施した「4都市調査」のデータを使って，居住形態別回答者の世帯収入を測定したものである[(8)]。これらの数字は，有意選択のサンプルであり，あくまでも有効回答が得られた回答者のみの集計で，カテゴリーのサンプル数が少ない場合もあり，あくまで参考程度のデータではあるが，居住形態別かつ地域別に格差が存在しているという事実は読み取れるだろう[(9)]。ニュータ

ウン調査（2004），西宮マンション調査（2008），４都市調査（1999）の居住形態別の回答者の平均年収の比較は，それぞれ微妙に結果が異なっており一般化するには不十分である。ただ今後社会調査の蓄積によって，傾向を明らかにすることは可能であろう。居住形態別の階層差に関しては，千里ニュータウンの当初の計画理念であった「ミックス・ディベロップメント」のように，混在を是とする考えの一方で，差別問題の存在という面も存在しているのである。今後は，居住者の所得と生活実態の調査データを総合的に分析していくことによって，どのように異なった居住形態を配置することが望ましいのかを考えていくことが重要な課題となるだろう。

表４-14　居住類型別世帯年収の平均値（1999年実施４都市居住類型別調査：万円）

	西　宮	武蔵野	八王子	松　山	全　体
持家一戸建て	1039（152）	1065（65）	1057（64）	766（125）	962（406）
借家一戸建て	550（1）	1150（5）	1050（2）	704（13）	836（21）
分譲マンション	1014（91）	964（56）	802（52）	679（49）	892（248）
賃貸マンション	800（2）	950（3）	770（5）	583（6）	738（16）
公営住宅	379（49）	541（43）	456（35）	334（45）	423（172）
社宅・寮	717（3）	1400（4）	—	783（6）	957（13）
その他	250（1）	500（4）	—	475（4）	461（9）
全　体	914（299）	904（180）	831（158）	658（248）	826（885）

注：世帯年収については回収分析標本（954）中69（7.2%）がN.A.であった。

3　どんな住宅にどのような世帯構成で住んでいたのか

関西ニュータウン調査では，世帯構成の実態を2004年調査時の状況と入居当時の状況を同時に質問し，世帯構成の変化がわかるように質問した。表４-15-1は入居当時，表４-15-２は，2004年時点の調査結果である。

まちびらき年の古い千里・泉北ニュータウンでは，世帯が縮小している状況がこの２つの表に象徴的に示されている。入居当時の平均世帯人員（千里＝3.42・泉北＝3.48）と子供の平均数（1.30・1.07），2004年現在では世帯人員（2.81・2.91）も子供人数（0.70・0.84）と大きく減少している。それは，夫婦と

表4-15-1　ニュータウン別入居当時の世帯構成比率と世帯人員（NA 116）

	独居	夫婦	夫婦と子	三世代～	その他	合計	平均人数	子供平均
須磨	3.2	12.9	71.0	5.9	7.0	100（186）	3.63	1.28
西神	1.1	15.1	73.7	4.8	5.4	100（186）	3.69	1.28
三田	1.0	15.5	64.9	13.4	5.2	100（194）	3.78	1.30
千里	6.4	**20.1**	**54.3**	9.0	10.3	100（234）	**3.42**	1.07
泉北	2.9	**20.4**	**65.9**	5.4	5.4	100（314）	**3.48**	1.30
和泉	6.7	**18.1**	**58.4**	12.8	4.0	100（149）	**3.38**	1.19
平城	3.6	20.1	65.1	8.9	2.4	100（169）	3.61	1.32
洛西	2.2	18.2	66.4	8.8	4.4	100（137）	3.69	1.22
全体	**3.4**	**17.8**	**64.8**	**8.3**	**5.7**	**100（1569）**	**3.57**	**1.25**

表4-15-2　ニュータウン別　2004年時点の世帯構成比率と世帯人員（NA 59）

	独居	夫婦	夫婦と子	三世代～	その他	合計	平均人数	子供平均
須磨	3.1	30.4	52.6	4.6	9.3	100（194）	3.05	0.81
西神	2.6	24.1	55.5	8.4	9.4	100（191）	3.38	1.04
三田	2.0	20.2	60.1	9.6	8.1	100（198）	3.54	1.22
千里	**10.7**	**31.6**	**34.8**	9.5	13.4	100（253）	**2.81**	**0.70**
泉北	**5.5**	**34.4**	**46.3**	4.6	9.2	100（326）	**2.91**	**0.84**
和泉	6.0	**15.3**	**63.3**	11.3	4.0	100（150）	**3.44**	1.25
平城	4.1	22.4	62.9	6.5	4.1	100（170）	3.23	1.05
洛西	6.3	31.3	49.3	6.9	6.3	100（144）	3.15	0.86
全体	**5.2**	**27.2**	**51.6**	**7.4**	**8.5**	**100（1626）**	**3.15**	**0.95**

子供世帯の比率が減少し（54.3%→34.8%・65.9%→46.3%），夫婦のみ世帯の比率が増加している（20.1%→31.6%・20.4%→34.4%）という世帯構成の実態を象徴する数字である。すなわち，表4-3に示される平均居住年数（千里＝20.9年・泉北＝18.4年）の歳月の経過に伴って，子供が独立するとともに夫婦のみ世帯が増加してきたと考えられるのである。それに対して1992年にまちびらきされた和泉ニュータウン（平均居住年数＝6.2年）では，家族が拡大している実態が数字から読み取ることが可能である（世帯人員3.38→3.44・子供人数1.19→1.25，夫婦と子供世帯比率＝58.4%→63.3%・夫婦世帯＝18.1%→15.3%）。

ニュータウンに入居してくる住民の特徴は，夫婦と子供世帯が突出して多いという特徴がある。表4-16-1は，愛媛・長崎県民の標本調査の世帯構成の結果と関西ニュータウン住民の入居当時の結果を比較したものである。[(10)] 夫婦と子供世帯の全体に占める比率は，県民標本調査の倍以上の数字を示している。関西ニュータウン住民の64.8%が夫婦と子供世帯であったのに対して，愛媛県と長崎県民のその比率は，31.9%と30.2%であった。その傾向は，川崎・神戸・福岡市民という150万都市住民を対象とした標本調査でも同じ傾向であった（表４-16-２参照）。これらの結果は，ニュータウンが「夫婦と子供世帯」を中心としたファミリー層が多く住み着いてきた実態を象徴的に示すものである。(11)

表４-16-１　2017年実施の「愛媛・長崎県民生活実態調査」の世帯構成比率との比較

	独　居	夫　婦	夫婦と子	三世代～	その他	合　計	平均人数	子供平均
関　西	**3.4**	**17.8**	**64.8**	**8.3**	**5.7**	**100（1569）**	**3.57**	**1.25**
愛　媛	12.6	27.6	31.9	12.5	15.3	100（1197）	2.87	—
長　崎	11.3	26.7	30.2	11.5	20.3	100（1196）	2.98	—

表４-16-２　2019年実施の「川崎・神戸・福岡市民生活実態調査」の世帯構成比率との比較

	独　居	夫　婦	夫婦と子	三世代～	その他	合　計	平均人数	子供平均
関　西	**3.4**	**17.8**	**64.8**	**8.3**	**5.7**	**100（1569）**	**3.57**	**1.25**
川　崎	12.8	22.4	41.1	6.3	17.3	100（942）	2.78	—
神　戸	14.6	27.8	32.8	7.0	18.0	100（1019）	2.81	—
福　岡	18.7	22.6	30.0	8.0	20.7	100（908）	2.61	—

ニュータウンに「夫婦と子供世帯」比率が高いという実態は，「持家一戸建て」居住者で特に顕著である。表４-17は，居住形態別の入居当時の世帯構成の結果であるが，「持家一戸建て」居住者の70.9%が「夫婦と子供世帯」と最も多いことが示されている。

表４-17　入居当時の世帯構成比率と世帯人員

	独　居	夫　婦	夫婦と子	三世代～	その他	合　計	平均人数	子供平均
持家一戸建て	1.0	9.6	70.9	13.6	5.0	100（722）	3.99	1.46
購入マンション	4.0	22.5	66.4	3.5	3.5	100（396）	3.31	1.16
賃貸マンション	8.9	28.9	50.2	4.3	7.7	100（235）	3.00	0.89
公営住宅	2.2	29.2	49.6	5.8	13.1	100（137）	3.19	0.99
全　体	**3.2**	**17.9**	**64.5**	**8.7**	**5.8**	**100（1490）**	**3.58**	**1.24**

注：NA（195）。

4　家族構成の変化と一戸建て居住のゆくえ

「ニュータウンに一戸建てを建てた（購入した）人はどんな人だったのか？」，「その後その人たちの世帯構成はどのように変化していったのか？」。本節では，これらの問題を，ニュータウンに「夫婦と子供世帯」として入居した人に着目して分析してみたい。

表4-18　持家一戸建て居住者層の入居当時の世帯構成

独　居	夫　婦	夫婦と子供	三世代	その他	計
1.0 (6)	10.4 (60)	72.5 (420)	12.4 (72)	3.6 (21)	100.0 (579)＊

注：＊持家一戸建て居住者722サンプル中，入居当時と現在の家族状況質問のNA回答者を除く。

表4-18は，持家一戸建てに居住している回答者のうち，入居当時と現在の家族状況の質問にすべて回答していた人を対象として，入居当時の世帯構成の結果を示したものである。持家一戸建て居住者層の入居当時の家族構成は，「夫婦と子供」が全体の72.5%を占め，「三世代」12.4%，「夫婦のみ」10.4%という構成であった。ニュータウン一戸建ては，典型的な「夫婦と子供」世帯によって形成されていると考えられる。ここでは，「夫婦と子供」420世帯に着目して，ニュータウンに一戸建てを建てた時の状況を整理してみよう。

表4-19　［夫婦と子供］420世帯の詳細

平均年齢：夫 40.5歳，　妻 38.5歳
子の人数：平均 2.01人
　　［1人］17.9%，［2人］63.4%，［3人以上］18.7%
子の平均年齢：長子 11.8歳，　末子 8.1歳
長子のライフステージ：［就学前0～6歳］25.4%，［小学生7～12歳］36.9%，
　　［中高生13～18歳］20.4%，［大学生等19～22歳］7.9%，［23歳以上］7.9%

表4-19は，ニュータウンに「夫婦と子供世帯」として一戸建てを購入した人の特徴を整理したものである。まとめてみると「夫40歳・妻38歳・子供2人（12歳と8歳）」が，ニュータウン一戸建てを建てた時の典型的な家族像と描写

することが可能であろう。

また表4-20は，入居当時に「夫婦と子供」だった回答者を100として，その世帯がどのように変化したのかを比率で示したものである。家族構成が，現在でも「夫婦と子」世帯のままなのは約6割（61.2%）で，約3割（29.6%）が「夫婦のみ」へ，3.9%が「三世代家族」へと変化している。すなわち，ニュータウンの「夫婦と子世帯」は，「三世代家族」へと拡大することはあまりなく，多くの場合は「夫婦のみ」，さらには「独居」へと縮小していっているのである。それは，居住年数が長くなるほど「夫婦のみ」に変化した家族が増加しているという事実（8.0%→24.5%→45.2%→57.7%）に象徴的に示されている。また平均家族人数という観点でも，入居当時4.02人から現在3.26人へと減少し，居住年数が長くなるほど減少するという特徴（3.78人→3.44人→2.80人→2.56人）も家族が縮小している実態を示している。(12)

表4-20　持家一戸建て世帯の家族構成比率の変化　（入居時［夫婦と子供］420世帯）

	家族人数	家族構成					
		独居	夫婦	夫婦と子	三世代	その他	計
入居時	4.02人	−	−	100	−	−	100（420）
現　在	3.26人	1.4	29.6	61.2	3.9	3.9	100（415）
現在（居住年数別）							
（10年未満）	3.78人	0.9	8.0	85.7	2.7	2.7	100（112）
（10〜19年）	3.44人	0.7	24.5	68.5	3.5	2.8	100（143）
（20〜29年）	2.80人	1.9	45.2	48.1	2.9	1.9	100（104）
（30年以上）	2.56人	3.8	57.7	17.3	7.7	13.5	100（52）

ニュータウン一戸建て世帯は，入居後年数を経るにつれて，子供の独立等によって「夫婦のみ世帯」，さらには「独居」へと家族構成を変化させている。今回調査の2004年時点では，「夫婦のみ」世帯が121サンプル，「独居」世帯は6サンプルと，数字的にはまだ少ない状況にあった。しかし，「夫婦」のみ世帯の状況を詳細に分析してみると，今後急速に「独居」世帯が増加すると予想できる。

表4-21は，「夫婦」のみ世帯（平均年齢：夫63.5歳，妻62.5歳）の今後の定住／転居の予定を問うた集計結果である。「夫婦」のみ世帯が「定住する」と答

表4-21　持家一戸建て層の今後の定住予定　(入居時［夫婦と子］)

	一生住み続けるだろう	転居するだろう	計
現在［夫婦と子］	76.8	23.2	100.0 (250)
現在［夫婦］	82.6	17.4	100.0 (121)
(［夫婦］年齢別)			
(60歳未満)	71.0	29.0	100.0 (31)
(60歳代)	85.5	14.5	100.0 (62)
(70歳代)	92.0	8.0	100.0 (25)

えている比率は82.6%で，この比率は，高齢になればなるほど高くなっている(71.0%→85.5%→92.0%)。この結果を見るかぎり，高齢夫婦世帯ほど定住志向が強く，いずれ配偶者が平均寿命をむかえる時期が訪れると，独居世帯へと変化していく可能性が高いと予測できるのである。

これまで持家一戸建て世帯に絞って，家族構成の変化を分析してきたが，ニュータウンの高齢化問題をさらに解明していくためには，他の居住形態の実態把握はもちろん，独立した子供世代の状況も詳細に調査していく必要があるといえるだろう。

表4-22は，ニュータウン居住者全体の定住意思・定住予定・三世代同居についての考え方をクロス集計したものである。「一生住み続けるだろう」と答

表4-22　居住者のニュータウン居住についての考え方

		須磨	西神	泉北	千里	和泉	平城	三田	洛西	全体
住み続けたいか	思　う	51.8	58.2	55.5	54.2	52.7	50.9	50.2	52.1	53.5%
	思わない	48.2	41.8	44.5	45.8	47.3	49.1	49.8	47.9	46.5%
住み続ける予定か	一生住む	64.1	66.1	61.8	56.6	60.4	54.0	61.5	65.1	61.1%
	転居する	35.9	33.9	38.2	43.4	39.6	46.0	38.5	34.9	38.9%
三世代同居	したい	24.1	24.3	38.5	30.3	32.1	29.7	27.9	36.4	30.7%
	したくない	75.9	75.7	61.5	69.7	67.9	70.3	72.1	63.6	69.3%

注：ワーディング　Q30. あなたの将来についてお聞きします。① あなたは，現在の住居に一生住み続けたいと思っていますか(希望)。1．そう思っている(53.5%)，2．そう思っていない(46.5%)。② あなたは，現在の住居に今後も住み続ける予定ですか。1．おそらく一生住み続けるだろう(61.1%)，2．おそらく転居するだろう(38.9%)。③ あなたは，条件が許せば三世代同居(祖父母・親・子の同居)をしたいとお考えですか。1．したい(30.7%)，2．したくない(69.3%)。

えた人が61.1%,「三世代同居はしたくない」と答えた人が69.3%という結果は,今後のニュータウン居住のあり方を考える上では重要な数字といえるだろう。

ニュータウンでは,M字型人口構成に象徴されるように,一般社会とは異なった急速な高齢化が進行していくことが推定される。しかもその時期が,もう間近に迫ったニュータウンも存在しているのである。ただ,表4-7に示された,住民のニュータウンに対する強い愛着感(「ニュータウンが好き」と答えた居住者93.1%)は,今後発生してくるさまざまな高齢化問題に対して,ニュータウン住民自身が何か新しい解決策を生み出していくことを期待させる数字となるだろうと考えられる。

注

(1) 千里ニュータウンの計画理念としては,1950年代のイギリスの公共住宅団地開発における計画理念となっていた「ミックス・ディベロップメント」の思想を導入しようとしたものである。この思想の系譜は,1928年のニューヨーク地方計画策定においてペリーが提唱した近隣住区論に端を発し,アバークロンビー卿が中心となってまとめた大ロンドン圏復興計画(1944年)においてオーソライズされたものである。そして具体的には,テラスハウスやフラット,メゾネットなどの混合,低層住宅と高層住宅の組み合わせ,核家族住宅をはじめ老人住宅・単身住宅のミックスなどによるバラエティのあるレイアウトが生み出された。何よりも重要な点は,単なる住宅集合体としてのベッド・タウンではなく,職場の導入に努力が払われ,食・住が〈ミックス〉した新しい都市社会が出現したことである。しかし千里ニュータウンでは,ミックス・ディベロップメントの名のもとにミックスしたのは,公営,公団,公社,公庫などの供給主体の異なる住宅のアロケーション(割り当て)面においてだけであった。千里ニュータウンの居住者構成は,全体として①世帯主年齢の若い核家族が多いこと,②公営階層を含めてエリート化(管理職,専門技術職の高い比率),ホワイト・カラー化(専門技術,一般事務職の高い比率)が進んでいること,③都心就業者が多いこと,の3点において大阪府の他の地域とは明瞭に区別される。地域内部をみると,ミックス・ディベロップメントで居住者層の混合をはかったというが,それは,せいぜい公的施策住宅の供給戸数割合に変化を与えた程度のことで，社会階層を本格的にミックスさせるには至らず，著しく単一階層（ホワイトカラー，中・高所得層）の集中する地域社会をつくりだしたとされている。住田昌二（1984）「住宅政策とニュータウン開発」住田昌二編著『日本のニュータウン開発――千里ニュータウンの地域計画学的研究』都市文化社，168-169,181頁。近隣住区論については，Perry, Clarence Arthur（1929）*The Neighborhood Unit in Regional Survey of New York and Its Environs*（倉田和四生訳『近隣住区論――新しいコミュニティ計画のために』鹿島出版会，1975年）.

(2)　金子淳（2017）『ニュータウンの社会史』青弓社，125頁。

(3)　福原正弘（1998）『ニュータウンは今――40年目の夢と現実』東京新聞出版局，83-89頁，谷謙二（2002）「大都市圏郊外の形成とライフコース」荒井良雄・川口太郎・井上孝編『日本の人口移動――ライフコースと地域性』古今書院。

(4)　調査票の質問文では，①200万未満，②200-400万，③400-600万，④600-800万，⑤800-1000万，⑥1000万以上，⑦答えない，の7選択肢を使用した。平均年収は，200万未満＝150万，1000万以上＝1100万とし，各カテゴリーの中央値を数値として平均値を計算した。

(5)　野村進（1993）「「住宅」の現場――3LDKの幸福論」『ニッポンの現場』講談社，37-59頁。

(6)　竹中英紀（1998）「ニュータウンにおける住宅階層問題の構造」倉沢進先生退官記念論集刊行会編『都市の社会的世界』UTP制作センター，247-265，250頁。その他住宅階層問題については，竹中英紀（1990）「ニュータウンの住宅階層問題」倉沢進編『大都市の共同生活――マンション・団地の社会学』日本評論社，103-130頁，竹中英紀（2002）「ニュータウンの住宅階層問題・再考」『都市問題』93（5）：51-59頁を参照。

(7)　林浩一郎（2018）「住宅階層問題の変容と都営団地の持続可能性」石田光規編著『郊外社会の分断と再編――つくられたまち・多摩ニュータウンのその後』晃洋書房，47-61頁。

(8)　「4都市居住類型別調査」の概要については，第5章1節（2）および注（7）を参照されたい。

(9)　実際の質問文では，①200万未満，②200-300万，③300-400万……⑲1900-2000万，⑳2000万以上の20の選択肢を使用した。各カテゴリーの中間値を採用して平均値を算出。2000万以上については2050万として計算しているため，実際の年収の平均値はこの表の値より高くなると考えられる。

⑽ 大谷信介編（2018）『愛媛・長崎県民生活実態調査報告書――平成28-32年度科研費基盤研究（A）研究成果中間報告書』関西学院大学社会学部大谷研究室。

⑾ 大谷信介編（2019）『2018年度 科研費基盤研究（A）研究成果報告書』関西学院大学社会学部大谷研究室。

⑿ 松川尚子（2006）「高齢化と家族構成の変化――ニュータウンにおける高齢化現象」『都市研究』近畿都市学会学術雑誌５・６：175-189頁，および，大谷信介（2008）「ニュータウン高齢化の特徴と問題点」『Dia News』no.55. ダイヤ高齢社会研究財団，３-６頁。

第5章　人はどのように住居を選択しているのか

1　関西ニュータウン調査における住居選択要因分析

（1）これまでの研究視点

「住宅双六」という言葉がこれまでよく使われてきた。この言葉は，上田篤が1973年に朝日新聞で初めて指摘した言葉である。研究室における「住みかえの研究」から生まれてきた現実の庶民の，住宅の住みかわりの傾向を図化した「住宅双六」を提示し，国民の住居の最終目標が「一戸建てのすまい」にあり，「アパート」も「マンション」もみなその間の「仮の宿」であるような国民行動を比喩的に描写したのである。上田篤の本意は，それが現実であれば「一戸建てのすまい」を3000万戸作らない限り住宅難は解消されないことになる理屈となるが，それよりは，社会の住宅の「上り」がそれに尽きるものかという疑問を根本的に考えてみる必要性を主張することであった。それは，人間はその生涯においてどういう時代にどういう住宅を要求し，それを社会的にいかに保証するかといった「住科学」の研究の必要性の主張であったと考えられる[(1)]。

建築学の領域では，「住みかえ」という住宅選択行動に注目が集まっていたが（岸本 1979，梶浦・平田 1981），その他の領域では，住宅だけでなく居住地移動といったより広い視点から研究蓄積がなされてきた[(2)]。地理学領域の居住地移動研究では，郊外住民の移動経歴を取り上げた事例研究（川口 1997，谷 1997，中澤・川口 2001）や，「転居きっかけ要因（田口 2001，伊藤 2001）」，「居住地選択要因（若林 2003，中澤 2003，大塚 2005）」といった住民の意識面に着目した研究が数多く行われてきた[(3)]。社会心理的アプローチからの居住地選択行動としてはティムズの研究があげられる[(4)]。ティムズは，世帯の居住地に対する願望を起点と考え理論化を行っている。しかし,「関心が近隣の特徴やアクセスビリティの評価といった特定の行動領域に限定され,居住地の環境をさまざまな活動が展開される場としてとらえないために,都市計画への応用という視点からはおのずと限界がある」と園部雅久は指摘している[(5)]。

人々が実際に住居を選択する場合には,さまざまな要因が考えられている。住宅の「住みかえ」に関しても,すべての人が住宅双六のように「一戸建て」がいいと思うわけではなく,「マンション」がいいと思う人も数多く存在する。同じ「一戸建て」でも,「市内中心部」がいいと思う人もいれば「ニュータウン」,「郊外の緑豊かなところ」がいいと思う人もいる。また「マンション」がいいと思う人でも,「分譲がいい」,「賃貸がいい」,「高層だ」,「低層だ」といったようにさまざまな選択肢が存在するのである。

それは,住宅の選択肢だけでなく居住地の選択についても同様である。「芦屋・西宮に住みたい」,「阪急沿線がいい」,「通勤時間が短いところでないと困る」,「いい校区に住みたい」,「保育所が整っているところ」,「実家に近いところ」,「土地勘のあるところ(ex. 関西学院大学を卒業し関西勤務になったので,学生時代下宿していた土地勘のある阪神間で家を探した)」等さまざまな居住地に対する要望が存在するのである。またそれらの要望が,配偶者や家族のそれと必ずしも一致しない場合も存在している。それらを総合的に考慮しながら,自分の金銭的条件で,選択できる住居を選択しているのである。それらの住居選択は,人生のライフイベント(進学,就職,結婚,転勤,退職等)の時点に,行われるケースが多いと考えられる。

また,人によっては「住居選択をしていない」場合も数多く存在する。先祖代々の住居に住んでいる人は,住宅の建て替えは考えても居住地の選択は考えないであろう。また,現在の住居は親が選択したものであり,子供であった自分は「住居選択していない」という場合も存在するのである。その点ニュータウン居住者は,ほとんどが住居選択をしてきた人であり,住居選択要因の分析には最適の調査対象といえる。本章では,関西ニュータウン調査のデータを中心として「住居選択要因」の特徴を分析していきたい。

（2）住居選択要因を測定する質問文の模索

前項で言及した複雑に絡み合った「住居選択要因」を，調査票調査の質問文によって測定しようとする試みは大変困難な作業である。この試みに関しては，1987年に実施した「松山調査」以来，1999年実施「4都市調査」，2004年実施「関西ニュータウン調査」とさまざまな試行錯誤を繰り返してきた。ここではまず，前者2つの調査で，どのような質問文を使い，調査結果の分析からどのようなファインディングスと問題点があったのかを整理していきたい。

「松山調査」は，松山大学人文学部社会学科の社会調査実習の一環として，選挙人名簿より確率比例抽出法によって抽出された396名の松山市民を対象として個別訪問面接聴取法によって実施したものである。調査の概要は以下のとおりである。(6)

1987年「松山調査」の調査概要

調査時期：1987年8月1日～9日
調査地域：松山市
調査対象：松山市に居住する20歳以上の男女
調査方法：個別訪問面接聴取法
標本抽出：選挙人名簿による確率比例抽出法
標本数　：396票（22地点18標本）
回収率　：269票／396票　　回収率　67.9％

「4都市調査」は，1998-99年度科研費基盤研究（B・1）『都市化とボランタリー・アソシエーションの実態に関する社会学的研究（研究代表者 越智昇）』および西宮市・関西学院大学プロジェクト『西宮研究』の一環として，1999年に実施した「都市住民の居住地域別パーソナル・ネットワーク特性に関する調査」（以下「4都市調査」と略す）である。(7)

1999年「4都市調査」の調査概要

調査対象地：　西宮市・松山市・八王子市・武蔵野市の4都市
調査期間　：　1999年2月1日～2月28日
回収状況　：　サンプル数2520票・回収数954票・回収率37.9％
調査対象者：　20歳以上の調査対象地の住民，合計2520名
　　　　　　　（松山市720名・西宮市720名・八王子市540名・武蔵野市540名）
調査方法　：　郵送法による質問紙調査
抽出方法　：　居住特性別地域を選定し，選挙人名簿等を使ってサンプリングを実施

〈居住特性別地域カテゴリーの原則〉

類　型	居住特性	サンプリング
第Ⅰ類型	古くからの中心部住宅地一戸建て （土着型のいわゆる高級住宅地）	各市２地区を町名で選定
第Ⅱ類型	ニュータウン一戸建て （大規模開発による住宅地区）	各市２地区を町名で選定
第Ⅲ類型	分譲マンション （平均的ファミリーマンション：３ LDK 前後）	築年数10年前後で最低２棟以上ある 民間分譲マンションを２～３選定
第Ⅳ類型	公営住宅 （典型的公営住宅：市営・県営・都営）	各市から２～３団地選定

回収分析標本数

全　体	954票／2520票	回収率37.9％
松山市	259票／ 720票	回収率36.0％
西宮市	328票／ 720票	回収率45.6％
八王子市	177票／ 540票	回収率33.0％
武蔵野市	190票／ 540票	回収率35.0％

この調査の特徴は，居住特性として，Ⅰ類型：古くからの中心部住宅地一戸建て，Ⅱ類型：ニュータウン一戸建て，Ⅲ類型：分譲マンション，Ⅳ類型：公営住宅の４類型を指定し，それぞれに該当する住民を選挙人名簿から標本抽出し，郵送法による質問紙調査を実施したものである。武蔵野市にはニュータウン一戸建て，八王子市には中心部住宅地一戸建てが存在しなかったため，２市は３つの類型での調査となっている。

これら２つの調査で使われた「住居選択要因」についての質問文は次のとおりである。

〈住居選択要因質問文〉：1987年「松山調査」

Q27．あなたは現在の住居（居住地）の選定はどのようになされましたか

　　１．家族や自分の考えで住居（居住地）を選定した（64.7％）

　　２．選択の余地がなかった（例えば，生まれたときから住んでいた，親が決めた，社宅・寮に居住）（35.3％）

SQ１．それでは，住居（居住地）を選定するにあたって，次の要因はどの程度重要でしたか

　（Q27．で２．と答えた方は，これから住宅を選定するとした場合を想定してお答えください）

　　① 実家や親戚の家が近くにあること

　　　１．きわめて重要　２．やや重要　３．あまり重要でない　４．重要でない

② 友人・知人が近くにいること（以下選択肢は同じ）
③ 子供の教育や通学に適した場所であること
④ 経済的に適当であること（家賃，地価，家の価格など）
⑤ 通勤に適していること（職場が近い，通うのに便利）
⑥ 下水道，公園，病院，買い物（ショッピングセンター）などの施設が整っていること
⑦ 家の周辺の雰囲気がよい，及び緑，水，静けさなどの自然に恵まれていること

SQ２．①〜⑦の要因の中で最も重要だった（と考えられる）要因はどれですか
１番目（　　　　　）　　２番目（　　　　　）

〈住居選択要因質問文〉：1999年「４都市調査」

Q５．あなたは現在の住居（居住地）をどのように選定されましたか
１．家族や自分の考えで住居（居住地）を選択した（全体＝86.3％・松山＝83.7％）
２．選択の余地がなかった（生まれたときから住んでいた・社宅等）（全体＝13.7％・松山＝16.3％）

Q６．あなたは，現在の住居（居住地）を選定するにあたって，次の①〜⑧の要因をどの程度考慮されましたか。（Q５．で２．と答えた方は自分が住居を選定する場合を想定してお答えください）
① 実家や親戚の家との距離
１．非常に考慮した　２．やや考慮　３．あまり考慮せず　４．全く考慮せず
② 友人・知人が近くにいること（以下選択肢は同じ）
③ 通勤の便がよいこと
④ 子供の教育環境や通学の便がよいこと
⑤ 生活に必要な施設（病院・商店等）が充実していること
⑥ 住居（土地面積・部屋数・庭等）が広いこと
⑦ 自然環境（緑・静けさ等）がよいこと
⑧ その地域のイメージ・ブランドがよいこと

SQ．上記の①〜⑧の要因の中で，住居選定に際して最も重要であったものと，２番目に重要であったものを選び番号をご記入してください
１番目（　　　　　）　　２番目（　　　　　）

「松山調査」と「４都市調査」のデータを比較して，質問文の妥当性を検討しようとする場合，次の点について考慮する必要がある。

まず，「松山調査」が有権者を母集団とした標本調査であるのに対して，「４都市調査」は居住類型を特定した有意サンプルであったため，より「住居選定」に関係する標本と位置づけられる点である。そのことは，最初の質問の「家族や自分の考えで住居（居住地）を選定した人」の比率が，松山調査＝64.5％に対して，４都市調査＝86.3％（松山＝83.7％）と高かったことに示されている。そのことを想定して「住居選択要因」については，「松山調査」で

は，現在の住居を選定するにあたってどの程度「重要であったか」と質問したのに対して，「４都市調査」では，「考慮したか」というワーディングに変更した。その変更がどのような意味を持っていたかについては，「友人・知人が近くにいること」という要因の結果に着目すると理解可能となる。「友人・知人」の要因は，松山調査の「重要」と思う比率（44.2%）と，４都市調査の「考慮」した人の比率（全体＝28.4%・松山＝27.6%）で大きな差があるという結果が示されている。すなわち，「友人・知人が近くにいること」という要因は，「重要」だとは思うが，実際には考慮しない要因であるということが理解できるのである。(8)

「松山調査」から「４都市調査」へとワーディングを最も大きく変更した点は，「経済的に適当であること」という経済的要因を抜いて選択肢を作成したことである。居住地を選択する場合，経済的要因はすべての人が考慮する要因である。「４都市調査」では，その点を考慮して経済的要因を削除し，「家の周辺の雰囲気」という項目に関しては，「自然環境」，「地域イメージ」というより詳しい選択肢に変更した。また新たに「住居（土地面積・部屋数・庭等）が広いこと」という要因を選択肢に加えた。これは，居住類型の中に分譲マンションと公営住宅という集合住宅を加えたためであった。それぞれの調査の各要因の調査結果は，表５－１と５－２に示されているので参照されたい。

表５－３は，選択要因の中で「最も重要だった要因」の両調査の結果を整理したものである。「松山調査」では，やはり「経済的に適当であること（家賃，地価，家の価格など）」が25.6%と最も高く，「家の周辺の雰囲気がよい，及び緑，水，静けさなどの自然に恵まれていること」＝21.4%，「子供の教育や通学に適した場所であること」＝16.4%，「下水道，公園，病院，買い物（ショッピングセンター）などの施設が整っていること」＝13.7%，「実家や親戚の家が近くにあること」＝11.8%，「通勤に適していること（職場が近い，通うのに便利）」＝10.7%，と続き，「友人・知人が近くにいること」＝0.4%はほとんど選択されなかった。

それに対して経済的要因を選択肢に含めなかった「４都市調査」の全体の結

表5－1　「1987年松山調査」の住居選択要因の重要度

	重要	［きわめて］	［やや］	重要でない	［あまり］	［重要でない］	計
実家や親戚の家が近くにあること	47.6	［19.9］	［27.7］	52.4	［30.0］	［22.5］	100（267）
友人・知人が近くにいること	44.2	［14.6］	［29.6］	55.8	［34.1］	［21.7］	100（267）
子供の教育や通学に適した場所	77.7	［44.3］	［33.3］	22.3	［9.8］	［12.5］	100（264）
経済的に適当であること	88.0	［59.0］	［28.9］	12.0	［6.8］	［5.3］	100（266）
通勤の便がよいこと	83.1	［42.9］	［40.2］	16.9	［8.6］	［8.3］	100（265）
下水道・公園・病院・買い物等施設	86.9	［55.4］	［31.5］	13.1	［7.1］	［6.1］	100（267）
家の周辺の雰囲気がよい	89.8	［56.0］	［31.8］	10.2	［8.6］	［1.5］	100（266）

表5－2　「1999年4都市調査」の住居選択要因の考慮度（上段＝全体・下段＝松山）

	考慮した	［非常に］	［やや］	考慮せず	［あまり］	［全く］	計
実家や親戚の家との距離	50.7 53.8	［17.1］ ［16.3］	［33.6］ ［37.5］	49.3 46.3	［21.5］ ［21.7］	［27.9］ ［24.6］	100（890） 100（240）
友人・知人が近くにいること	28.4 27.6	［6.6］ ［5.4］	［21.8］ ［22.2］	71.6 72.4	［36.2］ ［37.2］	［35.4］ ［35.2］	100（876） 100（239）
通勤の便がよいこと	82.4 72.5	［40.0］ ［31.3］	［42.3］ ［41.3］	17.6 27.5	［11.4］ ［20.8］	［6.2］ ［6.7］	100（884） 100（240）
子供の教育環境や通学の便がよいこと	72.2 68.9	［32.1］ ［28.9］	［40.1］ ［40.0］	27.8 31.1	［14.7］ ［19.1］	［13.1］ ［11.9］	100（856） 100（235）
生活に必要な施設が充実していること	74.6 70.1	［21.9］ ［18.7］	［52.7］ ［51.5］	25.4 29.9	［19.8］ ［24.5］	［5.7］ ［5.4］	100（881） 100（241）
住居（土地面積・部屋数・庭等）が広いこと	84.0 79.7	［35.5］ ［29.9］	［48.5］ ［49.9］	16.0 20.3	［12.1］ ［15.4］	［3.8］ ［5.0］	100（884） 100（241）
自然環境（緑・静けさ等）がよいこと	82.7 81.2	［39.2］ ［33.5］	［43.5］ ［47.8］	17.3 18.8	［13.2］ ［13.5］	［4.0］ ［5.3］	100（892） 100（245）
その地域のイメージ・ブランドがよい	63.0 60.5	［18.0］ ［19.8］	［44.9］ ［40.7］	37.0 39.5	［28.0］ ［28.0］	［9.0］ ［11.5］	100（881） 100（243）

果では，「通勤の便がよいこと」が26.1％と最も多く，「住居（土地面積・部屋数・庭等）が広いこと」＝19.0％，「自然環境（緑・静けさ等）がよいこと」＝

表5-3 「松山調査」と「4都市調査」における住居選択要因（最重要要因）の比較

	実家距離	友人の傍	通勤の便	教育環境	生活施設	住居広さ	自然環境	地域イメージ	経済面	周辺雰囲気
松山調査	11.8	0.4	10.7	16.4	13.7	—	—	—	25.6	21.4
4都市調査（松山）	14.9	2.5	17.8	14.5	11.2	19.9	15.4	3.7	—	—
4都市調査（西宮）	12.4	2.6	25.8	12.1	6.5	19.9	19.6	1.0	—	—
4都市調査（武蔵野）	15.0	4.0	32.9	13.9	5.8	6.9	17.9	3.5	—	—
4都市調査（八王子）	9.7	4.2	31.5	9.7	7.3	28.5	7.9	1.2	—	—
4都市調査（全体）	13.1	3.2	26.1	12.7	7.8	19.0	15.9	2.3	—	—

15.9%，「実家や親戚の家が近くにあること」＝13.1%，「子供の教育環境や通学の便がよいこと」＝12.7%，「生活に必要な施設（病院・商店等）が充実していること」＝7.8%と続き，「友人・知人が近くにいること」＝3.2%，「その地域のイメージ・ブランドがよいこと」＝2.3%はあまり選ばれなかったという結果であった。やはり「住居選択要因」の選択肢に経済的要因を加えると，その要因が1番に選択されてしまうのは確かな事実であった。

「4都市調査」の結果で注目される点は，松山市において「通勤の便」を考慮した人の比率がきわめて少ない点である。東京の通勤圏にあたる武蔵野市や八王子市は，「通勤の便」を最も考慮した人の比率は，32.9%・31.5%を占め，他の要因を大きく引き離して一番考慮されていた。それは大阪通勤圏の西宮市でも25.8%と東京圏ほどではないがやはり一番多く考慮された要因となっている。松山市は，「住居の広さ」が19.9%とトップで，「通勤の便」は17.8%と2番目になっている。この結果は，「松山調査」でも同じ結果であった。松山市がコンパクトな都市で，「市内に居住している場合には通勤時間がさほど苦にならない」という地方都市の実情を反映したものと考えられる。それは，2017年に実施された「愛媛・長崎県民生活実態調査」の松山市民の平均通勤時間＝21.1分および，2019年に実施した「川崎・神戸・福岡市民生活実態調査」の川崎市民＝44.3分，神戸市民＝40.8分，福岡市民＝30.3分という平均通勤時間の結果に象徴的に示されているといえるだろう。

「住居選択要因」における「通勤」という要因については，通勤場所を事実として質問したニュータウン調査の結果をもとに次節第2・3項で詳細に分析していきたい。

（3）関西ニュータウン調査における住居選択要因質問文

「松山調査」,「4都市調査」での知見を考慮して,「関西ニュータウン調査」では，以下の質問文を使って「住居選択要因」を考察した。

〈住居選択要因質問文〉：2004年「関西ニュータウン調査」

Q15. あなたは現在の住居をどのように選定されましたか
　1. 自分や家族の考えで住居を選定した　(87.2%)
　2. 現在の住居の選定にはかかわっていない　(12.8%)

Q16. あなたは，現在の住居を選定するにあたって，次の①〜⑩の要因をどの程度考慮されましたか。それぞれについてあてはまる番号に○をつけてください
　① 実家との距離
　　1. 非常に考慮した　2. やや考慮　3. あまり考慮せず　4. 全く考慮せず
　② 通勤の便がよいこと
　③ 公共交通機関（駅・バス停留所など）までの近さ
　④ 都心（梅田・難波・三宮・河原町など）までの利便性
　⑤ 公共的サービス（保育所・福祉サービス・図書館など）の充実
　⑥ 商業施設（スーパー・専門店など）の充実
　⑦ 医療施設の充実
　⑧ 子供の教育環境（学区・校区など）がよいこと
　⑨ 地域環境（町並み・緑・静けさなど）がよいこと
　⑩ その地域のイメージ・ブランドがよいこと

Q17. 上記の①〜⑩の要因の中で，住居選定に際して最も重要であったものと，2番目に重要であったものを選び番号をご記入ください
　1番目（　　　）　2番目（　　　）

表5-4に示されるように，多くのニュータウン居住者が住居選択要因として考慮した要因は,「地域環境（町並み・緑・静けさなど）がよいこと」=90.6%,「公共交通機関（駅・バス停留所など）までの近さ」=83.3%,「通勤の便がよいこと」=78.5%の3要因であった。あまり考慮されなかった要因としては,「実家との距離」=63.6%,「公共的サービス（保育所・福祉サービス・図書館など）の充実」=48.9%の2要因が指摘できる。

住居選択にあたって「最も重要だった要因」では,「地域環境がよいこと」を挙げた人が32.5%と最も多く,「通勤の便」20.6%,「公共交通機関までの近

表5-4 「関西ニュータウン調査」の住居選択要因の考慮度

	考慮した	[非常に]	[やや]	考慮せず	[あまり]	[全く]	計
実家との距離	36.4	[12.0]	[24.5]	63.6	[23.7]	[39.9]	100 (1284)
通勤の便がよいこと	78.5	[36.5]	[42.0]	21.5	[15.5]	[6.1]	100 (1337)
公共交通機関までの近さ	83.3	[44.5]	[38.8]	16.7	[12.3]	[4.4]	100 (1358)
都心までの利便性	60.4	[20.1]	[40.3]	39.6	[28.5]	[11.1]	100 (1339)
公共的サービスの充実	51.1	[13.0]	[38.2]	48.9	[36.2]	[12.7]	100 (1328)
商業施設の充実	74.9	[25.9]	[49.0]	25.1	[20.7]	[4.5]	100 (1346)
医療施設の充実	67.3	[20.2]	[47.1]	32.7	[26.9]	[5.8]	100 (1348)
子供の教育環境がよいこと	66.8	[33.0]	[33.8]	33.2	[19.5]	[13.8]	100 (1316)
地域環境(町並み・緑・静けさ)がよいこと	90.6	[54.7]	[36.0]	9.4	[6.9]	[2.5]	100 (1385)
その地域のイメージ・ブランドがよいこと	66.0	[21.3]	[44.7]	34.0	[24.7]	[9.2]	100 (1342)

表5-5 「関西ニュータウン調査」の住居選択要因(最重要要因)の比率

	実家距離	通勤の便	交通機関	都心利便	公共サービス	商業施設	医療施設	教育環境	地域環境	地域イメージ	計
須　磨	5.7	28.5	19.6	5.1	0.6	2.5	1.3	13.3	22.2	1.3	100 (158)
西　神	7.8	14.5	22.3	1.2	1.2	1.8	3.0	18.7	28.9	0.6	100 (166)
三　田	2.3	18.9	9.1	2.9	0.0	6.9	2.3	16.0	40.6	1.1	100 (175)
千　里	8.4	28.4	18.4	3.7	0.5	0.5	3.7	8.9	24.7	2.6	100 (190)
泉　北	10.4	19.6	15.0	1.1	0.4	2.5	3.2	12.9	33.2	1.8	100 (280)
和　泉	6.0	18.8	24.8	0.8	0.0	0.8	0.0	11.3	36.1	1.5	100 (133)
平　城	6.4	18.6	14.1	1.9	1.3	1.3	0.6	19.9	34.6	1.3	100 (156)
洛　西	6.7	16.0	4.2	0.8	2.5	4.2	0.8	16.0	43.7	5.0	100 (119)
全　体	**7.0**	**20.6**	**16.0**	**2.2**	**0.7**	**2.5**	**2.1**	**14.4**	**32.5**	**1.8**	**100 (1377)**

さ」16.0%,「子供の教育環境(学区・校区など)がよいこと」14.4%,「実家との距離」7.0%と続き,これらの5要因が,住居選択の決め手となっていたのが実態であった。ニュータウン調査では,4都市調査の「生活に必要な施設が充実していること」という項目を,「公共サービス」,「商業施設」,「医療施設」

と詳細に聞いたが，その必要はなかったと考えられる。

ニュータウン別の特徴では，都心へのアクセスが良い千里・須磨ニュータウンでは，最も重視した要因として，「通勤の便」，「都心への利便性」を選ぶ人の比率が高く，比較的交通の便が悪い西神・洛西ニュータウンでその比率が低くなっているという特徴が読み取れた。

次節では，住居選択要因の中で，「通勤の便」はどのように考えられてきたのかという問題を，ニュータウン住民の実際の通勤実態との関係で考察してみたい。

2　関西ニュータウン住民の通勤実態

関西ニュータウン調査では，居住者の通勤実態の測定にあたって次の3つの工夫を行った。1点目は，ニュータウン入居当時と調査時点（2004年）との2つの時点の通勤実態を測定した点である。入居時点は個人によって異なるため，前者は回顧法による質問となっている。2点目は，通勤実態に関する質問項目に調査対象者本人が該当しない場合，その「配偶者」を調査対象とするという方法で分析するケースを増やす試みである。(9) 3点目は，通勤先の職場所在地を把握するために「最寄駅」を問う質問を取り入れた点である。このことによって，これまで市区町村といった行政範域でとらえられてきた人々の生活行動をより詳細に把握しようとする試みである。具体的質問文は以下のとおりである。

入居当時の通勤実態に関する質問文

Q8．Q6で，入居当時の職業を「1．自営」「2．勤め」と答えた方にお聞きします。あなたが働いていなかった場合には，配偶者のことについてお答えください

①入居当時のあなた（または配偶者）の職場はどちらにありましたか。近畿圏内に職場があった場合は鉄道の最寄駅を，近畿圏外だった場合は都道府県名をお答えください。（ここでは近畿圏を，大阪府・京都府・滋賀県・奈良県・兵庫県・三重県・和歌山県の二府五県とお考えください）

1．近畿圏内　　鉄道会社名（　　　　　　　　）（　　　　　　　　）駅
2．近畿圏外　　（　　　　　　　　）都道府県

2004年調査時の通勤実態に関する質問文

現在のあなたまたは配偶者の通勤状況について（パート・アルバイトは除く）
あなた自身が通勤をされていない場合は，あなたの配偶者の通勤状況についてお答えください

Q９．あなた（または配偶者）は通勤に電車を利用していますか
　１．利用している　　２．利用していない　　３．どちらも通勤していない

SQ１．「２．利用していない」とお答えの方にお聞きします。
　通勤の際に主に利用している交通手段は何ですか。
　１．徒歩　２．自転車　３．バイク・原付　４．バス
　５．自動車（自分で運転）　６．自動車（送迎してもらう）
　７．その他（　　　　）

Q10．①現在，通勤の際に実際に使っている乗車駅はどちらですか
　Q９で「２．利用していない」「３．どちらも通勤していない」と答えた方は普段よく使っている鉄道の乗車駅をお答えください
　鉄道会社名（　　　　）（　　　　）駅
　②その駅はあなたの家から徒歩圏内ですか。徒歩圏内の場合は徒歩での所要時間をお答えください。
　１．徒歩圏内である　（　　　　）分
　２．徒歩圏内ではない
　③その駅までは，日頃どのような交通手段を主に使われていますか
　１．徒歩　２．自転車　３．バイク・原付　４．バス
　５．自動車（自分で運転）　６．自動車（送迎してもらう）
　７．その他（　　　　）

Q11．通勤の際に実際に使っている降車駅はどちらですか。通勤に電車を利用されていない方は，勤務先の最寄駅をお答えください。あなた・配偶者とも通勤されていない方は，Q13にお進みください
　鉄道会社名（　　　　）（　　　　）駅

Q12．通勤時間：自宅を出発してから勤務先に到着するまでの総所要時間は何分ですか
　約（　　　　）分

入居当時と2004年現在の２時点の通勤実態については，回答者の居住年数によって大きく異なることが考えられる。表５-６は，入居当時，働いていた回答者（および配偶者）の現在の就業状況を「定年」を軸にニュータウン別に分類したものである。まちびらきから40年以上が経過し，高齢化の進んでいる千里ニュータウンでは，入居当時働いていた人の約３割が「定年退職した」と答えていた。須磨ニュータウンや洛西ニュータウンも同様の傾向がみられる。また，表５-７は，「定年退職をした」という理由以外（転職や転勤など）で職場の位置が変化している人がどのくらいいるのかについてニュータウンごとにまとめたものである。ここでも，まちびらきの早いニュータウンにおいて，職場の

表5-6　入居当時働いていた回答者の現在の就業状況（%）（定年退職したか否か）

定年退職	千里(204)	泉北(282)	トリヴェール(131)	須磨(172)	西神(156)	三田(170)	平城(147)	洛西(113)
した	**29.4(60)**	21.3(60)	6.9(9)	**27.3(47)**	15.4(24)	12.4(21)	20.4(30)	**26.5(30)**
していない	70.6(144)	78.7(222)	93.1(122)	72.7(125)	84.6(132)	87.6(149)	79.5(117)	73.4(83)

表5-7　入居当時と現在における職場変化の有無（%）

職場の変化	千里(82)	泉北(134)	トリヴェール(88)	須磨(73)	西神(87)	三田(109)	平城(83)	洛西(48)
あり	53.7(44)	53.7(72)	34.1(30)	**60.3(44)**	56.3(49)	47.7(52)	48.2(40)	54.2(26)
なし	46.3(38)	46.3(62)	65.9(58)	39.7(29)	43.7(38)	52.3(57)	51.8(43)	45.8(22)

変化がある回答者が多くなっている。

表5-8は，2004年現在のニュータウン居住者の通勤の実態に関する質問文（Q 9-12）の結果を電車通勤者に注目して整理した表である[(10)]。この表は，現在働いている（勤め・自営）回答者（または配偶者）［千里の場合161］のうち電車通勤をしている人［92］の，通勤時間・駅までの状況・乗車駅・降車駅の状況等を整理したものである。洛西ニュータウンは，車通勤者が多く対象者が少なくなっているが，それぞれのニュータウンからの電車通勤の実態がよく理解できる表となっている。これは，質問文に，鉄道の「最寄駅」を活用した工夫の成果といえるだろう。表5-9は，従来の調査票でよく使用されてきた「市区町村」を記入してもらう方法で職場所在地を整理したものであるが，この表に比べると表5-8がより詳細な通勤実態を描写できていることが理解できるであろう。

また，表5-10は，通勤手段が車の回答者の通勤実態を整理したものである。ここでも職場所在地については，「最寄駅」で回答してもらっているため，市区町村での分析よりは，より詳細な職場の位置が明らかになっている。

表5－8　2004年調査時の各ニュータウンの通勤実態（電車通勤者）

ニュータウン	千里（161） （電車通勤者:64.3％＝92）	泉北（207） （電車通勤者:50.7％＝105）	トリヴェール和泉（125） （電車通勤者:55.2％＝69）
平均通勤時間	54.8分	65.6分	69.3分
通勤乗車駅	【阪急電鉄】 南千里（24.7％）・北千里（18.0％） 【北大阪急行】 千里中央・桃山台（各20.2％）	【泉北高速鉄道】 泉ヶ丘（38.1％）・栂・美木多（27.8％） 光明池（26.8％）	【泉北高速鉄道】 和泉中央（100.0％）
徒歩圏内／圏外	圏内（92.1％）・圏外（7.9％）	圏内（77.5％）・圏外（22.5％）	圏内（98.5％）・圏外（1.5％）
駅までの交通手段	徒歩（85.5％） バス・自動車送迎（各4.8％）	徒歩（57.4％） バス（14.9％）・自転車（10.6％）	徒歩（83.1％） 自転車（7.7％）・自動車送迎（4.6％）
徒歩での所要時間	平均9.5分 10分以内（65.9％）	平均11.9分 10分以内（48.7％）	平均9.2分 10分以内（74.6％）
通勤降車駅	阪急梅田駅（11.8％） 大阪市営地下鉄 淀屋橋駅・梅田駅（各5.9％）	南海電鉄堺東駅（10.2％） なんば駅（6.1％） 大阪市営地下鉄堺筋本町駅（6.1％）	大阪市営地下鉄御堂筋線 淀屋橋駅（10.9％） 南海電鉄なんば駅（9.4％）
鉄道沿線	阪急電鉄（35.4％） 大阪市営地下鉄御堂筋線（22.4％）	南海電鉄（25.5％） 大阪市営地下鉄御堂筋線（18.4％） 泉北高速鉄道（12.2％）	大阪市営地下鉄御堂筋線（23.4％） 南海電鉄（20.3％） 大阪市営地下鉄四ツ橋線（20.3％） 泉北高速鉄道（9.4％）

ニュータウン	須磨（120） （電車通勤者:59.2％＝71）	西神（135） （電車通勤者:64.4％＝87）	三田（155） （電車通勤者:62.6％＝97）
平均通勤時間	57.6分	71.3分	77.2分
通勤乗車駅	【神戸市営地下鉄】 名谷（89.4％） 妙法寺（4.5％）	【神戸市営地下鉄】 西神中央（97.6％）	【JR 宝塚線】 新三田（64.9％）・三田（14.9％） 【神戸鉄道】 フラワータウン（14.9％）
徒歩圏内／圏外	圏内（86.6％）・圏外（13.4％）	圏内（74.1％）・圏外（25.9％）	圏内（30.9％）・圏外（69.1％）
駅までの交通手段	徒歩（56.5％）・バス（29.0％） 自転車（6.5％） 自動車送迎（3.2％）	徒歩（50.0％）・バス（19.0％） 自転車（16.7％） 自動車送迎（9.5％）	バス（41.3％）・徒歩（18.5％） 自動車送迎（16.3％） バイク／原付（9.8％）
徒歩での所要時間	平均13.7分 10分以内（42.1％）	平均12.7分 10分以内（47.6％）	平均12.6分 10分以内（55.2％）
通勤降車駅	神戸市営地下鉄三宮駅（16.4％） 長田駅・大倉山駅（各7.5％）	神戸市営地下鉄三宮駅（22.8％） JR 大阪駅（8.9％）	JR 北新地駅（11.8％） 大阪駅（9.7％）・猪名寺駅（6.5％）
鉄道沿線	神戸市営地下鉄 西神線・山手線（44.7％） JR 東海道本線（9.0％）	神戸市営地下鉄 西神線・山手線（44.3％） JR 東海道本線（12.7％）	JR 宝塚線（29.0％） 東西線・学研都市線（20.4％） 東海道本線（9.7％）

ニュータウン	平城（120） （電車通勤者:58.3%＝70）	洛西（87） （電車通勤者:28.7%＝25）
平均通勤時間	67.7分	63.8分
通勤乗車駅	【近畿日本鉄道】 高の原（92.4%）	【阪急電鉄】 桂（80.0%）・向日町（10.0%） 洛西口（5.0%）
徒歩圏内／圏外	圏内（84.8%）・圏外（15.2%）	圏内（0.0%）・圏外（100.0%）
駅までの交通手段	徒歩（69.4%）・バス（16.1%） 自転車（6.5%）・自動車送迎（4.3%）	バス（73.9%）
徒歩での所要時間	平均12.6分 10分以内（53.6%）	—
通勤降車駅	大阪市営地下鉄御堂筋線 本町駅（7.7%）・淀屋橋駅（6.2%） 近鉄上本町駅・高の原駅（各4.6%）	阪急梅田駅（16.7%） 桂駅・河原町駅・烏丸駅（各12.5%） JR 向日町駅（12.5%）
鉄道沿線	大阪市営地下鉄御堂筋線（27.7%） 近鉄京都線（15.4%）・奈良線（10.8%）	阪急電鉄京都線（58.3%） JR 東海道本線（20.8%）

表5－9　電車通勤者の職場の所在地（市区町村表記の場合）

千　里	泉　北	トリヴェール和泉
大阪市北区　（23.5%） 中央区（17.6%） 豊中市（9.4%） 吹田市（8.2%）	大阪府堺市　（28.6%） 大阪市中央区（28.6%） 大阪市北区　（10.2%）	大阪市中央区（34.4%） 大阪府堺市　（15.6%） 大阪市北区　（6.3%）
須　磨	**西　神**	**三　田**
神戸市中央区（32.8%） 長田区（10.4%） 灘区　（9.0%）	神戸市中央区（31.6%） 大阪市北区　（8.9%）	大阪市北区　（24.7%） 兵庫県三田市（8.6%） 尼崎市（8.6%）
平　城	**洛　西**	
大阪市中央区（18.5%） 奈良県奈良市（12.3%） 大阪市北区　（9.2%）	京都市下京区（29.2%） 大阪市北区　（16.7%） 京都市中京区（12.5%） 京都府向日市（12.5%）	

表5-10　2004年調査時の車通勤者の通勤実態

ニュータウン（車通勤比率）	平均通勤時間	職場最寄り駅	沿　線	都道府県市区町村
千里（25.2%）	31.1分	【京阪電鉄】門真市（7.7%） 【阪急電鉄】南茨木（7.7%） 【北大阪急行】江坂（7.7%）	阪急京都本線（23.1%） 京阪本線・北大阪急行（各15.4%）	大阪府吹田市（23.1%） 茨木市（19.2%） 大阪市淀川区（11.5%）
泉北（41.5%）	42.2分	【泉北高速鉄道】泉ヶ丘（9.4%） 【南海電鉄】堺・北野田（各5.7%）	南海電鉄本線（22.6%） 泉北高速鉄道（18.9%）	大阪府堺市（47.2%） 大阪市中央区（7.2%）
トリヴェール和泉（36.8%）	35.0分	【泉北高速鉄道】和泉中央（9.4%） 【南海電鉄】石津川・高石（9.4%）	南海電鉄本線（31.3%） 泉北高速鉄道 JR 阪和線　（各21.9%）	大阪府堺市（28.1%） 和泉市（12.5%） 岸和田市・高石市（各9.4%）
須磨（31.7%）	39.3分	【神戸市営地下鉄】 西神中央・学園都市・名谷（各9.1%）	神戸市営地下鉄 西神線・山手線（50.0%）	神戸市中央区（27.3%） 西区（18.2%）・須磨区（13.6%）
西神（25.9%）	42.5分	【神戸市営地下鉄】 西神南・伊川谷（各10.0%）	神戸市営地下鉄 西神線・山手線（35.0%）	神戸市西区（30.0%） 兵庫県明石市（20.0%）
三田（29.0%）	39.6分	【JR】三田（20.0%） 新三田・大阪（各8.0%）	JR 宝塚線（40.0%） 神戸電鉄（8.0%）	兵庫県三田市（36.0%） 大阪市北区・伊丹市（8.0%）
平城（35.0%）	36.7分	【近鉄】 近鉄奈良・高の原（各13.8%）・平城（6.9%） 【JR】木津（6.9%）	近鉄奈良線（31.0%） 京都線（27.6%） JR 関西本線（10.3%）	奈良市（44.8%） 京都府木津町（10.3%） 奈良県生駒市（6.9%）
洛西（46.0%）	22.0分	【JR】西大路・向日町（各11.1%） 【阪急】西院（11.1%）・桂（7.4%）	阪急京都本線（37.0%） JR 東海道本線（33.3%）	京都市西京区（18.5%） 京都市南区・向日市（14.8%）

3　入居当時の職場所在地
——どこに勤めていた人がどのニュータウンを選んだのか

これまでは，調査時現在の通勤実態を整理してきたが，入居当時を回顧の上，回答してもらった通勤実態は，住居選択要因を考察する上ではきわめて重要なデータとなる。それは「どこに勤めていた人が，そのニュータウンを選択してきたか」を事実として把握することができるからである。

表5-11は，入居当時の通勤実態の特徴を明らかにするために，「最寄駅」情報をもとに職場所在地を，ニュータウン周辺・都心部（大阪中心部・神戸中心部・京都中心部）・北大阪地区・南大阪地区・東大阪地区・奈良地区・阪神地区・神戸市以西地区の地区区分を設定し，整理したものである。地区区分の詳

表5-11　入居当時の職場所在地（地区別集計）

	ニュータウン名称（まちびらき年）	職場の位置	%
大阪府	千里（1962年）	ニュータウン周辺	16.9
		北大阪地区（ニュータウン周辺を除く）	14.7
		大阪中心部	39.5
		その他	28.9
	泉北（1966年）	ニュータウン周辺	15.4
		大阪中心部	38.6
		南大阪地区（ニュータウン周辺を除く）	25.7
		その他	20.3
	トリヴェール和泉（1992年）	ニュータウン周辺	5.3
		大阪中心部	43.9
		南大阪地区（ニュータウン周辺を除く）	33.3
		その他	17.5
兵庫県	須磨（1967年）	ニュータウン周辺	8.1
		神戸市以西地区	2.9
		神戸中心部	61.0
		大阪中心部	5.9
		その他	22.1
	西神（1982年）	ニュータウン周辺	8.9
		神戸市以西地区	9.6
		神戸中心部	42.2
		大阪中心部	11.9
		その他	27.4
	三田（1981年）	ニュータウン周辺	11.1
		神戸中心部	2.6
		大阪中心部	32.7
		阪神地区	27.5
		北大阪地区	8.5
		その他	17.6
奈良県	平城（1972年）	ニュータウン周辺	5.5
		大阪中心部	34.4
		京都中心部	10.9
		奈良地区	21.0
		東大阪地区	5.4
		その他	22.8
京都府	洛西（1976年）	ニュータウン周辺	20.9
		京都中心部	44.0
		大阪中心部	4.4
		その他	30.7

注：

1．多くの企業（職場）が密集している大阪・神戸・京都の3つの中心部を都心部と位置づけ，以下のように定義した。

①大阪中心部…JR環状線上を含むその内部地域，②神戸中心部…三宮駅を中心とした半径5 km圏内，③京都中心部…京都駅を中心とした半径5 km圏内，④北大阪地区…大阪府豊中市・吹田市・池田市・箕面市・茨木市・摂津市，⑤東大阪地区…東大阪市・八尾市，⑥南大阪地区…大阪府堺市・和泉市・岸和田市・大阪狭山市・河内長野市・泉大津市・高石市・忠岡町，⑦奈良地区…奈良県奈良市・大和郡山市・生駒市・平群町，⑧阪神地区…兵庫県尼崎市・伊丹市・川西市・宝塚市・西宮市，⑨神戸市以西地区…兵庫県明石市・姫路市・加古川市・高砂市。

2.「ニュータウン周辺」は基本的にニュータウン内にある駅とする。洛西はニュータウン内に駅が存在しないため最寄駅をニュータウン周辺とみなした。
①千里：阪急千里線 北千里駅～南千里駅，北大阪急行 千里中央駅～桃山台駅，②泉北：泉北高速鉄道 泉ヶ丘駅～光明池駅，③須磨：神戸市営地下鉄西神線，名谷駅～学園都市駅，④西神：神戸市営地下鉄西神延伸線，西神南駅～西神中央駅，⑤三田：JR宝塚線 三田駅～新三田駅，神戸電鉄公園都市線 フラワータウン駅～ウッディタウン中央駅（三田ニュータウン地区内に存在するのは神戸電鉄の3駅であるが，JR三田・新三田駅を最寄駅とした人が多かったためニュータウン周辺に加えた），⑥トリヴェール和泉：泉北高速鉄道 和泉中央駅，⑦平城：近鉄京都線 高の原駅，⑧洛西：阪急京都線 桂駅～洛西口駅。

細は，表下の注を参照していただきたい。

千里ニュータウン入居者の職場の位置は，ニュータウン周辺地域から北大阪地区や大阪中心部にかけて密集して存在していることがわかる（71.1%）。大阪府内への通勤者が大半を占め，他府県への通勤者はわずか7.2%に過ぎない。

泉北ニュータウンでは，大きく大阪中心部（38.6%）と南大阪地区（25.7%）の2方面に通勤先が分かれていることが特徴的である。泉北ニュータウンと同一沿線上に位置するトリヴェール和泉では，泉北ニュータウンに比べて南大阪地区への通勤者が33.3%と多い傾向がみられた。また，ニュータウン周辺に職場がある人の割合は5.3%と非常に少ない。

須磨ニュータウンの特徴としては，神戸中心部（61.0%）に職場が密集していることがあげられる。大阪中心部への通勤者はわずか5.9%で，大阪駅周辺のみに集中していた。また，三宮駅（神戸市営地下鉄・JR・阪神電鉄を含む）を職場の最寄駅と答えた人が22.1%を占めていることも特徴的である。須磨ニュータウンと同一沿線上に位置する西神ニュータウンでは，須磨ニュータウンに比べて神戸中心部への通勤者が42.2%と少なく，大阪中心部（11.9%）や神戸市以西地区（9.6%）などといった比較的遠方への通勤が多い。大阪中心部に関しても，須磨ニュータウンのように大阪駅周辺のみに集中しているのではなく，大阪駅からさらに電車の乗継ぎが必要な場所への通勤がみられた。

三田ニュータウン入居者の職場の位置をみてみると，ニュータウンと同一県内にある神戸中心部への通勤がわずか2.6%と非常に少ない。また，大阪中心部に到るまでの（途中区間阪神地区）に職場のある人が27.5%と多く，大阪中心

図5-1　入居当時の職場所在地

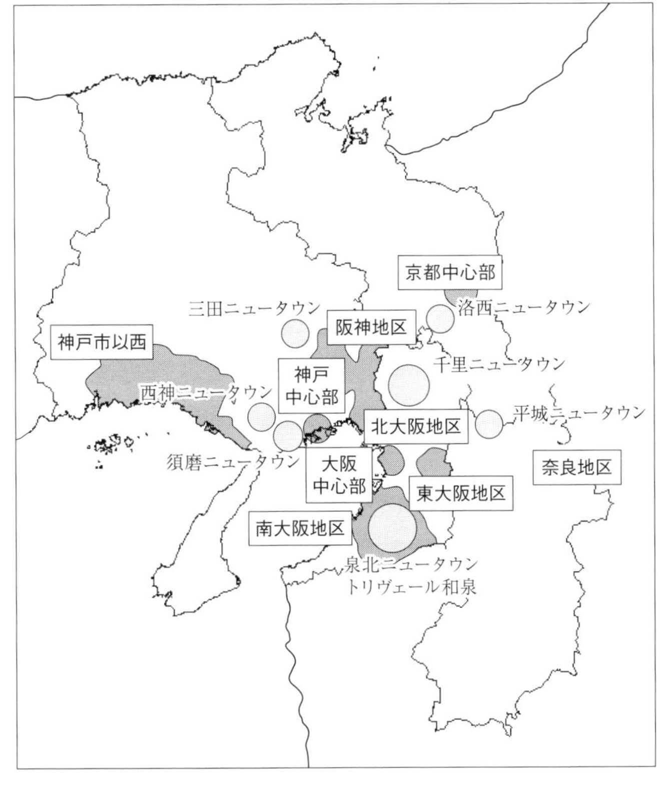

部への通勤者を含めると全体の60.2%にものぼる。

平城ニュータウンも三田ニュータウンと同じく，大阪中心部や大阪中心部に至るまでの途中区間（奈良地区）に職場のある人が21.0%と比較的多い。大阪中心部への通勤者を含めると55.4%と半数以上を占めている。京都方面への通勤者は10.9%で，京都駅周辺（京都中心部）に密集していた。奈良地区から京都中心部へかけての途中区間（京都府相楽郡木津町・加茂町など）に職場があると答えた人はわずか3.9%に過ぎなかった。

洛西ニュータウンでは，他のニュータウンと比較して職住近接傾向が顕著で，ニュータウン最寄駅である阪急桂駅を職場の最寄駅とした人が20.9%を占めて

表5-12　入居当時の職場所在地（鉄道沿線・最寄駅・市町村）

ニュータウン	鉄道沿線	職場最寄り駅	都道府県市区町村
千　里	大阪市営地下鉄御堂筋線（21.5%） 阪急電鉄千里線（16.4%） 京都線（14.1%）	梅田（大阪市営地下鉄・阪急・JR 大阪）（11.4%） 大阪市営地下鉄本町（7.3%） 阪急北千里（6.2%）	吹田市（19.4%） 大阪市北区 中央区（各17.8%）
泉　北	大阪市営地下鉄御堂筋線（17.8%） 泉北高速鉄道（16.2%）	泉北高速泉が丘（9.5%） 大阪市営地下鉄本町（6.6%）	堺市（37.0%） 大阪市中央区（22.0%）
トリヴェール	南海電鉄本線（21.9%） 大阪市営地下鉄御堂筋線（17.5%） JR 阪和線（9.6%）	南海電鉄なんば（6.1%） 大阪市営地下鉄御堂筋線淀屋橋（6.1%） 本町・泉北高速和泉中央（各5.3%）	大阪市中央区（25.0%） 堺市（16.4%） 和泉市（7.8%）
須　磨	JR 東海道本線（27.2%） 神戸市営地下鉄（西神・山手線）（24.2%）	三宮（JR・神戸市営地下鉄・阪神）（22.1%） JR 灘（8.1%）・神戸市営地下鉄名谷（6.6%）	神戸市中央区（32.1%） 兵庫区（12.9%）
西　神	神戸市営地下鉄（西神・山手線）（32.6%） JR 東海道本線（16.3%）	三宮（JR・神戸市営地下鉄・阪急）（17.8%） 神戸市営地下鉄西神中央（8.1%） 梅田（阪神・JR 大阪）（6.6%）	神戸市中央区（28.2%） 西区（10.6%） 大阪市北区（7.7%）
三　田	JR 宝塚線（42.5%） JR 東海道本線（22.2%） 大阪市営地下鉄御堂筋線（6.5%）	JR 大阪（15.0%） JR 新三田（5.9%）・JR 猪名寺（4.6%）	大阪市北区（17.2%） 尼崎市（12.1%） 三田市（11.5%）
平　城	近鉄奈良線（16.4%） 大阪市営地下鉄御堂筋線（15.6%）	近鉄奈良（7.8%） 近鉄高の原・京都（各5.5%）	奈良市（19.5%） 大阪市中央区（18.8%）
洛　西	阪急京都線60.4% JR 東海道本線17.6%	阪急桂（20.9%） 阪急西院（8.8%）・烏丸（6.6%）	京都市西京区（21.9%） 下京区（13.5%）

いたことが特徴的である。京都中心部への通勤が44.0%，ニュータウン全体では京都府内通勤が86.5%を占めていた。

こうした入居当時の職場所在地の地区別特徴は，鉄道沿線・職場最寄駅・市区町村として整理した表5-12でも，同様な傾向が示されている。やはりどのニュータウンにおいても，各ニュータウン最寄駅の鉄道沿線上に職場のある割合が高く，職場の最寄駅がニュータウンの最寄駅と同一である割合も比較的高いことが特徴として指摘できる。

入居当時の職場の位置における全体の傾向としては，ニュータウン入居者の約4割の職場が，各ニュータウンの最寄都心部にあったことである。また，他ニュータウンに比べて都心部から比較的遠い場所に位置している，郊外色の強い三田ニュータウンや平城ニュータウンでは，ニュータウンから都心部までの途中区間に職場が点在しているという特徴がみられた。さらに，同沿線上に位置するニュータウンを比較してみると，トリヴェール和泉では泉北に比べて南大阪地区への通勤が，また西神ニュータウンでは須磨ニュータウンに比べて神戸市以西地区への通勤者が増加傾向にあった。このことから，新しいニュータウンほど，従来のような「都心部通勤者のためのベッドタウン」としての性格が弱まり，通勤先にも多様性が増してきていると考えられる。

また特に注目される点としては，人々の住居選択にバブル経済（1986～1991年）という社会現象が大きな影響を与えていたという事実である。住宅分譲がバブル経済期に重なっていた西神ニュータウン（まちびらき:1982年）・三田ニュータウン（1981年）では，入居時の職場が他のニュータウンに比べ遠い傾向があることが理解できる。それは2004年時点の数字であるが，須磨・千里ニュータウンの平均通勤時間が，57.6分・54.8分であったのに対して，西神・三田ニュータウンが71.3分・77.2分であるという数字にも象徴的に示されている（表5－8参照）。実際の入居時の職場所在地に着目しても，西神ニュータウンの電車通勤者の11.9％が大阪中心部，そのうち6.6％がJR大阪駅に通勤していたことが示されている。地価の高騰などの影響により，勤務先の大阪都心部への利便性のよい場所に住居を構えることができなかった人が多かったと考えられる。つまり，バブル期には西神ニュータウンまでもが「大阪中心部への通勤者のためのベッドタウン」として機能していたといえるのである。

4　住居選択要因の経年変化――時代によって異なる要因

バブル時期（1986～1991年）に通勤先が遠くなっていた事実に象徴されるように，住居選択要因は，時代によって変化はあるのだろうか。表5－13は，入居時期別の「住居を選定する際に最も重要であった要因」を整理したものである。

まず，「通勤の便」に着目してみると，1960年代は他の年代に比べて入居者数は少ないものの，「通勤の便がよいこと」を最も重視した入居者が45.9％と約半数を占めていることから，通勤に関する考慮の度合いが非常に高かったこ

表5-13　入居時期別「住居を選定する際に最も重要であった要因」(%，(　) は実数)

	入居時期	1960年代 (37)	1970年代 (159)	1980年代 (259)	1990年代 (324)	2000年代 (122)
最も重要であったこと	通勤の便がよいこと	**45.9 (17)**	**22.0 (35)**	**21.6 (56)**	16.4 (53)	13.1 (16)
	子供の教育環境がよいこと	13.5 (5)	13.8 (22)	**16.2 (42)**	**23.1 (75)**	**24.6 (30)**
	公共交通機関までの近さ	5.4 (2)	11.3 (18)	13.9 (36)	15.1 (49)	18.0 (22)
	地域環境がよいこと	16.2 (6)	35.2 (56)	37.8 (98)	33.0 (107)	27.9 (34)
	実家との距離	8.1 (3)	5.7 (9)	5.0 (13)	6.2 (20)	9.8 (12)
	都心までの近さ	0.0 (0)	3.8 (6)	1.9 (5)	0.9 (3)	1.6 (2)
	商業施設の充実	0.0 (0)	2.5 (4)	0.4 (1)	2.5 (8)	4.1 (5)
	医療施設の充実	5.4 (2)	1.9 (3)	1.2 (3)	0.9 (3)	0.0 (0)
	公共的サービスの充実	0.0 (0)	0.0 (0)	0.4 (1)	1.2 (4)	0.8 (1)
	地域イメージ・ブランドがよいこと	5.4 (2)	3.8 (6)	1.5 (4)	0.6 (2)	0.0 (0)

とがわかる。しかし，それ以降はだんだん減少傾向にあり，2000年代には13.1%にまで減少している。バブル時期に通勤先を考えること以上に金銭的問題が重要であった影響は，全体的に傾向とはあまり関係ないことが読み取れる。その代わりに「公共交通機関（駅・バス停留所など）までの近さ」は若干ではあるが重視する比率が一貫して増加している。全体的に，「通勤」が住宅選択に与える影響力は弱まってきているといえるだろう。それに対して重視されるようになってきた要因は，「子供の教育環境（学区・校区など）がよいこと」である。1990年代以降のニュータウン入居者では，最も重視した比率で「通勤」を上回るようになっていった。またその傾向は2000年以降はより顕著となっている。1990年代の［1位「地域環境」33.0%，2位「教育」23.1%，3位「通勤」16.4%］という数字は，2000年代には，［1位「地域環境」27.9%，2位「教育」24.6%，3位「通勤」13.1%］となっている。

また，注目されるのは，「実家との距離」を最も重視した人の比率が一貫して増加してきていることであろう。そのことは，実家との距離を考慮したかという質問でも，近年になるほど比率が増加している事実にも示されている（考慮した人の比率：入居年1970年以前＝27.9%・1980年代＝40.9%・1990年代＝46.2%・200年代以降＝57.8%）。こうした事実は，共働き世帯の増加とともに，子育てサポートにおいて親の近居が重要性を増してきた現実も反映していると考えられ

る。[(11)]

以上本章では，「人はどのように住居を選択しているのか」という問題を考察してきた。多くの人は，「通勤の便」，「教育環境」，「地域環境」，「実家との距離」などさまざまな要因を考慮しながら，「経済的条件」が許す範囲で，「居住地」や「居住形態（一戸建て，分譲・賃貸マンション，公営・UR住宅等）」を選択してきたのであり，その選択要因は，その時代の社会・経済状況や本人の家族環境の実態に多くの影響を受けてきたのである。

注

(1) 上田篤（1973）「貧しき日本のすまい」『朝日新聞』1月3日（上田篤〔1985〕「庭付き一戸建ては夢か」上田篤『流民の都市とすまい』駸々堂，378-382頁に再録）。

(2) 建築学の領域としては，岸本幸臣（1979）「住宅選択における住居観の役割に関する研究」『大阪教育大学紀要』第Ⅱ部28（1）：19-34頁，梶浦恒男・平田陽子（1981）「民間分譲住宅居住者の住宅選択行動に関する研究」『大阪市立大学生活科学部紀要』29：219-229頁のように住宅選択行動に焦点が当てられてきた。

(3) 川口太郎（1997）「郊外世帯の住居移動に関する分析——埼玉県川越市における事例」『地理学評論』70A（2）：108-118頁，谷謙二（1997）「大都市圏郊外住民の住居経歴に関する分析——高蔵寺ニュータウン戸建住宅居住者の事例」『地理学評論』70A：263-286頁，中澤高志・川口太郎（2001）「東京大都市圏における地方出身世帯の住居移動——長野県出身世帯を事例に」『地理学評論』74A（12）：685-708頁，田口淳（2001）「北総線開業による千葉ニュータウン入居者の居住地移動と通勤行動の変容」『地理学評論』74A（6）：305-324頁，伊藤修一（2001）「千葉ニュータウン戸建住宅居住世帯の居住地選択——夫と妻の意思決定過程への関わり方を中心として」『地理学評論』74A（10）：585-598頁，若林芳樹（2004）「ライフステージからみた東京圏の働く女性と居住地選択」油井義通・神谷浩夫・若林芳樹・中澤高志編著『働く女性の都市空間』古今書院，76-89頁，中澤高志（2004）「東京都心三区で働く女性の居住地選択——住宅双六からライフスタイル居住へ」油井義通他，前掲書，118-136頁，その他地理学領域の研究としては，佐藤英人・荒井良雄（2003）「オフィスの郊外立地に伴う就業者の住居選択——大宮，幕張，横浜を事例として」『地理学評論』76（6）：450-471頁，大塚俊幸（2005）「豊橋市中心市街地におけるマンション供給と居住地選考」『地理学評論』78（4）：202-227頁などがある。

(4) Timms, Duncan（1971）*The Urban Mosaic: Towards a Theory of Residential Differentiation.* Cambridge University Press.

(5) 園部雅久（2008）『都市計画と都市社会学』上智大学出版，15-17頁。

(6) 松山調査のサンプリングは，回収分析標本数が200を下回らないこと，調査員となる社会調査実習参加者22名が面接調査できること等の要因を考慮し，22地点18標本，計369サンプルを抽出することに決定した。実際のサンプリング作業は1987年7月18日に松山市役所選挙管理委員会にて実習参加者12名によって実施された。サンプリングの概要は，松山市内60投票区から22地点18サンプルを確率比例抽出法によって抽出した。この時の松山市の有権者総数は30万5119人であった。松山調査の詳細については，大谷信介編『松山市民の住民意識とネットワーク』松山商科大学社会調査室，1988年３月，および，大谷信介（1995）『現代都市住民のパーソナル・ネットワーク――北米都市理論の日本的解読』ミネルヴァ書房，を参照されたい。

(7) 調査対象地の選定は，居住類型の原則をもとに，各市の市役所への聞き取り調査によって調査対象地を決定した。具体的な調査対象は次頁の表のとおりである。居住特性を生かすため，第Ⅰ類型，第Ⅱ類型のサンプリングでは，抽出されたサンプルが一戸建てであることを住宅地図で確認しながら標本抽出を行った。調査の詳細については，大谷信介（2001）「都市住民の居住類型別〈住みつき態度〉――４都市居住類型別調査西宮データの分析を中心として」『1998-2000年度関西学院大学共同研究（西宮に関する総合研究）報告書』関西学院大学西宮研究会，５-18頁，大谷信介（2000）「ボランタリーアソシエーションと居住類型別特性」越智昇編『都市化とボランタリーアソシエーションの実態に関する社会学的研究』平成10・11年度科学研究費補助金（基盤研究Ｂ・１）研究成果報告書，23-39頁，関西学院大学社会学部大谷研究室（2000）『都市住民の居住特性別パーソナル・ネットワーク――４都市居住類型別調査報告書』を参照されたい。

(8) 「友人・知人が近くにいること」という選択肢は，アメリカの都市社会学者フィッシャーの著作『友人のあいだで暮らす』を参考とした。Fischer, Claude S.（1982）*To Dwell Among Friends: Personal Networks in Town and City.* Chicago:

「４都市調査」の調査対象

都市	調査対象
西宮市（720）	第Ⅰ類型（180）：上甲東園（90）・夙川（90） 第Ⅱ類型（180）：北六甲台（90）・名塩南台（90） 第Ⅲ類型（180）：公団武庫川団地（60）・苦楽園ヒルズ３棟（60）・イトーピア西宮北口３棟（60） 第Ⅳ類型（180）：市営大社町Ｂ団地（60）・県営西宮樋ノ口高層鉄筋団地５棟（30）県営西宮北口高層団地３棟（60）・市営上ヶ原八番町団地（60）
松山市（720）	第Ⅰ類型（180）：岩崎町（90）・持田地区（90） 第Ⅱ類型（180）：グリーンヒルズ湯の山（90）・松山すみれ野団地（90） 第Ⅲ類型（180）：サーパス三津一番館（60）・ロータリー本町（30）・ライオンズガーデン姫原（30） サーパス土居田東／サーパス土居田西／サーパス土居田（60） 第Ⅳ類型（180）：市営山西団地（90）・県営溝辺団地（90）
八王子市（540）	第Ⅰ類型　：該当なし 第Ⅱ類型（180）：西武北野台団地（90）・宇津木台団地（90） 第Ⅲ類型（180）：初沢町（60）・エミネンス長池（60） 秀和第１八王子レジデンス／秀和第２八王子レジデンス（60） 第Ⅳ類型（180）：都営長沼第２アパート（60）・都営大和田７丁目アパート３棟（30）市営大和田団地６棟（30）・市営大和田台団地（30）・市営大谷団地（30）
武蔵野市（540）	第Ⅰ類型（180）：吉祥寺南町３丁目（90）・西久保１丁目（90） 第Ⅱ類型　：該当なし 第Ⅲ類型（180）：武蔵境ビューハイツ（30）・武蔵境スカイハイツ（30）・中町スカイハイツ（30） ライオンズガーデン三鷹（30）・井の頭第２パークサイドマンション（30）・吉祥寺ハイム（30） 第Ⅳ類型（180）：都営武蔵野２丁目アパート（120）・都営住宅２～５号棟（60）

The University of Chicago Press（松本康・前田尚子訳『友人のあいだで暮らす』未来社，2002年）.

(9) 配偶者データを追加したことで回答者本人のデータのみの場合に比べ，入居当時では本来ならば745人分（うち男583人・女162人）であるものが1145人分（うち男982人・女163人）へ，現在では551人分（うち男412人・女139人）であるものが844人分（うち男702人・女142人）へと増加した。通勤データの分析については，岩泉奈緒「ニュータウン住民の通勤実態――駅情報を用いたデータ分析の試み」日本都市社会学会第22回大会（於：大阪市立大学）報告レジュメ，2004年９月５日。

(10) 関西ニュータウン調査の通勤実態の分析については，岩泉奈緒（2005）『通勤の社会学的考察——日常生活行動としての通勤』(関西学院大学修士論文) 16-21, 35-40頁を参照されたい。

(11) 松川尚子は，関西ニュータウン調査のデータを使って，各ニュータウン居住者の親の居住地の詳細な分析を行い，次のような特徴を指摘している。

「NT 調査の分析によって，親が近畿内に居住している場合は，親の居住地までの所要時間が「小1時間」というニュータウンが多いことが明らかとなった。ニュータウンが立地している場所に影響される面はあるが，平均すると1時間程度で行ける範囲に親が居住地しているということである。さらに親の居住地を地図に描くと，「千里 NT は大阪北部」「泉北 NT は大阪南部に多く，和歌山などにも分布」「須磨 NT は神戸市を中心に神戸市以西にも」「平城 NT は奈良から大阪東部～北部にかけて」「洛西 NT はほぼ京都市・京都府内」「三田 NT はニュータウン周辺に加えて，ひろく阪神間に」「西神 NT は神戸市を中心に阪神間・神戸市以西にも」「和泉 NT は大阪南部」というニュータウンごとの特徴が明らかとなった」。

(松川尚子〔2019〕『〈近居〉の社会学——関西都市圏における親と子の居住実態』ミネルヴァ書房，168-169頁)。

第6章　住宅政策の背景となってきた統計調査データ

1　住宅政策の根拠となってきた政府統計

戦後日本の住宅政策は，どんな住宅統計やデータにもとづいて推進されてきたのであろうか。住宅政策に関する主要な政府統計としては，「国勢調査」，「住宅土地統計」，「住宅着工統計」という3つの基幹統計と，住宅政策の担当部局である国土交通省が実施する「住生活総合調査」，「空家実態調査」，「住宅市場動向調査」，「マンション総合調査」等の一般統計が実施されている。それらの概要については表6-1にまとめたが，その背景にある政府統計の考え方と特徴を大まかに整理してみると，次の2点が指摘できる。

第1点目は，政府の住宅政策が建設政策の一環として運営されてきたことを反映し，ストック重視・市場重視の観点から，それを証明する統計が基本的に実施されてきたという特徴である。「住宅着工統計」は，どれだけ住宅が着工されたかという統計であり，「住宅市場動向調査」も住宅建設にリフォーム（英語的にはリノベーションとすべきである）が加わった統計である。「住生活総合調査」では，住宅・住環境に対する評価が調査されるようになったが，ベースとなってきたのは住宅需要実態調査であった。また「空家実態調査」にしても，住宅ストックに重要な役割を果たす空家という視点から実態が把握されてきたものである。それらは，常に住宅ストックの量的確保が基調にあった統計と整理することが可能である。

第2に指摘できるのは，世帯ベースのデータが数多く存在し，建物ベースで全国の実態が把握できない統計となっているという特徴である。当初の政策目標が「一世帯一住宅」であったように世帯単位で住宅情報が集計されてきた。

住生活基本計画作成の基礎資料となってきた「住宅土地統計」は，基本的に国勢調査の調査区を抽出（約５分の１）した標本調査であり世帯ベースのデータである。すなわち，国勢調査で集計されている住宅の建て方の割合（一戸建て57.2%，長屋建て3.2%，共同住宅39.5%＝2005年全国）が「住宅に住む一般世帯」総数をベースに計算される世帯ベースの集計であるのと基本的に同じものである。建物ベースのデータとしては住宅着工統計が挙げられるが，それは新築建物の戸数に限られている。また空家実態調査も建物ベースの数字ではあるが，全国の数字ではなく３地点の限られた実態（全国で510事例）のみがわかる集計である。すなわち政府統計では，ある自治体に「共同住宅は何棟」，「一戸建ての空家は何棟」存在しているといった建物ベースの住宅実態は正確にはわからないのである。

住宅統計調査の見直しの必要性については，これまでも指摘されてきている。日本住宅会議のメンバーを中心とした「住宅新指標研究会」の以下の指摘は，その代表的なものである。

「住宅統計の目的は，住宅の現状を把握し，どこに問題があるかを明らかにすることですが，実は建設することによって住宅問題を解決しようという基本路線がありましたから，結局のところ，住宅統計の使われ方も，やはり建設需要がどれだけあるかというところにすべての結論を持っていこうとしていた」，「住宅行政が生活行政になれば，住宅統計は物的な統計ばかりではなくて，生活も含んだ統計になっていくだろう」，「住宅統計の利用は，あくまで自治体の住宅審議会の資料，あるいは自治体の住宅政策策定の必要上，大学に委託されたり，あるいは協力したりという関係に限られており」，「批判側に利用させない統計数字という実態があった」，「膨大な予算をつぎこんで実施をした調査ですから，納税者，国民のニーズというものをいかに反映しているか，あるいはいかに反映していないかを知る意味で情報をもっと公開すべきだと迫る必要がある」。

これらの主張は，1993年に出版された対談集『住居と政策の間』で指摘されていたものである[(1)]。しかし，そこで指摘されていた問題点は，その後の25年以

表6－1　住宅に関する政府統計

名　称	所　管	概　要
国勢調査 （基幹統計）	総務省 統計局	人口・世帯の実態を明らかにするため，1920（T9）年以来5年ごとに実施されている世帯単位の全数調査。住宅に関する項目は，世帯員数・住居の種類・住宅の建て方・住宅の床面積。
住宅・土地統計調査 （基幹統計）	総務省 統計局	住宅とそこに居住する世帯の居住状況，世帯の保有する土地等の実態を把握のため，1948（S23）年以来5年ごとに実施。調査は世帯主が記入する調査票と，調査員が記入する建物調査票によって実施されている。
住宅着工統計 （建築動態統計） （基幹統計）	国土交通省 総合政策局	建築物の建築の着工動向についての調査の中で住宅部分について集計したもので，建築主の届出をもとに毎月の新築件数等がわかる。住宅建設のフローに関する基礎的データで，住宅投資の動きを見るための代表的な指標となる。
住生活総合調査 （一般統計）	国土交通省 住宅局	住宅・住環境に対する評価，住宅改善計画や住み替えの実態等の把握を目的。2003（H15）年までは「住宅需要実態調査」という名称で5年ごとに実施していたが，2008年から住宅・土地統計調査との関係を整理し名称を改めた世帯調査。
空家実態調査 （一般統計）	国土交通省 住宅局	既存の住宅ストックとして重要な役割を果たす空家の実態を把握することを目的として，1980（S55）年度よりほぼ5年ごとに実施されている。「住宅土地統計調査」で外観からでは判断できない空家の実態が把握される。
マンション総合調査 （一般統計）	国土交通省 住宅局	マンション管理に関し基礎的な資料を得ることを目的として，約5年に一度実施している。管理組合向け調査と区分所有者向け調査の2種類がある。
住宅市場動向調査 （一般統計）	国土交通省 住宅局	住宅の種類（注文住宅・分譲住宅・中古住宅・民間賃貸住宅・リフォーム住宅）ごとに，住宅の建設，購入，リフォーム等の実態や資金調達方法等を把握する調査で，2001年より毎年実施している。

上経た現在でもまったく変わっておらず，住宅統計が，現在でも全く同じ構造であるという事実は，注目すべき点であろう。

2　国勢調査データによって把握できる住宅事情

表6－2・6－3は，国勢調査の「住宅の建て方」から世帯数の推移を全国と西宮市分を整理したものである。図書館にある文書データと総務省統計局の

表 6－2　全国の住宅の建て方別一般世帯数の推移　　(単位＝万)

年	総世帯数	一戸建て	長屋建て	共同住宅	その他
1980	3,401 (100%)	2,203 (64.8)	313 (9.2)	**871** **(25.6)**	14 (0.4)
1985	3,664 (100%)	2,344 (64.0)	278 (7.6)	1,033 (28.2)	10 (0.3)
1990	3,932 (100%)	2,433 (61.9)	228 (5.8)	1,261 (32.1)	10 (0.3)
1995	4,261 (100%)	2,534 (59.5)	207 (4.9)	1,513 (35.5)	8 (0.2)
2000	4,569 (100%)	2,675 (58.5)	172 (3.8)	1,711 (37.4)	11 (0.2)
2005	4,817 (100%)	2,753 (57.2)	154 (3.2)	**1,901** **(39.5)**	8 (0.2)

表 6－3　西宮市の住宅の建て方別一般世帯数の推移

年	総世帯数	一戸建て	長屋建て	共同住宅	その他
1980	128,637 (100%)	49,912 (38.8)	15,431 (12.0)	**62,659** **(48.7)**	635 (0.5)
1985	137,400 (100%)	52,103 (37.9)	13,258 (9.6)	71,665 (52.2)	374 (0.3)
1990	147,017 (100%)	54,126 (36.8)	11,018 (7.5)	81,463 (55.4)	410 (0.3)
1995	140,708 (100%)	46,264 (32.9)	11,267 (8.0)	83,025 (59.0)	242 (0.2)
2000	170,022 (100%)	59,391 (34.9)	5,654 (3.3)	104,533 (61.5)	444 (0.3)
2005	185,351 (100%)	64,437 (34.8)	5,214 (2.8)	**115,318** **(62.2)**	382 (0.2)

ホームページの双方を利用して1980～2005年の５年ごとの総世帯数と各建て方の世帯数を調べ，それを時系列に並べて１つの表にまとめて作成したものである。この質問自体が1980年から始まったため，これ以前のデータは存在しない。この表を見ると，1980年に全国で25.6%（西宮＝48.7%）だった共同住宅率がわずか25年後の2005年には39.5%（62.2%）にまで増えていることがわかる。(2) こうした共同住宅に住む国民が増えているという事実は，日本の住宅事情の変

化を捉える上で基本的なデータといえるだろう。

この表で注目されるのは，「長屋建て」というカテゴリーである。総務省統計局によると，「長屋建て」の定義は「二つ以上の住宅を一棟に建て連ねたもので，各住宅が壁を共通にし，それぞれ別々に外部への出入口をもっているもの」となっている。また，共同住宅の定義は「棟の中に二つ以上の住宅があるもので，廊下・階段などを共用しているものや二つ以上の住宅を重ねて建てたもの」ときわめて似通った定義となっている。

このような定義で果たして，正確に「長屋建て」の実態が測定できているのだろうか。この問題を検証するために，私の研究室で次のような調査を実施した。2005年国勢調査で，西宮市で最も長屋建て世帯数の多かった上田中町の長屋建て住宅の24世帯を対象に，国勢調査の「住宅の建て方」項目に対してどのような回答をしたかの住民への聞き取り調査を行ったのである。その結果，24世帯中，「一戸建て」と回答したのが12世帯，「長屋建て」と回答したのが11世帯，その他の回答が１件であった。一戸建てと回答した住宅は，長屋建ての定義にあてはまるが，外見は一戸建てに近い印象を受ける住宅であった。その他の回答であった１件は，長屋建てでもあるし一戸建てでもあるということで回答を迷った世帯であった。この聞き取り調査にも象徴されるように，「長屋建て」というカテゴライズに多くの住民が迷う実態が存在していることが判明したのである(3)。国勢調査の集計では基本的に自己申告が重視されることを鑑みるならば，この結果は，「長屋建て」の数字がきわめて信憑性に欠けるということを意味しているといえよう。また，「長屋建て」の数字がきわめて少ない現実も考慮するならば，今後の国勢調査では，「住宅の建て方の項目」における「長屋建て」区分は廃止するべきと考えられる。

表６-４は全国の市町村について，人口階級別の共同住宅率の平均と，その階級内の共同住宅率上位５市町村を示したものである。人口100万以上の自治体の平均共同住宅率は63.7%であり，50-100万の自治体＝45.7%，30-50万＝41.7%，20-30万＝38.9%，10-20万＝35.8%，５-10万＝26.1%，３-５万＝18.8%，１-３万＝12.9%，１万未満＝7.2%と，人口規模が上がるにつれて共

表6－4　人口階級別の共同住宅率と上位5市町村（2005年）

人口階級（市町村数）	共同住宅率（%）	共同住宅率上位5市町村（%）
100万以上（12）	63.7	福岡県福岡市（72.8）神奈川県川崎市（70.5）東京23区（69.8）大阪府大阪市（67.3）北海道札幌市（62.2）
50万-100万未満（14）	45.7	千葉県千葉市（56.8）千葉県船橋市（53.9）神奈川県相模原市（53.6）東京都八王子市（53.5）熊本県熊本市（50.1）
30万-50万未満（44）	41.7	大阪府吹田市（71.6）沖縄県那覇市（69.6）兵庫県西宮市（62.2）大阪府豊中市（61.9）千葉県市川市（61.1）
20万-30万未満（40）	38.9	東京都調布市（70.2）東京都府中市（64.0）大阪府茨木市（58.5）神奈川県大和市（55.9）埼玉県草加市（50.9）
10万-20万未満（142）	35.8	東京都多摩市（77.1）千葉県浦安市（76.1）埼玉県戸田市（72.1）東京都武蔵野市（69.9）沖縄県浦添市（67.4）
5万-10万未満（253）	26.1	埼玉県和光市（74.7）東京都国立市（66.0）兵庫県芦屋市（66.0）東京都稲城市（65.7）東京都狛江市（65.7）
3万-5万未満（268）	18.8	愛知県長久手町（62.4）石川県野々市町（56.8）福岡県粕屋町（53.6）愛知県岩倉市（50.8）静岡県熱海市（49.8）
1万-3万未満（657）	12.9	大阪府島本町（56.7）香川県宇多津町（56.0）沖縄県与那原町（50.8）沖縄県北谷町（49.5）山梨県玉穂町（48.9）
1万未満（787）	7.2	東京都小笠原村（65.3）東京都青ヶ島村（41.4）北海道歌志内市（40.2）山梨県忍野村（36.5）大阪府田尻町（36.0）

同住宅率も上がるという明確な傾向が存在していることが理解できる。全国の共同住宅率第1位は，東京都多摩市の77.1%で，同市の人口は14万5877人である。2位以下を見ると，全国の共同住宅率上位5位のうち，人口100万人以上の市町村が見られるのは4位の福岡市のみであった。このことから，自治体人口規模にかかわらず，東京・大阪に隣接する人口20万人以下の市が上位を独占していることがわかる。また西宮市は人口46万5337人（2005年）で，共同住宅率は62.2%である。西宮市と同じ人口40万人台の全国18市町村の共同住宅率の平均値が47.3%であることを考えると，西宮市は人口規模のわりに共同住宅に住む世帯が多い都市だといえる。このように，表6－4は，日本の住宅事情のいろいろな側面を描写することができる有益な表といえるだろう。しかしこうした有益な表は，簡単には入手できるものではないことを知っておく必要があ

る。この表を作成するにあたっては，2005年の国勢調査データを用いて全国2217市町村（東京都23区を１市と数える）分の人口・居住形態・共同住宅率などの膨大なデータを，すべて手作業で入力し，それを再構成する作業が必要であったのである。

表６-５　西宮市の共同住宅の階数別世帯比率

都市名	共同住宅					
	総世帯数	１・２階	３～５階	６～10階	11～14階	15階～
西宮市	115,318 (100%)	11,301 (9.8)	53,508 (46.4)	29,867 (25.9)	13,492 (11.7)	7,265 (6.3)

表６-５は，2005年の西宮市の共同住宅の階数別の世帯数を表したものである。つまり，西宮市の共同住宅の総数（＝115,318）を100として，階数別世帯数の実数を比率に置き換えたものである。この表から，西宮市では３～５階建ての共同住宅が最も多い等の事実が判明する。この数字も，図書館で閲覧できる文書データでは集計されていない数字である。

表６-６　大阪市・京都市・神戸市の共同住宅の階数別世帯比率

都市名	共同住宅率（%）	共同住宅					
		総世帯数	１・２階建	３～５階	６～10階	11～14階	15階以上
大阪府 大阪市	67.3	799,138 (100%)	55,141 (6.9)	242,139 (30.3)	**262,916 (32.9)**	179,806 (22.5)	58,337 (7.3)
京都府 京都市	47.4	299,485 (100%)	46,121 (15.4)	**144,052 (48.1)**	76,369 (25.5)	32,045 (10.7)	1,497 (0.5)
兵庫県 神戸市	60.2	379,465 (100%)	33,393 (8.8)	**165,447 (43.6)**	92,210 (24.3)	66,786 (17.6)	21,250 (5.6)

表６-６は，西宮市の階数別世帯比率を作成した集計方法を用いて，近畿の主要３都市における階数別世帯比率を集計したものである。大阪市は６～10階建て，京都市と神戸市では３～５階建てが最も多くなっている。６階以上の高層の共同住宅の割合を見てみると，大阪市が62.7%で，京都の36.7%，神戸市の47.5%と比べて，圧倒的に高層の比率が高いことが理解できる。それに対して京都市は，６階未満の割合が63.5%で，３都市の中でも低層の共同住宅が多

表6－7　県庁所在都市の共同住宅持家率と一戸建て持家率

都市名	共同住宅率	共同住宅持家率	一戸建て持家率
北海道札幌市	62.2	24.4	93.0
青森県青森市	29.3	5.1	92.7
岩手県盛岡市	43.0	10.5	90.7
宮城県仙台市	56.4	19.7	90.3
秋田県秋田市	30.2	7.4	92.3
山形県山形市	34.8	8.2	90.3
福島県福島市	32.8	7.8	89.8
茨城県水戸市	38.9	8.3	89.3
栃木県宇都宮市	38.9	9.2	89.9
群馬県前橋市	29.5	6.3	91.5
埼玉県さいたま市	49.5	31.9	94.1
千葉県千葉市	56.8	35.4	93.8
東京都23区	69.8	27.9	93.7
神奈川県横浜市	58.4	38.6	94.5
新潟県新潟市	31.7	13.6	93.3
富山県富山市	26.2	9.1	96.4
石川県金沢市	40.1	8.8	93.3
福井県福井市	29.0	9.2	91.9
山梨県甲府市	38.0	6.2	88.7
長野県長野市	29.8	7.5	90.4
岐阜県岐阜市	32.7	11.5	92.9
静岡県静岡市	37.7	12.1	94.0
愛知県名古屋市	61.6	23.0	94.7
三重県津市	31.8	7.2	93.5

都市名	共同住宅率	共同住宅持家率	一戸建て持家率
滋賀県大津市	33.9	29.6	95.6
京都府京都市	47.4	20.0	91.4
大阪府大阪市	67.3	22.6	94.0
兵庫県神戸市	60.2	34.7	95.8
奈良県奈良市	40.7	30.5	95.0
和歌山県和歌山市	26.0	11.7	95.7
鳥取県鳥取市	30.0	6.0	93.4
島根県松江市	34.1	9.8	93.0
岡山県岡山市	39.5	12.2	88.8
広島県広島市	51.9	24.0	89.7
山口県山口市	35.0	6.9	92.3
徳島県徳島市	41.5	9.6	94.6
香川県高松市	39.7	19.0	89.5
愛媛県松山市	40.1	11.0	86.4
高知県高知市	41.7	12.2	87.4
福岡県福岡市	72.8	21.6	89.0
佐賀県佐賀市	36.8	10.7	85.9
長崎県長崎市	41.9	17.9	90.3
熊本県熊本市	50.1	14.6	86.5
大分県大分市	44.6	15.6	89.3
宮崎県宮崎市	44.3	10.7	89.2
鹿児島県鹿児島市	44.9	13.1	87.5
沖縄県那覇市	69.6	20.3	92.7

いことが示されている。この数字は，京都に数多くある歴史的建物の存在により街並みの景観を壊さないよう，建物の高さに関する規制が厳しいことが影響していることを数字として実証しているものである（京都市の高さ規制についての詳細は，第9章2節を参照されたい）。

表6－7は，47県庁所在地の共同住宅と一戸建てそれぞれの持家率を示したものである。共同住宅持家率が最も高いのは，横浜市の38.6％であり，続いて千葉市（35.4％），神戸市（34.7％），さいたま市（31.9％），奈良市（30.5％）と続いている。それらは，いずれも大都市近郊のベッドタウンであり，都心部ではそれらより低い数字を示している（東京23区27.9％・大阪市22.6％）。一方共同住宅持家率が最も低いのは，鳥取市の6％であり，甲府市（6.2％），前橋市

(6.3%）と続いている。地方都市の共同住宅持家率は，おおむね10%前後であり，地方都市のほとんどのマンションは借家であるとみなせる数字であるといえるだろう。

以上のように，国勢調査データを再入力することによって興味深い共同住宅の実態を知ることが可能となる。しかしこの作業は，とてつもない時間と労力をかけて入力することによって初めて可能となるのである。また，国勢調査の限定された住宅関連調査項目を鑑みるならば，ここで示したファインディングス以上の分析はほとんどできないというのが現状である。また前節でも指摘したように，これらの数字がすべて世帯ベースの数字で，建物ベースの数字でない点も指摘しておく必要があるだろう。この点については，第7章を参照されたい。

3　地方自治体レベルでの住宅政策と都市計画

（1）都市計画の体系と用途地域制

政府の市場を重視した住宅政策は，全国の市町村の住宅環境にどのような影響を与え，どのような住宅問題が出現してきたのだろうか。また，市町村の住宅政策に対して政府の政策や住宅に関する統計調査はどのような影響を与えたのだろうか。ここでは，西宮市の事例をもとに考察してみよう。

地方自治体レベルでの住宅政策を考察するためには，都市計画の体系と土地利用計画について理解することが肝要である。日本の都市計画法では，都市計画とは「都市の健全な発展と秩序ある整備を図るための土地利用，都市施設の整備及び市街地開発事業に関する計画」と定められている。このうち土地利用に関わるものが，「市街化区域・市街化調整区域に関する都市計画」と「地域地区に関する都市計画」である。市街化区域は，すでに市街地を形成している区域およびおおむね10年以内に優先的かつ計画的に市街化を図るべき区域であり，用途地域を定め，道路・下水道・公園などの都市施設の整備を行うこととしている。市街化調整区域は，市街化を抑制すべき地域である。これらの土地

図6－1　建ぺい率と容積率

◎建ぺい率と容積率

建ぺい率
＝建築面積／敷地面積

建築面積：建物の外壁やこれに代わる柱に囲まれた部分の面積

＊右図の場合の建ぺい率
＝72÷240
＝30％

72m²
敷地
240m²

容積率
＝延べ面積／敷地面積

延べ面積：建物の各階の床面積の合計

＊右図の場合の容積率
＝（72+60）÷240
＝132÷240
＝55％

60m²
72m²
敷地
240m²

◎同じ容積率でも・・・

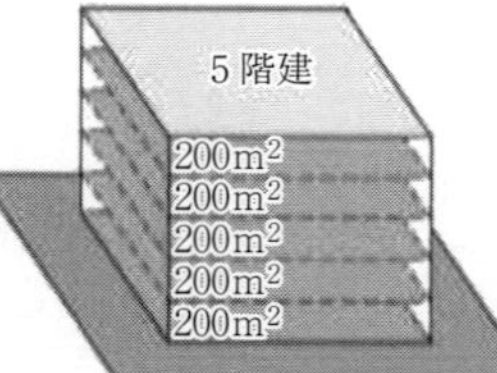

敷地面積：500m²
建築面積：300m²（建ぺい率60％）
延べ面積：1,000m²（容積率200％）

5階建
200m²
200m²
200m²
200m²
200m²

敷地面積：500m²
建築面積：200m²（建ぺい率40％）
延べ面積：1,000m²（容積率200％）

ここにある3つの建物は，どれも同じ敷地に建つ同じ容積率の建物。それなのに，建物の形はこんなに違います。
建ぺい率60％・容積率200％が指定された市街地では，どの形の建物も建てられます。

10階建
100m²
100m²
100m²
100m²
100m²
100m²
100m²
100m²
100m²
100m²

敷地面積：500m²
建築面積：100m²（建ぺい率20％）
延べ面積：1,000m²（容積率200％）

出所：国土交通省ホームページ「建物はどのようなルールに従って建てられているのですか？」

利用を実現する手段として，開発許可制度と地域地区制が存在しているのである。後者は，都市計画法８条で地域地区の種類が列挙されており，地域地区内における建築物その他の工作物に関する制限は，都市計画法に定めるもののほか，建築基準法等で定めることになっている。建築基準法は，建築に関する基本法であり，建築物の耐震性・安全性・保健性等確保のための「単体規制」と土地利用上の制限等の「集団規制」で構成されている(4)。

都市計画法では，基本的用途地域として第一種住居専用地域・第二種住居専用地域・住居地域・近隣商業地域・商業地域・準工業地域・工業地域・工業専用地域の８種類があげられ，容積率・建ぺい率・斜線制限・高さ制限・敷地境界からの壁面後退等の規制が，それぞれの地域ごとに定められている(5)。図６-１は，国土交通省のホームページで「建ぺい率と容積率」を簡単に説明したリーフレットにある図である(6)。また，表６-８は，用途地域内の建物用途制限を表したものである。この表は古い地域区分ではあるが，それぞれの地域に建設することの可能な都市施設が示されており，用途地域制の意味合いがよく理解できる表となっている。

すなわち，用途地域制とは，同じ地域の中に住居や商業・工業的建築物等が混在しないように土地の用途別に地域を指定したものであり，私人による土地利用を規制し，これによって土地利用計画の定めた目標を実現させようとする法的手段である。この制度は，市町村で最も一般的に実施されている都市計画といえるだろう。

（2）西宮市における用途地域制と住宅政策

西宮市は京阪神地区でとても人気の高い住宅地のひとつである。西宮市は1995年の阪神大震災の影響から42万の人口が一時39万人まで減少した。それに対して西宮市は，市営住宅の建設とともに，民間に対しても「戸あたり最低敷地面積規制」等の規制緩和を実施した。その結果，民間マンションの建設ラッシュが起きるとともに共同住宅比率は高くなっていった。2005年時点の世帯ベースの共同住宅率は62.2％（一戸建て34.8％）で，関西では吹田・芦屋市に次

表6－8　用途地域内の建物用途制限

分類	建物の用途＼用途地域	第一種住居専用地域	第二種住居専用地域	住居地域	近隣商業地域	商業地域	準工業地域	工業地域	工業専用地域
居住用	住宅，共同住宅，寄宿舎，下宿	○	○	○	○	○	○	○	×
文　教	小学校，中学校，高等学校	○	○	○	○	○	○	×	×
	大学，高等専門学校	×	○	○	○	○	○	×	×
	自動車教習所	×	×	○	○	○	○	○	○
	図書館	○	○	○	○	○	○	○	×
宗　教	神社，寺院，教会	○	○	○	○	○	○	○	○
医　療 福祉等	診療所，老人ホーム，保育所，一般公衆浴場	○	○	○	○	○	○	○	○
	病院	×	○	○	○	○	○	×	×
商業用	劇場，映画館，演芸場，観覧場	×	×	×	×	○	○	×	×
	ホテル，旅館，モーテル	×	×	○	○	○	○	×	×
	店舗　住宅附属の小規模なもの	○	○	○	○	○	○	○	×
	店舗　一般の店舗，飲食店	×	△	○	○	○	○	○	×
	事務所　住宅附属の小規模なもの	○	○	○	○	○	○	○	×
	事務所　一般の事務所	×	△	○	○	○	○	○	○
	風俗営業　待合，料理店，キャバレー，バー等	×	×	×	×	○	○	×	×
	風俗営業　マージャン屋，パチンコ屋，射的場等	×	×	△	○	○	○	○	×
	風俗営業　個室付浴場（トルコ風呂等）	×	×	×	×	○	○	×	×
	車庫　50m² 以下のもの	×	○	○	○	○	○	○	○
	車庫　50m² をこえるもの	×	×	×	○	○	○	○	○
	倉庫業を営む倉庫	×	×	×	○	○	○	○	○
レジャー施設等	ボーリング場，スケート場，水泳場	×	×	○	○	○	○	○	×
工　場	パン屋，米屋，豆腐屋，菓子屋等の食品製造加工業で作業場が50m² 以下のもの	×	○	○	○	○	○	○	○
	作業場が50m² 以下で，危険性や環境悪化のおそれが極めて少ないもの	×	×	○	○	○	○	○	○
	作業場が150m² 以下で，危険性や環境悪化のおそれが少ないもの	×	×	×	○	○	○	○	○
	危険性や環境悪化のおそれがややあるもの	×	×	×	×	×	○	○	○
	危険性や環境悪化のおそれがあるもの	×	×	×	×	×	×	○	○
卸売市場等	卸売市場，と畜場，火葬場，汚物処理場，ごみ焼却場等	原則的には都市計画で位置の指定をうけなければならない							

注：○＝建ててよいもの，×＝建てられないもの，△＝３階以上に設けるもの・1500平方メートル以上は建てられない。

出所：堀内亨一（1978）『都市計画と用途地域制』西川書店，21頁。

いで高い比率を占めている。その後，福利厚生の見直しによる大企業の社宅跡地，相続税対策による豪邸売却，酒造メーカーの所有地売却といったまとまった土地が出るたびに，民間デベロッパーによってマンション開発が進められてきた。特に人気校区でのマンション建設は，市場原理からしても盛んに推進されてきたのが実態である。[(7)]

こうした状況下で，西宮市はどのような住宅政策をしてきたのだろうか。表6－9は，西宮市の用途地域制の概要と西宮市全体の面積に占めるそれぞれの地域の割合を示したものである。[(8)]基本的に12種類の地域ごとに，具体的な規制が設定されている。たとえば第1種低層住居専用地域では，建ぺい率40％，容積率100％，高さ10メートル以下の建物までと決められ，該当する地域は西宮市の22.8％である。最も面積比率が多いのは，第1種中高層住居専用地域の31.2％であり，この地域は，中高層住宅に係る良好な環境を保護するため定める地域で，病院，大学のほか，500平方メートルまでのお店などを建てることができる地域とされている。

西宮市では，用途地域のほか10の地域地区を設定し，そこに発生する建築行為に対し，地域地区の目標に沿うよう建築物の用途・形態等について規制・誘導するしくみを採用している。その代表的なものが，風致地区規制である。これは，2004年に「西宮市風致地区内における建築等の規制に関する条例」として施行されたものであり，風致地区内での建築物が新築・改築等される場合に，市長の許可を得なければならないと定められている。また人気校区での教室不足に対応して，2005年には「教育環境保全のための住宅開発に関する指導要綱」が施行されている。この要綱では，学校施設の状況により「受入困難地区」，「準受入困難地区」，「監視地区」，「予測地区」の4段階の指定が，教育委員会によって年に2回（4月と10月）行われている。「受入困難地区」と指定された校区では，事業者に対し「住宅開発の中止もしくは延期，計画の変更，又はその他必要と認める事項に係る協力を求めることができる」と決められている。しかし，こうした要綱を制定したにもかかわらず，2008年には，大社小学校区で「校区変更問題」が起こっている。[(9)]

表6－9　用途地域制の概要と西宮市の実態

<table>
<tr><th>用途地域</th><th>概　要</th><th>建ぺい率</th><th>容積率</th><th>西宮市に占める面積の割合と面積</th></tr>
<tr><td>第1種低層住居専用地域</td><td rowspan="2">低層住宅に係る良好な住居の環境を保護するため定める地域。第1種は10m，第2種には12mの高さ制限がある。第1種には飲食店・病院・大学などの人の集まる施設の建築が制限されているので，雰囲気の落ち着いた閑静な住宅街が形成される。第2種になると，制限が緩まり2，3階建ての賃貸住宅も建てられるようになる。</td><td>40%</td><td>100%</td><td>22.8%
(1189ha)</td></tr>
<tr><td>第2種低層住居専用地域</td><td>60%</td><td>150%</td><td>1.9%
(98ha)</td></tr>
<tr><td>第1種中高層住居専用地域</td><td rowspan="2">中高層住宅に係る良好な環境を保護するため定める地域。
第1種には店舗のほか，中規模な公共施設，病院・大学なども建てることができる。中でも店舗や中高層マンションが立ち並ぶことが多い地域である。また第2種では，事務所や小さめの飲食店やスーパーなど（床面積1500m^{2}以内）の建設が可能となる。</td><td rowspan="2">60%</td><td>150/200%</td><td>31.2%
(1628ha)</td></tr>
<tr><td>第2種中高層住居専用地域</td><td>200%</td><td>6.2%
(324ha)</td></tr>
<tr><td>第1種住居地域</td><td rowspan="2">住居の環境を保護するため定める地域。第1種は交通量が多い地域に対して指定されており，ファミリーレストランや薬局など不特定多数の人が集まる建物の建設が可能である。また第2種は，カラオケやパチンコ屋などの建築が可能となるので，夜になっても賑やかな街並みが形成される。</td><td rowspan="3">60%</td><td>200/300%</td><td>11.8%
(618ha)</td></tr>
<tr><td>第2種住居地域</td><td rowspan="2">200%</td><td>4.5%
(233ha)</td></tr>
<tr><td>準住居地域</td><td>道路の沿道としての地域の特性にふさわしい業務の利便の増進を図りつつ，これと調和した住居の環境を保護するため定める地域。大きな道路の沿道に指定され，自動車車庫や自動車修理工場などの建設が認められる。</td><td>0.8%
(40ha)</td></tr>
<tr><td>近隣商業地域</td><td>近隣の住宅地の住民に対する日用品の供給を行うことを主たる内容とする商業その他の業務の利便を増進するため定める地域。容積率などの規制が緩いので，ショッピングモールやタワーマンションなど，人がたくさん集まる大きな施設が建つ。</td><td>80%</td><td>200/300/400%</td><td>5.0%
(267ha)</td></tr>
</table>

商業地域	主として商業その他の業務の利便を増進するため定める地域。 高さのある建物が立ち並ぶ，オフィス街やネオン街が形成される。	80%	400/500%	1.1% (57ha)
準工業地域	主として環境の悪化をもたらすおそれのない工業の利便を増進するため定める地域。 環境悪化の恐れのない酒造業の工場や，物流倉庫などが建てられる。	60%	200/300%	13.1% (685ha)
工業地域	主として工業の利便を増進するため定める地域である。ごみ焼却施設や製鉄工場などが建設可能であり，比較的人気が少ない。			1.7 (91ha)
工業専用地域	工業の利便を増進するため定める地域。 石油コンビナートなどの工場が立ち並ぶ，一般市民が立ち入ることの極めて少ない地域である。	—	—	0
全体		—	—	100% (5225ha)

「2008年西宮市大社校区変更問題」

2008年にこれまで大社小学校区の通学区域であった全12町のうち4町を他の小学校区（具体的には，大井手町・若松町・西田町が安井小学校区，室川町が平木小学校区）に変更するという問題。大社小学校は，西宮市の北部に位置し阪急夙川駅から徒歩15分程で，高台の閑静な住宅地の中にある人気の小学校。人気の小学校区ということで入居した住民も多く，平木小学校区が同和地区を含む小学校区として住民から広く認知されていたこともあり反対運動が活発化。西宮市の校区変更の必要性を説く3つの説明によると① 大社小学校の在籍児童数の急増，1995年阪神大震災時430人だった児童数は，2007年には706人となり，6学級増加。② 大社小学校は，第3種風致地区に指定されている満谷池風致地区に位置する。建ぺい率が40%以下のため，プレハブの校舎が建てられない。壁などを壊して教室を作るオープンスペースの方法をとってきたが限界である。③ 大社小学校通学区域は，2005年に「受入困難地区」と指定され，その後も指定期間が3年間延長された。校区変更は2007年5月に西宮市の教育委員会がPTAや校長，社会福祉局などを交えた児童教室不足検討会を開催して以降，同年8月まで計5回の討論によって決定するという強行日程で行われた。そして，同年10月から翌年1月までの間に計5回，校区変更について，地域住民への説明会が実施された。しかし，説明会の場だけでは地域住民の理解を得られなかった上，一方的に説明会を打ち切るなどをした結果，校区変更で子供を安井小学校・平木小学校に通わせることとなる地域に住んでいる家庭による反対運動が起きたのである。

西宮市の「校区変更問題」は直接的には教育行政の問題であるが，市場原理で開発されるマンション建設と密接に関連した問題であり，住宅政策の問題でもあるといえるだろう。また「用途地域制」による建築規制は，規制基準に合致さえすれば年少人口の増加に結び付くマンション建設は止められないという限界も存在するのである[10]。これらのことは，住宅問題が，都市局住宅課だけの問題だけでなく，学校教育課，景観まちづくり課，建築指導課にも関わる複合的な問題であることを示している。市役所が有効な住宅政策を考える場合には，縦割り行政の弊害を是正するとともに，市内の住宅実態を正確に把握したうえで，適切な住宅政策を立案することが必要といえるだろう。

こうした深刻な住宅問題を抱えている西宮市ではあるが，都市局住宅課を所管として「住宅マスタープラン」が2011年に発表されている[11]。それは，2006（平成18）年に国で制定された住生活基本法を受けて作成されたものであるが，そこで使われているデータは，「住宅土地統計」，「住生活総合調査」等の政府統計である。このマスタープランには，これまでの「校区変更問題」や今後のマンション規制のあり方等にはほとんど触れられていない。また，このマスタープランが今後の10年後の西宮市の住宅のあり方を示すものであるにもかかわらず，将来深刻な問題となってくるであろう「マンションに住む独居高齢者」や「空家の実態」等の問題については，ほとんど触れられない計画となっているのである[12]。

さらに注目されるのは，こうした「マスタープラン」の実態は，西宮市に限ったことではないという事実である。インターネットで，「市町村名」と「住宅マスタープラン」と入力して検索すると，ほぼどの市でも同じような「○○市住宅マスタープラン」が登場してくる。その説明文には，「国の住生活基本法を受けて，○○市でも平成○○年度を初年度として10年間の住宅政策の基本となる計画を作成した」と書かれ，○○市の住環境の現状分析には，どの市も決まって「住宅土地統計」，「住生活総合調査」の○○市分のデータが同じ文脈で使われているのが多くの市役所の実態といえるのである[13]。

本来市町村の住宅政策は，国とは異なり都市計画や景観条例等によって独自の建築規制が可能となるはずであり，市町村ごとの実情に合わせて多様性のある政策が立案されるべきものである。しかし実際には，どの市も似たような画一的な「マスタープラン」が作成されているのが実情である。統計行政の文脈から整理するなら，「住宅土地統計」，「住生活総合調査」等政府の「統計調査」は，住宅政策に関していえば，画一的な「住宅マスタープラン」を市町村に作成させる手段となってしまっているという側面が存在しているのである。

4 市役所における住宅に関するデータの実態

もちろんすべての地方自治体が画一的住宅政策を進めているわけではなく，自治体独自に実態調査を実施し，その分析によって将来の住宅政策を立案しようとしている自治体も存在する。高齢化が進展する中で空家問題が深刻化するとの懸念から独自の空家実態調査を実施した東京都北区や神奈川県横須賀市等はその好例と言えるだろう[14]。それらは，「住宅土地統計」等の「政府統計」だけでは実態把握ができない空家の建物ベースの実態を，地域の実情を加味して独自に調査を実施したものであり，今後の空家政策に対して他の地方自治体にも示唆に富むデータを提供していると評価できる[15]。

西宮市で有効な住宅政策が実践できてこなかった背景には，西宮市役所に住宅を建物ベースで網羅的に把握できるデータが存在していなかったという問題が大きく関係している。先に「政府統計では，市内に共同住宅が何棟あるかがわからない」という事実を述べたが，それは市役所のあらゆるデータを駆使しても同じように把握できない実態が存在しているのである。

表6-10は，西宮市役所に存在する共同住宅に関するデータを整理したものである。それらは，基本的に「日常業務データ」として存在しているものである。

「課税のためのデータ」である「課税台帳」は，固定資産税を徴収するためのデータであり，納税単位別に作成されている。すなわち，分譲マンションであれば区分所有者が，賃貸マンションであれば建物所有者が整理されることになるのである。「建築申請のためのデータ」についても，1971（昭和46）年以降に申請されたものが対象となる「建築計画概要書」であったり，6階以上100

表6-10　西宮市に存在する共同住宅関連データ

名称（所管）	概　要	調査/記載項目	備　考
課税台帳 （資産税グループ）	地方税法に基づき，税金を賦課するために作成されている	所在地番，所有者，所有者住所，建築年，構造，階数，課税面積	非公開。分譲と賃貸の区別は，区分登記の有無によっておおまかにできる
建築計画概要書 （建築調整グループ）	建築基準法による建築確認申請の際に必ず提出する。昭和46年4月1日以降に確認申請されたものが対象	建築主名，建築確認番号・確認年月日，所在地，位置図，配置図，構造，階数等	建物を特定したものについて申請書を提出すれば閲覧可能。分譲，賃貸の区別はなし
特殊建築物定期報告 （建築指導グループ）	共同住宅については，6階以上の床面積が100m^{2}以上あるものが報告対象	所在地，構造，階数，面積，所有者	申請すれば，概要書は誰でも閲覧可能。電子データ化はしていない
市営住宅のデータ （住宅管理グループ）	対象建物は市営住宅すべて	建設年度，名称，位置，棟数，戸数，構造，占有面積，入居戸数，付帯施設	個人情報に関わらない範囲で公開されている

平米以上の共同住宅が報告対象となっている「特殊建築物定期報告」であったりと報告義務がある書類が整理されているだけである。「市営住宅についてのデータ」も基本的に「入居手続き」，「建物の改修・改築」といった管理運営に関わる業務データが市役所に保管されているのが実態である。

このように基本的に「日常業務データ」が永続的に何の工夫もされないまま作成され続けてきたというのが多くの市役所の実態と位置づけられる。その結果，市役所には，「市内にマンションが何棟あるのか」という基本的な建物データすら存在していないのである。またこの実態は，市内の公営住宅に住みたいと思う市民に，兵庫県営住宅については神戸市の県庁に，UR都市機構の賃貸住宅のデータは大阪のUR事務所へと行かざるを得ない状況を作ってきたのである。このような市内の住宅に関する基本的な建物ベースのデータの不在が，過去に有効な建築規制や住宅政策を展開できなかった大きな原因とも考えられるのである。

注

(1) 横田清編著（1993）『住居と政策の間――対談で考える住宅問題』地方自治総合研究所，17-28頁。

(2) この表の作成方法は，（全国1990年の場合）……総務省統計局のホームページにアクセス→「統計データ」→「国勢調査」→「過去の調査結果」→「平成２年国勢調査」→「第一次基本集計」→「全国編」→「住宅の建て方」が入っている結果を選択→レイアウト設定：「住宅の建て方」を列１，「全国市部郡部」を行１に設定→表を表示する。共同住宅率とは，総世帯数に占める共同住宅に住む世帯数の比率である。

(3) 聞き取り調査の詳細については，関西学院大学社会学部大谷研究室（2011）『マンションの社会学――西宮マンション調査による実態把握』36-40頁を参照されたい。

(4) 堀内亨一（1978）『都市計画と用途地域制――東京におけるその沿革と展望』西川書店，９-31頁。

(5) 1970年の建築基準法の改正により，それまでの４用途地域（住居地域，商業地域，準工業地域，工業地域）２専用地区（住居専用地区，工業専用地区）制度から８用途地域（第１種住居専用地域，第２種住居専用地域，住居地域，近隣商業地域，商業地域，準工業地域，工業地域，工業専用地域）制度に改められ，1992年の法改正により，12種類の用途地域（第１種低層住居専用地域，第２種低層住居専用地域，第１種中高層住居専用地域，第２種中高層住居専用地域，第１種住居地域，第２種住居地域，準住居地域，近隣商業地域，商業地域，準工業地域，工業地域，工業専用地域）制度に改正された。さらに，2017年の法改正により田園住居地域が追加され，現在の13種類の用途地域制度に改正されている。

(6) 都市計画区域は約10.0万平方キロメートルで，国土面積（約37.8万平方キロメートル）の約26％に過ぎないが，そこに総人口の約93％に相当する約１億1875万人が住んでいる。建ぺい率・容積率の説明については，国土交通省市民景観まちづくりリーフレット⑥「建物はどのようなルールに従って建てられているのですか？」を参照。

(7) 関西学院大学社会学部大谷研究室（2009）『西宮アパート・マンション調査報告書――新たな社会調査手法への挑戦』。

(8) 『西宮市都市景観形成基本計画2007年改訂版』52頁をもとに作成した。表中の建ぺい率・容積率については西宮市の都市計画に則った数値であり，全国統一の数値ではない。

(9) 校区変更問題の詳細については，大谷信介編（2012）『マンションの社会学——住宅地図を活用した社会調査の試み』ミネルヴァ書房，104-111頁を参照されたい。

(10) 用途地域制だけでは，大型マンションの建築規制ができなかった事例としては，大社小学校区内城山地区で2005年に建設されたレジデンスコート夙川城山をあげることができる。このマンションは第1種低層住宅専用地域の高台に建てられた物件である。西宮市に提出された建築計画概要書では，建物の高さ9.93メートル〈地上3階，地下1階〉の建物として申請されている。しかし実際に行ってみると，真正面から見たら2階建てのように建てられているが，横から見ると地上4階建てのように建っているのが実態である。すなわち，高台の斜面の地形を利用し，正面から見た高さを申請することによって戸数の多い共同住宅を建てていたのである。城山ではこの事例と同じようなマンションが他にもあり，総戸数や世帯数を急増させた原因の1つであったといえる。しかし，このようなマンションが建てられたのは，建築基準法の改定が遅れていた点に問題があったと考えられる。これまで，地下の床面積はマンション全体の床面積の3分の1まで容積率に算入されない制度であったが，2004年に建築基準法が改正され，階数制限・地下床面積を地上部の2分の1にしなくてはならなくなったのである。そのため2003年に作成されたこの計画書は，法的に何ら問題ないのである。第1種低層住宅専用地域で高級住宅街に位置する城山に，戸数の多い共同住宅を建て，利益を出したいという企業側の思惑と，「高級住宅街に位置する城山に住みたい」という住民側の思惑が一致して，このような共同住宅の増加を生み出したといえるであろう。この事例については，建築計画概要書，実際に正面と側面から写した写真を含めて，関西学院大学社会学部大谷研究室（2011）前掲書，140-142頁に詳細にまとめられている。

(11) 西宮市（2011）『西宮市住宅マスタープラン——文教住宅都市にしのみやの住まいづくり』。

(12) 空家問題については，浅見泰司編（2014）『都市の空閑地・空き家を考える』プログレス。

(13) 住宅マスタープランに言及した研究としては，眞嶋次郎・住宅の地方性研究会編（2005）『地域からのすまいづくり——住宅マスタープランを超えて』ドメス出版がある。

(14) 東京都北区（2011）「空き家実態調査報告書」，横須賀市都市計画課（2009）「空き家実態調査研究報告」，横須賀市都市計画課（2011）「谷戸地域空き家等実態調査報告書」。

⒂　米山秀隆（2012）『空き家急増の真実――放置・倒壊・限界マンション化を防げ』日本経済新聞社，56-96頁。

第7章 「マンションデータベース」からわかる西宮の住宅事情

「西宮市に何棟のマンションがあるかのデータが，市役所に存在しない」という事実は，関西学院大学大谷研究室を中心として実施した「西宮マンション調査」を進める中で判明してきたことであった。この科研費基盤研究は，「公的名簿を利用しない新たな調査手法」の開発を目指した研究であり，調査の最大の特徴は，「ゼンリン住宅地図」を使ってサンプリングを実施し，西宮市民全体でなく「マンション居住者」を母集団とした標本調査を実施したことである。第7章と第8章では，その研究成果である大谷信介編『マンションの社会学』（ミネルヴァ書房，2012年）を再構成することによって，西宮市のマンション居住について考察していきたい。[(1)]

1 住宅地図から作成した西宮マンションデータベース

「西宮マンションデータベース」は，2007年版の「西宮市ゼンリン住宅地図」（1～3巻）から作成したものである。「ゼンリン住宅地図」とは，株式会社ゼンリンが発行している住宅地図のことである。この住宅地図は，日本全国99%の地域を対象にいずれもほぼ毎年（地域によっては2～3年に一度）発行されており，全国どこでも購入可能となっている。表7-1は，2005年に実施した㈱ゼンリンへの聞き取り調査をまとめたものである。[(2)]

ゼンリン住宅地図では，集合住宅に関する情報は，公開情報をすべて地図上に記載することが難しいため，地図面とは別に，巻末に「別記情報」として整理されている。図7-1のように，別記情報には，各棟別に階数・部屋番号・入居者名が記載されている。この情報から，地図上に記載されている建物が「何階建てなのか」，「どの部屋に誰が住んでいるのか」といったことを把握す

表7－1　ゼンリン住宅地図の作成方法

作成方法
・表札・看板等の公開情報を集めて作成される ・情報収集のために，全国約80の拠点，1200人の調査員を配置し調査を実施している ・公開情報が無い建物には，住人に対して聞き取り調査を実施。住人が留守の場合には，日を改めて再調査（集合住宅では，管理人に拒否される場合も多い） ・人が住んでいることが確認できない場合（人の居住は洗濯物や電気・水道メーター等で判断）は，空家と処理 ・公開情報を取得して住宅地図を作成することは特に法的に問題は無い ・住民から調査拒否，掲載拒否の申し出があれば掲載しない（警察や自衛隊の官舎等は掲載拒否の要求があり情報をあえて記載していない） ・地図自体は，航空写真を基に作成されている ・情報量によって縮尺が異なる（建物の多い市街地や住宅地等＝1500分の１，郊外＝3000分の１，住宅が少ない農村，山村＝4500分の１・6000分の１の縮尺） ・住宅地図は基本的には市区町村単位で出版されている ・人口規模によって分冊（東大阪市＝３冊，豊中市・吹田市・高槻市・枚方市＝２冊）。複数の小規模な町村が１冊にまとめて収録される場合もある
住宅地図の表記上の原則
・住宅地図上の名称のない建物とは（公開情報が入手できなかった場合，調査拒否・掲載拒否，倉庫，駐車場・駐輪場など住宅ではない建物） ・地図上に記入される名前について ＊原則として世帯主と判断がつけば世帯主名を記入する ＊世帯主と判断ができない場合（表札が複数出ている等）はすべて名前を掲載する） ＊事業所名と個人名がある場合も，すべてを記入（１つの建物に複数の名前や，事業所名が併記されている場合がある） ＊住宅地図に記載する情報は，公開されている情報をそのまま記入する（既に亡くなった人の表札がそのまま掲げられている場合等，実際の居住とは異なる）
集合住宅については，巻末に別記情報として整理

ることが可能である。つまり，別記情報に記載されている情報をすべて整理していけば，その地域のマンションの全体像を把握することが可能になるのである。

西宮マンションデータベースは，地図面から ① 建物名，② 町丁字，③ 番地，別記情報から④ 階数，⑤ 総戸数，⑥ 形状（正方形・縦型長方形・横型長方形），⑦ 類型（住居のみ・テナントあり），⑧ 入居戸数，⑨ 入居率，⑩～⑬ 入居者の名前表記の個数（漢字姓・漢字姓名・カタカナ・その他）の13項目を Excel に入力することによって作成した。

図7－1は，実際のマンションデータベースの入力結果である。この画面にも示されるように，西宮市には7178棟のマンションが存在することが判明した。さらにこれらの情報を整理していくと，西宮のマンションの建物ベースでの実態が判明してきたのである。

表7－2　階数別棟数とその比率

2階	3階	4階	5階	6階	7階	8階	9階以上	合計	戸数不明	総合計
1,661 (23.3)	2,628 (36.8)	1,076 (15.1)	877 (12.3)	326 (4.6)	193 (2.7)	80 (1.1)	294 (4.1)	7,135 (100%)	43	7,178

表7－2は，階数別棟数とその比率を示したものである。西宮市には，3階建てのマンションが36.8%と最も多く，2～5階建ての建物が87.5%とほとんどを占めていた。最高層のマンションは，両度町にある「ラピタス31西宮」という31階建ての建物であった。

表7－3　2005年国勢調査とマンションデータベースの比較

	1・2階	3～5階	6～10階	11～14階	15階～	合計
国勢調査 世帯数（%）	11,249 (9.8)	53,493 (46.4)	29,821 (25.9)	13,546 (11.7)	7,209 (6.3)	115,318 (100%)
マンションDB 棟数（%）	1,682 (23.4)	4,580 (63.8)	715 (10.0)	124 (1.7)	34 (0.6)	7,135 (100%)

注：マンションデータベースは，階数不明43棟を欠損値として集計している。

表7－3は，2005年国勢調査の共同住宅の階数別比率をマンションデータベースの数字と比較したものである。同じ西宮市のマンションの階数別比率の比較であるにもかかわらず，両者の数字は大きく異なっている。「1・2階建て」では国勢調査が9.8%に対して，マンションデータベースが23.4%，「3～5階建て」では46.4%に対して63.8%と大きく増加している。反対に「6～10階建て」では25.9%から10.0%に，「11～14階建て」では11.7%から1.7%に，「15階建て以上」では6.3%から0.6%に，大きく減少していたのである。

国勢調査の数字は，西宮の総世帯に占める割合であり，世帯ベースの数字である。それに対してマンションデータベースの数字は，総建物数に占める割合

図７－１　マンションデータベースの入力結果

	①建物名	②町丁字名	③番地	④階数	⑤総戸数	⑥形状	⑦類型	⑧入居者数	⑨入居率	個人名の名前分類			
										⑩漢字姓	⑪漢字姓名	⑫カタカナ	⑬その他
7162	ディアパーク甲子園口	松並町	5-4	5	23	横型長方形	注車場・駐輪場	23	100.00%	10	13	0	0
7163	ハイツ甲子園口	甲子園口北町	20-17	4	9	縦型長方形	・駐輪場・テナン	6	66.67%	2	4	0	0
7164	甲子園口ビューハイツ南棟	甲子園口北町	27-30	4	24	横型長方形	住居のみ	24	100.00%	11	13	0	0
7165	ウォームスヴィル甲子園北町	甲子園口北町	20-26	5	12	縦型長方形	住居のみ	8	66.67%	8	0	0	0
7166	アーバンビュー甲子園口北町	甲子園口北町	20-18	6	52	横型長方形	住居のみ	24	46.15%	23	1	0	0
7167	パインレーン	甲子園口北町	20-16	3	0		テナント		#DIV/0!				
7168	北甲子園ハウスC棟	松並町	2-12	4	24	横型長方形	住居のみ	20	83.33%	10	3	7	0
7169	北甲子園ハウスB棟	松並町	2-21-6	5	16	縦型長方形	注車場・駐輪場	9	56.25%	6	2	1	0
7170	北甲子園ハウスA棟	松並町	2-21	4	24	横型長方形	住居のみ	22	91.67%	15	4	3	0
7171	商工中金甲子園口北町家族寮	甲子園口北町	25-10	3	9	正方形	住居のみ	8	88.89%	8	0	0	0
7172	フォルム甲子園口北町	甲子園口北町	21-5	6	19	縦型長方形	・駐輪場・テナン	17	89.47%	16	1	0	0
7173	甲子園第二松並ハイツ	松並町	3-4	4	16	正方形	住居のみ	15	93.75%	15	0	0	0
7174	CASA. PERLA	松並町	3-5	3	8	縦型長方形	住居のみ	8	100.00%	8	0	0	0
7175	甲子園松並ハイツ	松並町	3-3	4	20	横型長方形	住居のみ	19	95.00%	13	6	0	0
7176	エル甲子園口	甲子園口北町	24-23	2	4	正方形	住居のみ	3	75.00%	3	0	0	0
7177	パーク・ハイム甲子園口	甲子園口北町	22-14	4	13	縦型長方形	住居のみ	13	100.00%	12	1	0	0
7178	甲子園口北町アーバンリズ	甲子園口北町	23-15	3	8	縦型長方形	住居のみ	1	12.50%	0	1	0	0

という建物ベースの数字である。世帯ベースで分析を行うと，必然的に階数の低いマンションでは比率が下がり，高いマンションでは上がる傾向があるのである。さらに国勢調査では，「１・２階」，「３～５階」，「６～10階」，「11～14階」，「15階～」という大まかな区分でしか分類されていないため，各階ごとにマンションの特徴を整理することができなくなっている。また住宅の実態を詳細に調査する政府統計調査である「住宅土地統計」も世帯ベースの数字がベースとなっている。マンションの実態を把握するには，世帯ベースの指標だけでは不十分であり，建物ベースによる指標も必要不可欠と考えられる。

表７－４は，マンションの規模別の戸数比率である。総戸数では，６戸が12.8％と最も多く，10戸以下の小規模なマンションが過半数を占めている。最

表７－４　戸数規模別に見た西宮マンション

４戸	６戸	８戸	９戸	10戸	12戸	15戸	16戸
73 (11.3)	831 (12.8)	611 (9.4)	539 (8.3)	218 (3.4)	364 (5.6)	129 (2.0)	185 (2.9)
18戸	20戸	24戸	30戸	その他	合計	戸数不明	総合計
135 (2.1)	181 (2.8)	209 (3.2)	174 (2.7)	2,179 (33.6)	6,489 (100%)	689	7,178

小規模	中規模	大規模	合計	戸数不明	総合計
3473 (53.5)	2235 (34.4)	780 (12.0)	6,489 (100%)	689	7,178

注：「小規模」＝１～10戸・「中規模」＝11～30戸・「大規模」＝31戸～。

も総戸数が多い建物は高須町にある，UR 都市機構の武庫川団地11号棟・31号棟の448戸の２棟の14階建ての建物であった。

また，別記情報を入力したデータベースからは，表7－5のように，マンション名によく使われている言葉も判明している。最も多かったのは「ハイツ」であり，「ビル」，「マンション」が続き，これらの３つの名称が特に多かった。

表7－5 西宮のマンション名によく使われていた言葉

順位	名称	棟数
1	ハイツ	798
2	ビル	544
3	マンション	509
4	メゾン	277
5	ハウス	183
6	荘	180
7	ハイム	153
8	コーポ	105
9	アパート	72

2 最寄駅・用途地域制を加味したデータベース

前節では，住宅地図の地図面と別記情報の情報から作成したデータベースによって判明する特徴について整理した。このデータベースに，鉄道・道路・都市計画に関する情報を追加すれば，マンションの立地や空間的特徴を明らかにできると考え，① 最寄駅，② 沿線，③ 駅からの距離，④ 道路情報，⑤ 用途地域という５つの項目を追加して入力し，データベースのグレードアップを図った。

① 最寄駅・② 沿線

西宮市には JR 西日本，阪神電気鉄道，阪急電鉄の３本の鉄道（以下 JR・阪神・阪急とする）が通り，市内には23の鉄道の駅が存在している。「最寄駅」については，基本的にマンションから一番近い駅を入力した。判定しづらい場合は，「Google マップ」のルート検索を使用して決定した。

③ 駅からの距離

駅から400メートル，800メートルの円をコンパスで描き，すべてのマンションを，駅から400メートル圏内，401～800メートル，801メートル以上の３つに分類し入力していった（図7－2参照）。この分類は，「不動産の表示に関する公

図7－2　甲東園駅800メートル圏内の事例

正競争規約（表示規約）」第15条第10号で「徒歩による所要時間は，道路距離80メートルにつき1分間を要するものとして算出した数値を表示すること」（不動産公正取引協議会連合会より）という規定を参考として，5分以内を400メートル圏内，5分以上～10分以内を401～800メートルと想定し，「徒歩10分以内で行ける距離」を「徒歩圏内」と位置づけた。ただし，駅からの400メートル，800メートルという距離は，あくまで直線距離であり実際の駅までの所要時間とは異なっている。

④ 道路情報

表7－6は，西宮市の都市計画街路145本の内訳を示したものである。道路情報としては，「国道沿い（2号・43号・171号・176号）」，「その他の幹線街路沿い（16メートル以上）」，「それ以外」を大分類として入力した。2つの幹線街路に面しているマンションに関しては，マンションの入り口が面している方の道路をデータ入力することとした。

⑤ 用途地域情報

都市計画地図を用いて，それぞれのマンションの用途地域を「用途地域」と

表7－6　西宮市都市計画街路概要図

<table>
<tr><th colspan="2">都市計画街路</th><th>幅員（m）</th><th>路線数</th><th>路線名</th></tr>
<tr><td rowspan="6">幹線街路</td><td rowspan="6">分析
対象</td><td>40以上</td><td>2</td><td>国道43号・湾岸側道1号</td></tr>
<tr><td>30～40未満</td><td>2</td><td>山口南幹線・小曽根線</td></tr>
<tr><td>22～30未満</td><td>12</td><td>国道2号・国道176号・国道171号・臨港線・浜甲子園線・今津東線・札場筋線・山手幹線・丸山線・山口岡場線・球場前線・北口駅前線</td></tr>
<tr><td>16～22未満</td><td>17</td><td>中津浜線・建石線・用海線・戎線・名塩線・北口線・下山口名来線・北東駅前線・今津西線・山手線・名塩団地線・南甲子園線・山口線・競馬場線・学園線・下山口線・樋之口線</td></tr>
<tr><td>計</td><td>33</td><td rowspan="4"></td></tr>
<tr><td>16未満</td><td>28</td></tr>
<tr><td colspan="2">自動車専用道路
区画街路
特殊街路</td><td>20～27
6～15
8未満</td><td>3
80
1</td></tr>
<tr><td colspan="2">合　計</td><td></td><td>145</td></tr>
</table>

出所：『西宮市都市計画年報（西宮市ホームページ　2011年10月19日更新版）』をもとに作成。

いう項目に入力した。1つの建物に2つ以上の用途地域が重複している場合は，より条件の厳しい方の用途地域を入力することを原則とした。

表7－7は，沿線・最寄駅・駅からの距離別に西宮のマンションの棟数を整理したものである。まず沿線別にみてみると，JR 沿線に全体の19.1%（1372棟），阪神沿線に37.4%（2686棟），阪急沿線に43.5%（3120棟）のマンションが建てられていた。最寄駅では，阪急西宮北口駅が760棟と最も多く，西宮市全体の約10%に相当していた。続いてJR 甲子園口駅の671棟（9.3%），阪神鳴尾駅の550棟（7.7%），阪神甲子園駅の545棟（7.6%），阪急甲東園駅の539棟（7.5%），阪急門戸厄神駅の515棟（7.2%）となっており，以上が500棟を超えていた。マンションの棟数は，基本的に駅の乗降客の多さに比例する傾向はあるが，JR 西宮駅のように，乗降客は多い（4万604人）が，マンション棟数は少ない（278棟）駅もあれば，阪急苦楽園口駅（1万1775人・468棟）や阪神鳴尾駅（2万1363人・550棟）のように，乗降客に比べマンションの棟数が多い駅も存在している。

表7-7　西宮市の各駅と駅からの距離別マンション棟数と比率

沿線	駅名	乗降客数	駅からの距離			棟数	各駅の棟数/西宮市全体
			400m圏内	401～800m	801m以上		
JR	西宮	40,604	41.0	37.1	21.9	278	3.9
	甲子園口	39,441	36.2	38.6	25.2	671	9.3
	さくら夙川	10,203	81.5	18.5	0.0	124	1.7
	西宮名塩	19,847	7.4	36.1	56.5	269	3.7
	生瀬	4,071	23.3	6.7	70.0	30	0.4
	JR計	114,166	35.3	35.3	29.4	1372	19.1
阪神	西宮	39,249	55.8	34.6	9.6	439	6.1
	今津	23,189	65.4	29.9	4.7	211	2.9
	香櫨園	11,337	47.5	37.8	14.7	278	3.9
	久寿川	3,792	61.2	34.1	4.8	273	3.8
	甲子園	49,342	26.1	29.2	44.8	545	7.6
	鳴尾	21,363	30.4	21.8	47.8	550	7.7
	武庫川	26,499	24.8	66.9	8.3	133	1.9
	東鳴尾	1,966	63.6	36.4	0.0	88	1.2
	洲先	1,797	67.3	32.7	0.0	49	0.7
	武庫川団地前	7,206	24.2	50.0	25.8	120	1.7
	阪神計	185,740	42.5	33.1	24.4	2686	37.4
阪急	西宮北口	81,584	23.7	38.2	38.2	760	10.6
	阪神国道	4,910	55.8	24.5	19.7	147	2.0
	門戸厄神	26,068	36.3	33.4	30.3	515	7.2
	甲東園	36,419	36.7	30.6	32.7	539	7.5
	仁川		21.6	34.3	44.0	134	1.9
	夙川	33,118	52.4	31.1	16.6	296	4.1
	苦楽園口	11,775	35.5	25.0	39.5	468	6.5
	甲陽園	13,369	26.1	42.5	31.4	261	3.6
	阪急計	207,243	34.1	33.0	32.9	3120	43.5
計		507,149	37.5	33.5	29.0	7178	100%

注：阪急仁川駅は宝塚市のため乗降客数は不明。西宮市の住人の利用が多いため表に含めた。

駅からの距離に着目してみると，西宮全体では，最寄駅から400メートル圏内に全体の37.5%，401～800メートル圏に33.5%，801メートル以上29.0%という分布となり，駅に近いほどマンションが多くなる傾向が存在している。

沿線別の特徴としては，阪神沿線の駅平均で，最寄駅から400メートル圏内のマンションの比率が42.5%と最も高く，続いてJR沿線の駅平均の35.3%，阪急沿線の駅平均34.1%となっている。逆に駅から801メートル以上離れたと

表7-8 沿線・最寄駅別マンションの特徴（階数・形・規模）

沿線	駅名	平均階数	階数				形			規模			棟数
			1・2階	3～5階	6～10階	11階～	縦型長方形	正方形	横型長方形	小（1~10戸）	中（11~30戸）	大（31戸～）	
JR	西宮	4.4	23.5 (4.4)	52.1 (3.4)	18.0 (7.5)	6.5 (12.4)	49.5	17.0	33.5	54.8	27.7	**17.6 (6.4)**	217
	甲子園口	3.6	20.9 (9.2)	69.9 (10.6)	**9.0 (8.4)**	**0.2 (0.9)**	48.9	17.7	33.4	56.1	38.0	6.0 (5.2)	502
	さくら夙川	3.5	21.0 (2.1)	66.9 (2.6)	12.1 (2.9)	0.0 (0.0)	53.1	15.0	31.9	66.4	29.2	4.4 (1.0)	124
	西宮名塩	**3.3**	12.8 (0.5)	80.3 (2.8)	6.8 (1.5)	0.0 (0.0)	**76.2**	7.6	16.2	74.6	23.7	1.8 (0.4)	117
	生瀬	**2.3**	66.7 (0.5)	33.3 (0.1)	0.0 (0.0)	0.0 (0.0)	12.5	37.5	50.0	100.0	0.0	0.0 (0.0)	9
	JR計	3.4	20.9 (16.7)	66.5 (19.6)	11.0 (20.3)	1.5 (13.3)	48.0	19.0	33.0	59.9	32.4	7.6 (13.0)	969
阪神	西宮	5.1	8.6 (3.0)	62.0 (7.3)	25.2 (19.5)	4.3 (15.0)	**74.6**	7.4	18.0	44.3	42.4	13.3 (8.3)	397
	今津	4.2	16.9 (2.8)	64.7 (3.9)	**15.9 (6.3)**	**2.5 (4.4)**	**61.2**	11.2	27.5	52.8	29.8	**17.4 (6.0)**	201
	香櫨園	3.5	27.0 (6.1)	62.9 (4.3)	9.7 (4.6)	0.4 (0.9)	33.9	22.3	43.8	59.4	28.6	12.1 (5.2)	237
	久寿川	3.8	19.6 (4.1)	70.0 (5.6)	8.1 (4.0)	2.3 (5.3)	46.5	13.6	39.9	51.3	38.2	10.5 (4.7)	260
	甲子園	3.7	19.9 (5.7)	68.8 (6.1)	10.0 (5.9)	1.3 (3.5)	45.4	12.3	42.3	51.5	34.4	**14.1 (7.2)**	301
	鳴尾	3.4	26.1 (6.5)	65.9 (5.7)	7.7 (4.4)	0.3 (0.9)	40.2	12.0	47.8	55.6	35.6	8.8 (4.3)	287
	武庫川	3.2	30.3 (3.6)	63.1 (2.2)	5.7 (1.3)	0.8 (0.9)	38.8	14.3	46.9	63.3	24.5	12.2 (2.3)	122
	東鳴尾	3.4	34.1 (2.7)	55.7 (1.4)	10.2 (1.7)	0.0 (0.0)	36.2	5.8	58.0	45.7	41.4	12.9 (1.7)	88
	洲先	4.0	20.4 (0.9)	69.4 (1.0)	6.1 (0.6)	4.1 (1.8)	21.4	16.7	61.9	21.4	59.5	19.0 (1.6)	49
	武庫川団地前	9.1	7.9 (0.6)	33.7 (0.9)	13.5 (2.3)	**44.9 (35.4)**	50.6	4.6	44.8	9.2	23.0	67.8 (11.4)	89
	阪神計	4.0	19.8 (36.0)	63.7 (38.5)	12.8 (50.8)	3.8 (68.1)	44.9	12.0	43.1	49.5	35.1	**15.4 (52.7)**	2031
阪急	西宮北口	3.9	21.5 (9.5)	66.4 (9.3)	9.4 (7.9)	2.8 (11.5)	38.2	18.2	43.6	54.4	33.3	12.3 (9.3)	470
	阪神国道	4.0	28.0 (2.7)	54.2 (2.0)	**15.3 (3.4)**	**2.5 (2.7)**	**51.0**	13.5	35.4	54.2	30.2	15.6 (2.9)	118

沿線	駅名	平均階数	階数				形			規模			棟数
			1・2階	3～5階	6～10階	11階～	縦型長方形	正方形	横型長方形	小(1～10)	中(11～30)	大(31戸～)	
阪急	門戸厄神	3.2	32.9 (10.7)	59.1 (6.3)	8.1 (5.6)	0.0 (0.0)	25.6	21.7	52.7	51.8	37.3	10.9 (7.2)	359
	甲東園	3.3	30.9 (10.7)	63.6 (6.7)	4.7 (3.4)	0.8 (2.7)	40.2	23.7	36.1	66.2	27.7	6.1 (4.1)	363
	仁川	3.2	41.3 (2.7)	50.7 (1.2)	8.0 (1.1)	0.0 (0.0)	30.6	36.1	33.3	63.9	27.8	8.3 (1.2)	75
	夙川	3.5	19.4 (4.4)	73.7 (5.5)	6.1 (2.7)	0.8 (1.8)	49.3	17.4	33.3	63.0	29.2	7.8 (3.3)	247
	苦楽園口	3.3	14.8 (3.7)	80.2 (6.8)	4.9 (2.7)	0.0 (0.0)	45.3	20.5	34.3	61.2	32.2	6.7 (3.3)	283
	甲陽園	3.6	17.3 (2.7)	76.5 (4.1)	6.1 (2.1)	0.0 (0.0)	40.7	22.7	36.6	53.5	37.2	9.3 (3.1)	179
	阪急計	3.8	24.6 (47.2)	67.0 (41.9)	7.4 (28.9)	1.0 (18.6)	40.1	21.7	38.2	58.3	32.4	9.4 (34.3)	2094
800m圏内計		3.8	22.0	65.6	10.2	2.2	45.7	16.6	37.7	55.2	33.4	11.4	5094
801m以上		3.7	28.9	59.5	9.4	2.2	32.8	20.2	47.0	49.7	36.8	13.4	2084
合計		3.8 (100%)	24.0 (100%)	63.8 (100%)	10.0 (100%)	2.2 (100%)	41.8 (100%)	17.7 (100%)	40.5 (100%)	53.5 (100%)	34.5 (100%)	12.0 (100%)	7178

注：「形」は585，「階数」は31，「規模」568の欠損値があった。（　）の数字は縦100の％表示。

ころにあるマンションの比率では，阪急沿線が32.9％，JR 沿線が29.1％，阪神沿線が24.4％と阪急の比率が高くなっている。これは，阪神沿線に駅近のマンションの比率が高く，次いで JR 沿線と続き，阪急沿線が最も駅から遠い傾向が存在していることを示している。

表7－8は，沿線および最寄駅別にどんな形状のマンションが建っているかを整理した表である。まず，沿線別の平均階数に着目してみると，阪神4.0階，阪急3.9階，JR3.4階と阪神沿線が高くなっている。これは，武庫川団地の平均階数の高さが影響しているが，沿線の主要な駅，またそれに近い駅（主に市の南部）には，階数が高く，縦型長方形で大規模なマンションが建てられる傾向にあることがわかる。また逆に，市街地から離れた駅（主に市の北部）では階数が低い・横型長方形・小規模なマンションが建つ傾向が理解可能である。

西宮市全体で見ると，平均階数は3.8階で，3～5階建て（63.8%），縦型または横型長方形（41.8%・40.5%），小規模（53.5%）といった特徴を持つマンションが多いことが読み取れる。

階数において，800メートル圏内（以下，全体）では1・2階が22.0%，3～5階が65.6%，6～10階が10.2%，11階以上が2.2%となった。これを沿線別でみてみると，阪急では1・2階の低層マンションが24.6%，阪神では6階以上の高層マンションが16.6%であり，他の路線に比べて多くなることが読み取れる。さらに駅別で見てみると，11階以上の高層マンションは阪神武庫川団地前駅，JR西宮駅，阪神西宮駅，阪急西宮北口駅に比較的多く存在することがわかった。特にURが建ち並ぶ，阪神武庫川団地前駅は11階以上の割合が44.9%（西宮全体の11階建て以上マンションの35.4%）を占めており，非常に高層マンションが多くなっている。また，6階以上のマンションの割合は主要な駅やこれに近いJR甲子園口駅，阪神今津駅，阪急阪神国道駅で高くなっている。駅から近い場所は，人が集まりやすいので地価が高くなり，特に主要な駅はより一層地価が上がるので，建物の階数が高くなると考えられる。これに対し，市内最北部を走るJR福知山線の西宮名塩駅，生瀬駅は3.3階，2.3階であり，この辺りは低層マンションが多いことがわかった。

形において，全体では，縦型長方形が45.7%・正方形が16.6%・横型長方形が37.7%となった。沿線別にみると，JRでは生瀬駅を除くすべての駅で縦型長方形の割合が高かった，阪神では縦型長方形の割合が西宮駅と今津駅で74.5%・61.2%と高くなっていた。阪急では縦型長方形が阪神国道駅において51.0%，正方形が仁川駅において36.1%，横型長方形が門戸厄神駅で52.7%とそれぞれ高くなっている。

規模において，全体では，800メートル圏内は，小規模マンションが55.2%・中規模マンションが33.4%・大規模マンションが11.4%となった。沿線別にみると，大規模マンションは阪神沿線に多くなった（15.4%）。また3路線で比較してみると，大規模マンションの50%以上が阪神沿線に建てられていることがわかる。駅別にみてみるとJR西宮駅（17.6%），阪神今津駅（17.4%），阪神甲子園駅（14.1%）といった各沿線の主要な駅において大規模マンション

表7－9　幹線街路沿いのマンションの特徴

		階数			形			規模			マンション		棟数
		1・2階	3～5階	6階～	縦型長方形	正方形	横型長方形	小(1～10戸)	中(11～30戸)	大(31戸～)	住居のみ	テナント有	
国道	43号	7.8	70.3	21.9	72.4	8.6	19.0	48.3	41.4	10.3	35.9	64.1	64
	2号	3.5	59.3	**37.2**	88.6	5.7	5.7	44.3	38.6	17.1	13.3	86.7	113
	171号	5.1	74.6	20.3	50.0	16.7	33.3	43.8	41.7	14.6	40.7	59.3	59
	176号	10.0	90.0	0	71.4	0	28.6	28.6	71.4	0	0	100.0	10
	国道計	5.3	67.1	**27.6**	**72.7**	9.3	18.0	44.8	41.5	13.7	**25.2**	**74.8**	246
その他の幹線街路		10.3	**71.1**	18.6	**57.9**	8.6	33.5	49.2	31.8	19.0	**42.2**	**57.8**	692
それ以外のマンション		**25.8**	63.3	10.9	39.1	18.9	**42.0**	54.3	34.5	11.2	**73.2**	**26.8**	6240
計		23.6	64.2	12.2	41.8	17.7	40.5	53.5	34.5	12.0	68.6	31.4	7178

表7－10　用途地域と階数・形・規模

	西宮市における面積比率	棟数分布	棟数	階数			形			規模		
				1・2階	3～5階	6階以上	縦型長方形	正方形	横型長方形	小(1～10戸)	中(11～30戸)	大(31戸～)
第1種低層住居専用地域	**22.8**	**4.7**	340	**44.7** **(8.9)**	52.9 (3.9)	**2.4** **(0.9)**	**21.0**	**26.8**	**52.1**	61.8	33.0	5.2
第2種低層住居専用地域	1.9	1.0	73	**54.8** **(2.3)**	43.8 (0.7)	**1.4** **(0.1)**	**19.7**	**28.2**	**52.1**	83.1	15.5	1.4
第1種中高層住居専用地域	**31.2**	**44.0**	**3156**	**25.2** **(46.2)**	**64.6** **(44.5)**	**10.1** **(36.7)**	35.6	20.6	43.9	52.4	34.9	12.7
第2種中高層住居専用地域	6.2	6.5	468	30.8 (8.5)	63 (6.4)	6.2 (3.3)	37.7	19.7	42.5	**62.7**	30.0	7.2
第1種住居地域	11.8	19.5	1399	**28.4** **(23.3)**	**61** **(18.6)**	10.5 (16.8)	35.8	18.0	46.2	54.8	33.5	11.7
第2種住居地域	4.5	2.3	162	11.7 (1.0)	**72.2** **(2.6)**	16 (3.0)	52.5	6.5	41.0	39.7	39.0	**21.3**
準住居地域	0.8	0.8	58	13.8 (0.5)	**75.9** **(1.0)**	10.3 (0.7)	52.9	21.6	25.5	62.7	29.4	7.8
近隣商業地域	5.0	14.9	1068	10.6 (6.3)	**71.3** **(16.6)**	**18.1** **(22.1)**	**72.9**	**7.2**	19.9	51.5	39.8	8.7
商業地域	1.1	3.1	220	5.5 (0.6)	54.5 (2.6)	**40** **(10.1)**	**90.2**	**2.8**	7.0	41.3	38.5	**20.3**
準工業地域	13.1	2.9	205	16.1 (1.9)	60 (2.7)	23.9 (5.6)	46.2	11.6	42.2	41.6	24.9	33.5

	西宮市における面積比率	棟数分布	棟数	階数			形			規模		
				1・2階	3～5階	6階以上	縦型長方形	正方形	横型長方形	小(1～10戸)	中(11～30戸)	大(31戸～)
工業地域	1.7	0.4	29	31 (0.5)	48.3 (0.3)	20.7 (0.7)	58.3	12.5	29.2	54.2	25.0	20.8
計	100%	100%	7178	24.0 (100%)	63.8 (100%)	12.2 (100%)	41.8	17.7	40.5	53.5	34.5	12.0
棟数				1681	4581	873	2702	2622	1147	3473	2236	780

注：工業専用地域は西宮市に存在しないため省いている。「形」は707,「階数」は43,「規模」は689の欠損値があった。

の割合が高くなっている。

表7-9は，幹線街路沿いにあるマンションの特徴を整理したものである。西宮市のマンションのうち約13%の938棟が幹線街路沿いに建つマンションであることがわかった。そのうち，国道4線（2号・43号・171号・176号）沿いに建つのは，全体の約3%にあたる246棟であった。幹線街路沿いに建つマンションの特徴を，一般のマンションと比較して整理してみると，階数は中層（3～5階），形状は縦型長方形，小・中規模で，テナントありの比率が多いという特徴があった。特に国道4線沿いのマンションの74.8%のマンションが，1階に店舗等のテナントを有しており，一般マンションの26.8%という数字と対照的な点が注目される。これらは，国道沿いのマンションを特徴的に示している数字といえるだろう。

表7-10は，西宮市の11の用途地域別に建つマンションの特徴を整理したものである。まずマンションの立地状況に着目してみると，全体の44%は，第1種中高層住居専用地域に集中している。次いで，第1種住居地域（19.5%），近隣商業地域（14.9%）と続き，全体の78.4%のマンションがこの3地域に建設されていることが理解できる。規制が厳しい低層住居専用地域では，階数の低い横型長方形の小規模マンションが多いことがわかる。これに対し，規制の緩い商業地域では，階数の高い縦型長方形マンションが多く，大規模マンションも比較的多くみられるのが特徴である。注目されるのは，高さ10メートルの規制のある第1種住居専用地域に6階以上のマンションが存在することである。

この点については，次節で詳しく述べることにしたい。

3 複数年住宅地図を利用した経年変化分析──社宅は減少しているのか

西宮市マンションの現状把握にあたり行った聞き取り調査の中で，西宮市の共同住宅の増加の要因に関する興味深い話を聞くことができた。(3)

> 西宮市には古くからの地場産業として酒造業がある。「灘五郷」と呼ばれる地域のうち２郷は西宮市にある。酒造メーカーは古くから広い土地を所有し資産を持っていたため，学校経営などにも乗り出した。しかし近年の不景気や日本酒人気の低迷，また阪神大震災による被害によって廃業したり，土地を売却したりした。このような土地にマンションが建った。また神戸にも大阪にも電車で15分という条件の良さから西宮市には昔から社宅が多くあった。これも不況による倒産や合併，福利厚生の削減などによって土地が多く売りに出された。特にＪＲ線北エリアには社宅が多かったため，現在ここにも多くのマンションが建てられている。このほかにも夙川地域の高級住宅街では，富裕層が遺産相続の際の相続税を苦にして土地を売り出すなどして，そこにマンションが建つといった事例も見られる。
> 〈西宮市議会議員Ｉ氏への聞き取り調査〉

この聞き取りの中で，西宮市のマンションが増えている要因として，① 西宮市の酒造業の不況による土地売却，② 民間企業が所有する社宅の売却，③ 相続税対策のための土地売却という３つがあると指摘されている。特に②の社宅に関しては，関西学院大学の前に存在した旧さくら銀行の社宅が分譲マンションに変わるなどといったように，身近なところでもよく目にすることである。しかし，西宮市で社宅が減少しているということを，数字として把握できるデータは存在していないのが実情である。本節では，複数年の住宅地図を活用し，「社宅データベース」を作成することで，西宮市の社宅の実態を分析していきたい。

西宮市のゼンリン住宅地図は，西宮市立中央図書館に，1974年版，1978年版，1980年版，1982年版，1985年版，1988年版以降は毎年分の住宅地図が蔵書されていることが確認できた。その中で，西宮市のマンション調査のもととなった2007年版と，1995年に起きた阪神淡路大震災の影響を視野に入れるため1994年版，そして途中経過を見るため2000年版という３つの時点の住宅地図を比較することで，社宅の経年変化分析を試みることにした。「社宅データベース」は，まず2007年度版マンションデータから，社宅と思われる建物を抽出して作成した。さらに，業種別に社宅の動向を見るため，新たな項目として業種を入力した。業種を分類する際に参考にしたものは，総務省統計局発表の「平成18年事業所・企業統計調査産業分類一覧」である。この資料をもとに「金融」,「製造」,「公務員」,「インフラ」,「運輸」,「通信」,「建設・不動産」,「卸売」,「その他・不明」という業種形態コードを設けた。また，社宅の棟数が多かった「金融」と「製造」については，より細かい分類をして，データ入力を行った。同様の作業を1994年度版と2000年度版でも繰り返すことによって社宅データベースを作成した。

表7-11 西宮市における業種別に見た社宅数の経年変化

	1994年	2000年	2007年
金　融	139	90	27
製　造	188	133	84
公務員	61	59	47
旧公社（JR・NTT）	75	67	47
インフラ（電気・ガス）	17	14	12
運　輸	7	4	5
通　信	10	2	0
建設・不動産	47	33	15
卸　売	4	3	3
その他・不明	25	24	62
合　計	570	429	302

表7-11は，社宅データベースを使って西宮市の業種別社宅数の経年変化を整理したものである。西宮市全体では，阪神大震災前の1944年に570棟あった社宅は，2000年に429棟，2007年には302棟と約半数に減少している。業種別の特徴では，西宮市内に社宅数が多かった「金融業」（1994年139棟→ 2000年90棟→ 2007年27棟）と，「製造業」（188棟→ 133棟 → 84棟）で，大幅に社宅数が減少していることが理解できる。増加しているのは，「その他・不明」業種の社宅（25棟→ 24棟→ 62棟）である。これは，具体的には，「門戸社宅」というように企業名がつかないものであるが，2000年以降あえて企業名を出さない企業が増えてきたことにも影響を受けている。一方注目されるのは「公務員」（61棟→

59棟→ 47棟）や「旧公社系」（75棟→ 67棟→ 47棟）が，民間企業に比べると福利厚生面での減少幅が小さいことである。これらの事実は，一般に言われる公務員の厚遇という一面を示す結果ともとらえられる。

西宮市内で社宅が減少しているという事実は，西宮特有の現象ではなく，日本社会全体の傾向と考えることが可能である。社団法人・日本経済団体連合会（経団連）が発表した2009年度「福利厚生調査」によれば，1970年以降急速に増加してきた企業の福利厚生費は2006年をピークに減少しており，社宅に関する費用が含まれる法定外福利費は，1990年代中頃まで緩やかに増加傾向にあったものの，1996年の２万9765円をピークに減少傾向となっている。(4)

民間企業が社宅についてどのような方針を取ってきたかについては，労務行政研究所が1990年と2007年に実施した２つの調査を比較してみると明確に理解することが可能である（表７-12・７-13参照)。バブル経済真っ只中の1990年４月に実施された『社宅制度の実態と今後の方向に関する調査』によれば，過半数の企業が「社宅を整備・充実させていく方向」と答えていたのである。それに対して2007年に実施された『社宅・寮・住宅融資制度に関する実態調査』では，すでに社宅を「統合・廃止した」企業が全体の58.5％を占めるに至っており，保有している社宅についても，現状維持か，減少させる・廃止するが大半を占めるようになっていたのである。(5)これらの調査にも示されるように，日本の企業全体の流れとして，バブル期には社宅を保有する企業が一般的であったが，バブル崩壊以降，不況の影響などを受け，社宅の維持・管理が難しくなっているという現状が読み取れるだろう。企業が社宅を維持していく問題点として，建物の老朽化や維持管理のコスト，社員間の不公平性などもあり，今後も

表７-12　1990年実施『社宅制度の実態と今後の方向に関する調査』（労務行政研究所）

今後の方向	全　産　業			
	全体	3000人以上	1000～2999人	1000人未満
整備・充実させていく方向	113（55.4）	47（76.8）	40（51.8）	26（39.6）
特に考えていない	73（36.3）	11（17.9）	27（35.7）	36（54,7）
その他	17（8.3）	3（5.1）	10（12.5）	4（5.7）
合　計	204（100%）	61（100%）	77（100%）	66（100%）

表7-13 2007年実施『社宅・寮・住宅融資制度に関する実態調査』(労務行政研究所)

区 分	全 産 業			
	全体	1000人以上	300～999人以上	300人未満
統合・廃止した	83 (58.5)	52 (64.2)	25 (50.0)	6 (54.5)
統合・廃止していない	59 (41.5)	29 (35.8)	25 (50.0)	5 (45.5)
合 計	142 (100%)	81 (100%)	50 (100%)	11 (100%)

区 分	全 産 業			
	全体	1000人以上	300～999人以上	300人未満
現状を維持する	78 (67.2)	45 (62.5)	28 (73.7)	5 (83.3)
増加させる	2 (1.7)	1 (1.4)	1 (2.6)	0 (0.0)
減少させる	25 (21.6)	20 (27.8)	4 (10.5)	1 (16.7)
廃止する	11 (9.5)	6 (8.3)	5 (13.2)	0 (0.0)
合 計	116 (100%)	72 (100%)	38 (100%)	6 (100%)

表7-14 西宮の都市銀行と地方銀行の社宅数の推移(社宅データベースより作成)

	1994年	2000年	2007年
都市銀行	47	30	1
地方銀行	25	12	8

さらに縮小,廃止の方向に進むのではないかと考えられる。

複数の住宅地図から作成した「社宅データベース」を詳細に検討してみると,単純に全企業が社宅を減少させているわけではないという実態も見えてきた。

表7-14は,西宮市における都市銀行と地方銀行の社宅数の推移を整理したものである。1994年時点では都市銀行が47棟,地方銀行が25棟と,地方銀行に比べてほぼ倍の社宅を所有していたにもかかわらず,2007年には地方銀行が8棟に対し,都市銀行が1棟となり逆転しているのである。このように都市銀行が激減する一方,減少幅の小さい地方銀行の中には,伊予銀行のように2000年に「伊予銀行第2にしき寮」という新たな社宅を建設していたケースもあったのである。都市銀行では,合併・統合などが相次いで進められ,機関数自体も減少する一方,地方銀行の機関数は変わっていなかったのが実情である。社宅に対する地方銀行の考え方に関しては,伊予銀行人事部で行った聞き取り調査

の内容がその実態を象徴的に示していた。[6]

西宮の社宅は，一つは独身寮，もう一つは家族寮として使っています。ここには神戸支店，大阪支店，大阪北支店の３支店で働く人たちが暮らしています。独身寮は空きがありますが，家族寮は，ほぼ埋まっています。

伊予銀行では，従業員全体の約50％が社宅に入っています。西宮の社宅に関して言えば，家族連れの方が多いですね。西宮市に存在する社宅は，はっきり言ってこの先も「変化なし」ですね。おそらく，老朽化が進んでいるので，建て替え，補修などの工事はすると思いますが，廃止という話にはならないと思います。これは西宮市以外の東京などの社宅も同じですね。会社としては，借り上げや新たに社宅を建てることはなく，必要があれば改築していこうと考えています。

社宅が減少している理由は様々に考えられますが，やはり，景気の悪化が原因にあると思います。それと1995年以降のいわゆる金融バブルもそれの引き金ですかね。それによって，主に大手銀行さんでは，統合，合併，再編が行われましたよね。こうなると価値の低い建物の財産を持つことへの抵抗が生まれます。自己資本比率を下げる動きが強まります。そうなると，社宅は完全にその対象になってしまうんですよね。それが社宅の減少に繋がっていると思います。そういう部分では地方銀行より都市銀行のほうが柔軟なんだと思います。

〈伊予銀行人事部・福利厚生担当Ａさんへの聞き取り調査〉

この聞き取り調査結果にも示されているように，愛媛県に本社がある伊予銀行では，東京や大阪といった都市にある支店だけではなく，同じ愛媛県内でも自宅からは通えない支店に配属される可能性があり，従業員全体の約50％が社宅を利用しているのである。そのため，都市銀行や，通勤が便利な都市に本社がある地方銀行に比べて，社宅が重視されているという背景が存在していたのである。なお，伊予銀行では，必要性があることから社宅を廃止する予定はないということのようだったが，銀行業界の中では，例外的な事例と位置づけられる。

以上のように「西宮マンションデータベース」は，当初の調査名簿に利用するという目的にとどまらず，マンション実態把握において圧倒的な説明力を持つデータであることが判明してきた。「住宅地図」の別記情報を入力することによって，西宮市には7178棟のマンションが存在するという「建物ベース」の数字を明らかにできたことは，これまでの国勢調査や住宅土地統計調査のデータが「世帯ベース」だったことを考えると，それだけでも貴重な情報であった。さらに，このデータベースに工夫を加えて利用することによって，いろいろな住宅事情を解明できることもわかってきた。このデータベースに「最寄駅」，

「駅からの距離」,「道路情報」,「用途地域」といった情報を新たに加えることによって,「どの駅にどんなマンションが建てられているか」,「用途地域制とマンション立地」といったマンションの空間立地に関する分析ができるようになるのである。

さらに震災前の1994年版,2000年版,2007年版の3つの住宅地図を使って新たに「社宅データベース」を作成することによって,「94年に570棟あった西宮市の社宅が,00年に429棟,07年には302棟へと激減している」という経年変化を数字として示すことができたのである。さらに業種別の分析では,「民間企業特に都市銀行・鉄鋼業で社宅が激減しているのに対して,公務員宿舎や旧公社系ではあまり減少していない」という事実を実証的に問題提起することも可能となったのである。

マンションデータベースにも,もちろん問題点は存在している。それは住宅地図の欠点にも通じているが,別記情報だけでは「分譲」と「賃貸」の違いを判別できないという問題がある。また,基本的に公開情報をもとに作成されている「住宅地図」では,空欄が「空家」なのか「情報が得られなかった世帯」なのかが正確には決定できないという難点もつきまとっている。この欠点は,今後「空家の問題」が深刻になっていくことを考えると重大な問題といえるだろう。ただ,そのような問題が存在するとはいえ,誰でもが入手可能な住宅地図で,数多くの実態分析が可能であるという点はとても魅力的である。こうしたデータ化作業は,本来であれば行政が恒常的に担うべき仕事である。市役所であれば,民間の住宅地図を用いなくても,より正確で,かつ「分譲」-「賃貸」も判別でき,「マンション内の空家情報」も把握できるデータが作成可能になるはずである。今後は,そうしたデータが市役所の基礎的データとして作成され,本来の住宅政策に活用されることを期待したいと思う。

注

(1) この研究は,2005-08年度 科学研究費基盤研究A「危機的調査環境下における新たな社会調査手法の開発」(研究代表者 大谷信介)の一環として,関西学院大学社会学部授業科目社会調査実習の受講生によって実施された調査研究である。実習報告書は，関西学院大学社会学部大谷研究室（2011）『マンションの社会学――西宮マンション調査による実態把握』，(2010)『西宮マンション居住に関する社会学的研究――西宮アパート・マンション調査報告書（２)』，(2009)『西宮アパート・マンション調査報告書――新たな社会調査手法への挑戦』としてまとめられた。その３冊の報告書と大谷信介編著（2009）『「危機的調査環境下における新たな社会調査手法の開発」2005～2008年科学研究費［基盤研究（A)］研究成果報告書』をベースとして，大谷信介編（2012）『マンションの社会学――住宅地図を活用した社会調査の試み』ミネルヴァ書房，が出版された。

(2) 大谷信介（2010）「住宅地図を使ったサンプリングの可能性――高松市住宅地図分析」『松山大学論集』21巻４号，195-208，198-199頁の表を再構成した。

(3) この聞き取り調査は，2008年１月15日に行った。聞き取り調査の詳細については，関西学院大学社会学部大谷研究室（2009）前掲書，99頁に記載されている。

(4) 社団法人日本経済団体連合会の「福利厚生調査」については，経団連のホームページに公表されている。ここでは，その中の『第54回福利厚生費調査結果報告』を引用した。

(5) 労務行政研究所『社宅制度の実態と今後の方向に関する調査結果速報』(1990年）および労務行政研究所『社宅・寮・住宅融資制度に関する実態調査』(2007年)。

(6) 2009年９月３日に行った伊予銀行人事部福利厚生担当者への聞き取り調査の詳細については，関西学院大学社会学部大谷研究室（2010）前掲書，93-95頁に記載されている。

第8章　西宮マンション調査で判明した居住実態

1　どのような実験的試みをしたのか――西宮マンション調査の概要

〈西宮市のマンション居住者〉を対象とした社会調査を実施しようとすると，そのこと自体がとても難しい試みであることに気づくだろう。それは，マンション居住者だけを抽出した名簿を作製することがきわめて困難だからである。「住民基本台帳」や「選挙人名簿」といった「公的名簿」が入手できたとしても，住所表記だけでは，マンションかどうかが判別できないためである。〈西宮マンション調査〉では，ゼンリン住宅地図の別記情報を〈標本抽出台帳〉として使い，国勢調査データによる〈割当法〉を使うことにより，従来とは異なる「新たな調査手法」を実験的に試みようとした。今回の調査では，西宮市内の共同住宅のうち，１・２階建ての共同住宅を〈アパート〉，３階建て以上の共同住宅を〈マンション〉と位置づけ，それぞれ別の調査を実施することにした。それは，アパート居住者の回収率が悪いと推測されたためである。(1)

表８-１は，〈アパート調査〉と〈マンション調査〉の概要を整理したものである。〈アパート調査〉では，回収率が低くなることを危惧して，回答が簡単な「はがき」形式の調査票を採用し，調査対象数は1500サンプル，配布はすべて「ポスティング」で実施することにした。一方〈マンション調査〉では，質問項目が多い「冊子」形式の調査票を用い，「郵送」・「訪問」・「ポスティング」の３通りの方法で4000サンプルに配布した。配布方法別に回収率の違いを比較し，最も効果的な方法の分析を試みるためである。本章では，３階建て以上の共同住宅を対象として実施した〈マンション調査〉のデータを使って，マンション居住の実態について考察してみたい。

表8-1　西宮マンション調査の概要

	マンション調査	アパート調査
調査対象地	兵庫県西宮市	
調査期間	2008年11月8日〜12月25日	
調査票配布期間	2008年11月8日（土）〜11月16日（日）（9日間）	
調査対象者	西宮市の共同住宅に住む世帯主 （ゼンリン住宅地図に別記情報が掲載されているアパート・マンション）	
調査対象棟	3階建て以上の共同住宅	1・2階建ての共同住宅
サンプリング台帳	ゼンリン住宅地図（地図面および別記情報）・マンションデータベース	
対象選定基準	平成17年国勢調査の世帯数比率，「住宅の建て方」×「住宅の所有の関係」のクロス表より作成した表	居住率，特徴的なアパートである「レオパレス」などを考慮
サンプル数	4000サンプル	1500サンプル
配布方法	郵送法800サンプル（1/5） 訪問法800サンプル（1/5） ポスティング法2400サンプル（3/5）	ポスティング法
調査票	冊子形式の調査票	はがき形式の調査票
回収方法	料金受取人払い方式の 封筒による郵送回収	料金受取人払い方式の はがきによる郵送回収
調査票実際配布数	3779票	1345票
回収票数/配布数 （回収率）	843票/3779票 （回収率22.3%）	121票/1345票 （回収率9.0%）

今回の調査では，配布した3779票の調査票のうち843票を回収し，全体での「回収率」は22.3%であった。「回収率」とは，どれだけの調査票を回収できたかという数字であり，算出には「回収できた調査票数」を「配布できた調査数」で割ることによって集計した。

表8-2　配布方法別回収率

郵　送	訪　問	ポスティング	合　計
161/746（21.6%）	228/460（49.6%）	454/2573（17.6%）	843/3779（22.3%）

配布方法別にみると，回収率は訪問法において49.6%と最も高い値を示している。ただし，訪問法においては，「調査票を受け取ってもらえるか」という段階でも成否が分かれるため，「受け渡し成功率」についても考察が必要であ

る。ポスティング法では17.6%，郵送法では21.6%という回収率であった。郵送法が，ポスティング法に比べると若干高い数字（4.0%の差）であったが，「郵送法」は宛名の記入や調査票の封入などの作業とコスト（郵送代＝１件140円）を必要とするのに対して，「ポスティング法」は訪問時に調査票を投函するだけで済む方法である。作業量やコスト面を考慮すると，今回の回収結果からは，ポスティング法がある程度有効な方法であることが示唆されたといえる。

表８-３　マンションの特徴・訪問状況別回収率（%）

		郵　送	訪　問	ポスティング	合　計
居住形態別	公　営	31/168（18.5）	51/101（50.5）	94/598（15.7）	176/867（20.3）
	社　宅	10/62（16.1）	18/42（42.9）	39/183（21.3）	67/287（23.3）
	分　譲	85/332（25.6）	95/162（58.6）	190/879（21.6）	370/1373（26.9）
	賃　貸	35/184（19.0）	64/155（41.3）	131/913（14.3）	230/1252（18.4）
階数別	３～５階	72/410（17.6）	115/229（50.2）	249/1339（18.6）	436/1978（22.0）
	６～10階	53/205（25.6）	79/131（60.3）	122/730（16.7）	254/1066（23.8）
	11～14階	22/90（24.4）	23/64（35.9）	61/329（18.5）	106/483（21.9）
	15階～	14/41（34.1）	11/36（30.6）	22/175（12.6）	47/252（18.7）
規模別	小規模	15/78（19.2）	23/40（57.5）	82/216（38.0）	120/334（35.9）
	中規模	45/245（19.7）	65/163（39.8）	175/803（21.8）	285/1211（23.5）
	大規模	101/423（23.9）	140/257（54.5）	197/1554（12.7）	438/2234（19.6）
曜日別	月～金曜日	—	60/125（48.0）	—	—
	土曜日	—	48/109（44.0）	—	—
	日曜日	—	120/226（53.1）	—	—
時間帯別	～11：59	—	26/68（38.2）	—	—
	12：00～14：59	—	100/194（51.5）	—	—
	15：00～16：59	—	88/172（51.2）	—	—
	17：00～	—	14/26（53.8）	—	—
合計		161/746（21.6）	228/460（49.6）	454/2573（17.6）	843/3779（22.3）

表８-３は，「どのようなマンションで」「どのような状況で」回収率がよかったのかを整理したものである。居住形態別にみると，「分譲」での回収率が最も高い値を示していることがわかる。実際に訪問調査を行った調査員の感想からも，「分譲マンションなど高級感ある建物は，気持ちに余裕があるのか，調査に協力的である」，「分譲では丁寧な対応をしてくれる」など調査を行いやすかったという感想が目立ち，調査に協力的な姿勢が「回収率」にも反映され

たのではないかと推測できる。反対に,「賃貸」や「公営」では回収率が低く,今回の調査では「回収しにくいマンション」であったといえるであろう。階数別・規模別にみると,配布方法によってばらつきはあったものの,「小規模」,「3～5階」,「6～10階」といった比較的小さなマンションで「回収率」は高い値を示している。これらの結果を踏まえると,今回の調査では「小型」のマンションからの方が回答を得やすかったといえそうだが,郵送法においてのみ,「大型」のマンションで高い回収率を示している。調査票を配布した日時では,「日曜日」,「17:00～」が最も高い値を示している。今回の調査においては,調査票の配布は,曜日では日曜日,時間帯では遅い時間帯に訪問を行った方が回収につながりやすいという結果となった。

次に,訪問法における受け渡しの成功率はどのようになっていたのであろうか。

・「回収率」
　⇒回収できた調査票　/　配布できた調査票
・「受け渡し成功率」
　⇒調査票の受け渡しに成功した回数　/　総チャレンジ数（訪問を行った回数）

表8-4　訪問法の受け渡し成功率

成　功	不　在	拒　否	総チャレンジ数
460 (27.5%)	909 (54.4%)	308 (18.4%)	1,677 (100%)

訪問法での「受け渡し成功率」は「総チャレンジ数」の27.5%であった。「受け渡し成功率」とは,訪問法において「調査票を受け取ってもらえる（=配布できる）確率」であり,「現地記入シート」に記載された調査票の受け渡し成功回数と,訪問回数の合計である「総チャレンジ数」をもとに算出した。今回の調査では,合計で1677回の訪問を行い,460回調査票の受け渡しに成功したものの,909回は対象者が不在,308回は調査拒否によって調査票を受け渡すことができなかったことになる。これらは,調査を行った日時や,訪問を行ったマンションの特徴などによる影響を受けている可能性があると考えられる。

表8－5　マンションの特徴・訪問状況別 受け渡し成功率

		成　功	不　在	拒　否	合　計
居住形態別	公　営	101 (24.1)	198 (47.3)	120 (28.6)	419 (100%)
	社　宅	42 (32.3)	70 (53.8)	18 (13.8)	130 (100%)
	分　譲	162 (23.4)	411 (59.3)	120 (17.3)	693 (100%)
	賃　貸	155 (35.6)	230 (52.9)	50 (11.5)	435 (100%)
階数別	3～5階	229 (27.0)	461 (54.4)	158 (18.6)	848 (100%)
	6～10階	131 (26.8)	279 (57.2)	78 (16.0)	488 (100%)
	11～14階	64 (29.0)	106 (48.0)	51 (23.1)	221 (100%)
	15階～	36 (30.0)	63 (52.5)	21 (17.5)	120 (100%)
戸数別	小規模（1～10戸）	40 (24.3)	122 (68.2)	17 (9.5)	179 (100%)
	中規模（11～30戸）	163 (27.8)	299 (51.0)	125 (21.3)	587 (100%)
	大規模（31戸～　）	257 (28.2)	488 (53.6)	166 (18.2)	911 (100%)
曜日別	月～金曜日	125 (24.1)	322 (62.0)	72 (13.9)	519 (100%)
	土　曜　日	109 (27.0)	198 (49.0)	97 (24.0)	404 (100%)
	日　曜　日	226 (30.0)	389 (51.6)	139 (18.4)	754 (100%)
時間帯別	～11：59	68 (23.4)	168 (57.7)	55 (18.9)	291 (100%)
	12：00～14：59	194 (26.6)	388 (53.3)	146 (20.1)	728 (100%)
	15：00～16：59	172 (29.6)	313 (53.8)	97 (16.7)	582 (100%)
	17：00～	26 (34.2)	40 (52.6)	10 (13.2)	76 (100%)
合　計		460 (27.4)	909 (54.4)	308 (18.4)	1677 (100%)

表8－5は，マンションの特徴・訪問状況別の受け渡し成功率を示したものである。居住形態別の「受け渡し成功率」では，「賃貸」35.6%，「社宅」32.3%が，共に30.0%を超えている。一方で，受け渡し成功率が低かったのは，「公営」の24.1%と「分譲」の23.4%であった。「公営」については，不在率は47.3%と他より低い値を示したものの，拒否率が28.6%と高かった。実際に，調査員の感想からも「古い公営住宅などでは，高齢者が多いこともあって，「わからない」，「結構です」と断られるなど，調査しにくかった」という記録が目立った。次いで低い値を示した「分譲」では，不在率が59.3%と他より高い値を示したものの，訪問法の回収率は前述した通り，他と比べて最もよかった。つまり，分譲マンションでは，不在などの理由により，受け渡し成功率は悪いかもしれないが，渡すことができれば，回答はしてくれるという結果だったといえるだろう。

次に，マンションの「階数別」，「規模別」をみると，成功率が高くなっているのは，15階〜（30.0％），大規模（28.2％）の比較的大きなマンションであることがわかる。訪問調査を行った日時については，曜日別では「日曜日」（30.0％），時間帯別では「17:00〜」（34.2％）がそれぞれ高い成功率を示している。また，この2つの項目は，「回収率」においても最も高い値を示しているため，今回の調査において「調査票の配布・回収を最も効率よく行えた日時」であったといえるだろう。反対に，不在率が高かった日時は，「月〜金曜日」（62.0％）の平日や「〜11:59」（57.7％）の時間帯であった。

こうした訪問法における「受け渡し成功率」のデータは，今後の調査方法への有益な情報とともに，民間企業の配達や営業訪問における有力情報ともなるであろう。

2「オートロック付きマンション」の普及は回収率を減少させるのか

近年の社会調査において，「オートロック付きマンション」の増加が，回収率の低下に多大な影響を与えているという見方がある[(2)]。本節では「オートロックが調査の障壁となっているのか」について，調査員が「現地記入シート」に記入した「調査の記録」と，オートロック有無別に集計した訪問の「総チャレンジ数」によって分析してみよう。

オートロックが設置されているマンションでは，インターホン越しに調査依頼を行うことになる。そのため，対象者と調査員は直接対面した状態で調査への協力を依頼することができず，調査依頼が行いにくいとされてきた。しかし，「調査の記録」に記載された，調査員の感想からは，「実際に対面した方が対応がよかった」などの対面を重視した感想はごく少数に留まり，「インターホン越しでも，特別依頼しにくいということはなかった」，「オートロックの有無に関わらず，応対は非協力的であった」など，オートロックの有無が訪問調査には影響しないと感じた調査員が大部分を占めた。そればかりか，「距離があるせいか，いきなり訪問するより警戒心を持たれなかった」，「オートロックなしのマンションでは，管理人に拒否されることが多かった」といった感想がみられるなど，オートロックが調査の障害とはなっていないのではないかという興味深い結果が明らかとなった。

表8-6　オートロック有無別受け渡し成功率

オートロックの有無	成　　功	不　　在	拒　　否	総チャレンジ
あ　　り	123（26.2）	277（58.9）	70（14.9）	470（100%）
な　　し	281（26.7）	563（53.6）	207（19.7）	1051（100%）
合　　計	404（26.6）	840（55.2）	277（18.2）	1521（100%）

注：オートロックの有無が不明なものは除いている。

表8-6は「オートロックあり・なし」と調査票の受け渡し成功率をクロスしたものである。受け渡し成功率を比べると，オートロック「あり（26.2%）」，「なし（26.7%）」と両者に大きな差は存在していない。また拒否率に着目してみると，「あり（14.9%）」，「なし（19.7%）」とオートロックありのマンションの方が拒否率は低かったのである。

表8-7　オートロック有無別回収率

オートロックの有無	郵　　送	ポスティング	訪　　問
あ　　り	59/228（25.9）	136/738（18.4）	65/129（50.4）
な　　し	92/515（17.9）	292/1710（17.1）	147/229（49.2）
合　　計	151/743（20.3）	428/2448（17.5）	212/428（49.5）

また回収率についてみてみると，どの配布方法でも，オートロック「あり」は「なし」を上回る回収率を示し，むしろ高い回収率が見込めるという結果を示したのであった。この興味深い結果は，従来の「オートロックが調査環境悪化の原因となっている」という説を否定する根拠となるのではないかと思われる。

今回の調査では，公的名簿を使わず，住宅地図を使った新しい調査方法の実験的模索を行った。住宅地図の別記情報を使った方法は，「西宮のマンション居住者」を母集団とした調査を可能にしたというメリットは存在したが，同時に限界や問題点も明らかになった。ここでは，住宅地図を使ったマンション調査の課題や問題点として次の3点を指摘しておきたい。

(1) 世帯主を調査対象とせざるをえないという課題：サンプリングの原簿としたゼンリン住宅地図は，基本的に世帯主が地図上に記載されているため，調査票送付の際には，世帯主の名前で送付しなければならない。しかし，調査方法を工夫することにより，調査対象者を指定することは十分可能である。本調査では，「基本的に世帯主の方にお答えいただきたい」ということを調査票に記載し，さらにフェイスシート欄に「あなたは世帯主ですか」という質問項目を加えることで，回答者を指定・把握できるようにした。今後，「世帯主以外の人にも答えてもらうべきか」，「どのような方法で対象者を指定すべきか」といった課題をさらに考えていく必要があるだろう。

(2) 分譲—賃貸がどうしても判別できないという課題：ゼンリン住宅地図の別記情報には，居住形態別の区別が記載されていない。そのため，この情報を基に作成した「マンションデータベース」から，〈分譲〉，〈賃貸〉を判断することは大変困難であり，調査設計においてこの方法の致命的な欠陥となっている。

表8－8　国勢調査との居住形態比率の比較（%）

	分　譲	賃　貸	公営・UR	社宅・寮	その他
マンション調査	56.0	12.0	20.0	10.0	2.0
国勢調査	35.0	38.0	20.0	7.0	0.0

表8－8は，回収分析標本と2005年国勢調査の居住形態比率を比較したものである。マンション調査における「分譲」の割合は，国勢調査よりも20.0%ほど高い数字になっている。分譲・賃貸を見分けられない理由として，分譲マンション所有者が賃貸として転貸していることや，不動産仲介業者が売却できずに残っている物件を賃貸として貸し出していることなども考えられる。このような理由から，建物ベースでの分譲・賃貸の判別は容易にはできなくなっていることが窺える。今後も「分譲・賃貸を判別する方法はないのか」ということを課題として考えていく必要がある。

(3) 若年層からの回収が困難だという課題：近年行われている多くの社会調査では，若年層からの回収率が極端に低いことが問題とされている。表8－9

は，マンション調査と2005年国勢調査（西宮市）の年齢構成を比較したものであるが，国勢調査の20～39歳が37.9％であるのに対して，マンション調査では14.4％であり，若年層の回収率がやはり低いことを示している。逆にマンション調査の60歳以上の世代の構成比は国勢調査の数字を大きく上回っている。今後も若年層への調査方法を検討していく必要があるという結果といえるだろう。

表8-9　国勢調査との年齢構成の比較

年　齢	国勢調査（370,485人）	マンション調査（831世帯主）
20～39歳	37.9%	14.4%
40～49歳	15.0%	19.3%
50～59歳	17.2%	19.8%
60～69歳	14.3%	24.4%
70歳以上	14.5%	21.8%

3　回収票が語る西宮マンション居住者の特徴

マンションデータベースでの最大の問題点は「分譲」，「賃貸」の区別ができず，居住形態別の特徴を分析することができなかった点である。それに対して「西宮マンション調査」では，対象者本人が回答する居住形態についての質問をはじめ，間取り，家賃・価格，居住年数，居住者の特徴といった質問項目が調査されているので，それらをクロス集計することによってマンションの居住形態別の特徴を明らかにすることが可能である。

表8-10　マンションデータベースとマンション調査の階数比較

	平均階数	1～3階	4階	5階	6～10階	11階以上	合計	最上階	
マンションデータベース	3.8	4309 (60.4)	1076 (15.1)	877 (12.3)	715 (10.0)	158 (2.2)	7135 (100%)	31	(階数不明　43)
マンション調査	6.8	120 (14.4)	130 (15.6)	186 (22.2)	248 (29.7)	152 (18.2)	836 (100%)	25	(NA 5)

マンションデータベースでは平均階数が3.8階で，1～3階建てが60.4％であったのに対し，マンション調査では平均階数が6.8階，6～10階建てが

29.7%であった。この数字の違いは，マンション調査は，３階建て以上のマンションを対象とした調査だったこと，およびマンション調査が国勢調査の割り当て法にもとづいた世帯ベースの数字であったこと（マンションデータベースは建物ベースの数字）の違いが，大きく反映していると考えられる。

表８-11　階数と間取り

	平均階数	階数						間取り				
		3階	4階	5階	6~10階	11階以上	合計	2LDK以下	3K・3DK	3LDK以上	その他	合計
購入新築	7.8	21	26	69	132	89	337	17	12	302	7	338
		(6.2)	(7.7)	(20.5)	(39.2)	(26.4)	(100%)	(5.0)	(3.6)	(89.3)	(2.1)	(100%)
購入中古	6.4	25	20	31	52	16	144	13	8	123	1	145
		(17.4)	(13.9)	(21.5)	(36.1)	(11.1)	(100%)	(9.3)	(5.5)	(84.8)	(0.7)	(100%)
賃　貸	5.0	56	16	17	11	10	110	43	13	54	—	110
		(50.9)	(14.5)	(15.5)	(10.0)	(9.1)	(100%)	(39.1)	(11.8)	(49.1)		(100%)
U　R	8.7	—	9	19	11	23	62	15	37	11	—	63
			(14.5)	(30.6)	(17.7)	(37.1)	(100%)	(23.8)	(58.7)	(17.5)		(100%)
公　営	7.0	2	21	34	29	13	99	30	50	18	1	99
		(2.0)	(21.2)	(34.3)	(29.3)	(13.1)	(100%)	(30.3)	(50.5)	(18.2)	(1.0)	(100%)
社　宅	4.7	15	38	16	13	3	85	9	22	51	3	85
		(17.6)	(44.7)	(18.8)	(15.3)	(3.5)	(100%)	(10.6)	(25.9)	(60.0)	(3.5)	(100%)
合　計	6.8	119	130	186	248	154	837	127	142	559	12	840
		(14.2)	(15.6)	(22.2)	(29.6)	(18.4)	(100%)	(15.1)	(6.9)	(66.5)	(1.4)	(100%)
							(NA 6)					(NA 3)

表８-11は，「Ｑ２．あなたがお住まいの住居は何階建てですか」から平均階数と階数分布を，「Ｑ４．あなたがお住まいの住居の間取りは次のどちらですか」から間取りをそれぞれ整理したものである。階数に関しては，全体的に３～５階建ての比率が高かったため，「３階」，「４階」，「５階」に分け，６階以上は，「６～10階」，「11階以上」と整理した。間取りについては，「２ＬＤＫ以下」，「３Ｋ・３ＤＫ」，「３ＬＤＫ以上」，「その他」に分けて集計した。

西宮マンション全体での平均階数は6.8階で，６～10階建てが29.7%と多かったことである。居住形態別にみると，購入新築と購入中古のどちらも６～10階建てが多くの割合を占めた（購入新築＝38.7%，購入中古＝37.4%）。これに対して賃貸は，３階建てが51.4%と多く，６～10階建ては9.9%と少なかった。このことから，西宮のマンションをイメージする場合に，高層の建物は「分譲」，低層の建物は「賃貸」が多いという目安にはなると思われる。それ以外の特徴としては，URが5階建てと11階建て以上の比率が高い（5階建て＝31.1%，11階建て以上＝36.1%）こと，公営では5階建てのマンションが34.3%と多く，社宅では4階建ての建物が44.7%と半数近くを占めているという特徴は，特に注目される点である。

「間取り」では，西宮マンション全体では３ＬＤＫ以上が49.9%と半数近くを占め，居住形態別にみると，主として民間が建設した「購入新築」，「購入中古」，「賃貸」，「社宅」では，３ＬＤＫ以上が他の間取りよりも多いことがわかる（購入新築＝61.1%，購入中古＝62.9%，賃貸＝44.5%，社宅＝52.9%）。これに対し，「公営」や「UR」の間取りは３Ｋ・３ＤＫがそれぞれ59.7%，50.5%と比率が高かった。このことは，民間建設マンションではリビングがある間取りが多く存在し，「公営」，「UR」ではリビングがない間取りが一般的であるという特徴が存在することが考えられる。

次に家賃・購入価格と年収から特徴をみてみる。年収に関しては，URは，毎月の平均月収額が基準月収額以上，または貯蓄額が基準貯蓄額以上ある人が入居資格をもつ。これに対し公営は，普通住宅，改良住宅など住宅ごとに入居条件が変わるが，県公社住宅・特別賃貸住宅を除いた公営住宅は，世帯月収が一定額を超えると入居できない(3)。このようにURと公営は，年収によって入居可能か・不可能かどうかが変わってくるが，国勢調査では公営もURも１つにまとめられ集計されている。その妥当性については，検証してみる必要があるだろう。

表8-12は「Q44．一ヶ月の家賃はおいくらですか」から平均家賃と家賃分布を整理し，「Q44．購入時の住居の価格はおいくらでしたか」から購入新築と購入中古の違いを分析し整理したものである。家賃は，分譲を除いた賃貸・UR・公営・社宅の4つの居住形態の家賃分布を「４万未満」，「４～７万未満」，「７万以上」，購入価格は，「2000万未満」，「2000万～4000万未満」，「4000万以上」に分けた。年収に関しては，「200万未満」，「200万～600万未満」，「600万

表 8-12　家賃と購入価格と年収

	平均家賃（万）	家賃分布				購入価格				年　収			
		4万未満	4万〜7万未満	7万以上	合　計	2000万未満	2000万〜4000万未満	4000万以上	合　計	200万未満	200万〜600万未満	600万以上	合　計
購入新築	—	—	—	—	—	29	191	115	335	17	156	157	330
						(8.7)	(57.0)	(34.3)	(100%)	(5.2)	(47.2)	(47.6)	(100%)
購入中古	—	—	—	—	—	40	78	19	137	9	65	61	135
						(29.2)	(56.9)	(13.9)	(100%)	(6.7)	(48.1)	(45.2)	(100%)
賃　貸	9.8	—	15	81	96	—	—	—	—	8	51	48	107
			(15.6)	(84.4)	(100%)					(7.5)	(47.6)	(44.9)	(100%)
U　R	6.7	1	30	18	49	—	—	—	—	11	40	8	59
		(2.0)	(61.2)	(36.7)	(100%)					(18.6)	(67.8)	(13.6)	(100%)
公　営	3.2	53	12	5	70	—	—	—	—	43	43	5	91
		(75.7)	(17.1)	(7.1)	(32.2)					(47.3)	(47.3)	(5.4)	(100%)
社　宅	3.5	35	14	4	53	—	—	—	—	—	17	65	82
		(66.0)	(26.4)	(7.5)	(35.1)						(20.7)	(79.3)	(100%)
合　計	6.3	89	71	108	268	69	269	134	472	88	372	344	804
		(33.2)	(26.5)	(40.3)	(62.6)	(14.6)	(57.0)	(28.4)	(100%)	(10.9)	(46.3)	(42.8)	(100%)
					(NA 573)				(NA 371)				(NA 39)

以上」と分けた。

家賃分布からわかったことは，西宮マンション全体の平均家賃は6.3万円で，７万円以上が40.3％と多かったことである。社宅を除いた賃貸，UR，公営をみると，賃貸が７万円以上（84.4％）と借家の中でも一番高く，続いてURは４～７万円未満（61.2％），公営は４万円未満（75.7％）という結果であった。

購入価格分布から購入新築と購入中古の違いが明らかになった。どちらも，2000万～4000万未満が多いが（購入新築＝57.0％，購入中古＝58.9％），2000万未満と4000万以上に注目すると，中古マンションは2000万未満の比率が多く（29.2％），新築マンションは4000万以上の比率が多いことがわかる（34.3％）。

次に居住者の世帯年収について分析した結果は次の通りである。西宮マンション全体では200万～600万未満が46.3％と多く，居住形態別をみると，公営以外は世帯年収200万円以上の回答が多く，200万～600万未満の比率が多いのは，購入中古，賃貸，URであった（購入中古＝48.1％，賃貸＝47.6％，UR＝67.8％）。そして600万以上の比率が多かった居住形態は，購入新築と社宅であった（購入新築＝47.8%，社宅＝79.3%）。公営の世帯年収は他の居住形態と比較するときわめて低いといえる。

表８-13は「Q38. あなたの年齢をお答えください」から平均年齢と年齢分布を整理し，「Q６．現在の住居にお住まいになって何年何ヶ月になりますか」から平均居住年数と居住年数分布を求めた。年齢分布に関しては20代が少なかったため「30代以下」としてまとめ，「40代」，「50代」，「60代」，「70代以上」と分類した。居住年数については，「５年以内」，「６～10年」，「11～20年」，「21年以上」に分けてそれぞれの居住形態別の居住年数分布を求めた。年齢分布からわかったことは，西宮マンション居住者の平均年齢が56.8歳で，60代が24.4%，70代以上が21.8%と高齢者が多かったことである。居住形態別にみると，賃貸と社宅に居住する人は30代が多く（賃貸＝33.6%，社宅＝44.7%），比較的若い年代の人が居住している。これに対しURと公営では，高齢者が多く居住し，その中でも70代以上の年代の人が多かった（UR＝51.7%，公営＝43.2%）。

居住年数については，西宮マンションの平均居住年数は13.5年，どの居住年数の分布も均衡している。居住形態別にみると，賃貸と社宅は居住年数が５年以内という回答が一番多く（賃貸＝58.3%，社宅＝77.5%），URと公営は居住年数21年以上という比率がそれぞれ42.8%，46.4%と長いことがわかる。

以上，西宮市マンションの特徴を居住形態別に明らかにしてきた。今回の調査では，階数から「分譲」，「賃貸」の区別ができたことがまず大きな発見であったといえるだろう。URと公営については，間取り・居住年数・回答者の年齢においては差がなかったが，階数・家賃・年収からは大きな差があった。URの入居条件は，一定の年収または貯蓄がないと入居できないのに対し，公営の入居条件は一定の年収を超えると入居できないという，両者の入居条件に金銭面が関係してきている。国勢調査ではURと公営は「公営」とまとめているが，今回の調査結果から，URと公営に家賃や年収の違いがあることが明らかになった。金銭面で大きな差が存在しているのに国勢調査でURと公営を「公営」としてまとめてしまうと適切な分析ができないため，国勢調査ではURと公営をまとめて集計するべきではないといえるだろう。

表８-13　年齢と居住年数

	平均年齢	年齢分布						平均居住年数	居住年数分布				
		30代以下	40代	50代	60代	70代以上	合計		5年以内	6～10年	11～20年	21年以上	合計
購入新築	58.1	25	78	65	100	70	338	15.3	33	101	115	91	340
		(7.4)	(23.1)	(19.2)	(29.6)	(20.7)	(100%)		(9.7)	(29.7)	(33.8)	(26.8)	(100%)
購入中古	58.1	11	23	40	43	24	141	12.9	31	36	39	28	134
		(7.8)	(16.3)	(28.4)	(30.5)	(17.0)	(100%)		(23.1)	(25.6)	(29.1)	(20.9)	(100%)
賃　貸	48.9	37	25	23	9.1	15	110	6.2	60	27	12	4	103
		(33.6)	(22.7)	(20.9)	(10)	(13.6)	(100%)		(58.3)	(26.2)	(11.7)	(3.9)	(100%)
U　R	67.4	4	1	7	17	31	60	20.4	13	10	12	26	61
		(6.7)	(1.7)	(11.7)	(28.3)	(51.7)	(100%)		(21.3)	(16.4)	(19.7)	(42.6)	(100%)
公　営	65.7	5	5	16	28	41	95	20.1	10	19	23	45	97
		(5.3)	(5.3)	(16.8)	(29.5)	(43.2)	(100%)		(10.3)	(19.6)	(23.7)	(46.4)	(100%)
社　宅	41.9	38	28	15	4	―	85	4.2	55	13	2	1	71
		(44.7)	(32.9)	(17.6)	(4.7)		(100%)		(77.5)	(18.3)	(2.8)	(1.4)	(100%)
合　計	56.8	120	160	166	202	181	829	13.5	202	203	203	195	806
		(14.5)	(19.3)	(20.0)	(24.4)	(21.8)	(100%)		(25.1)	(25.2)	(25.2)	(24.2)	(100%)
							(NA 14)						(NA 37)

次に，西宮マンション居住者は，誰とどのように暮らしているのかについてみてみたい。表８-14は，「Q12．一緒に暮らしている人数（構成人数）」と「SQ．一緒に住んでいる人」を組み合わせることにより，世帯構成の把握を試みたものである。世帯人数の分布をみると，２人が36.9％と最も多く，次いで４人・３人と続き，平均人数は2.7人であった。世帯構成に注目すると，構成人数が２人の場合では「夫婦のみ」が86％，３人以上の構成人数になると「夫婦と子供」が80％以上（３人＝85.7％，４人＝93.9％，５人＝80.0％）という構成となっている。

表８-15は，年代別に世帯構成・構成人数・同居している子供の数を整理したものである。全体の世帯構成では，「夫婦と子供」（44.8％）が多く，次いで「夫婦のみ」（31.5％），「単身者」（12.8％）となっている。年代別にみると，40代までは「夫婦と子供」が多く（30代以下＝70.0％，40代＝72.5％），構成人数・子供の数は年齢とともに増えている。しかし，60代以上になると「夫婦のみ」（60代＝44.6％，70代以上＝54.9％）が増え，構成人数や子供の数が大きく減っていることがわかる。さらに，70代以上になると「単身者」の割合が高くなり，

表8-14　世帯人数と世帯構成

構成人数	1人	2人	3人	4人	5人以上	合計	平均
	108（12.8）	311（36.9）	182（21.6）	197（23.4）	45（5.3）		
世帯構成	単身者 108（100%）	夫婦のみ 265（86.0） 親か子 39（12.7） 兄弟 1（0.3） その他 3（1.0） NA（3）	夫婦と子供 156（85.7） 夫婦と親 4（2.2） 3世代 4（2.2） 親か子 13（7.1） その他 5（2.7）	夫婦と子供 185（93.9） 3世代 8（4.1） 親子 4（2.0）	夫婦と子供 36（80.0） 3世代 8（17.8） その他 1（2.2）	843 （100%）	2.72人

表8-15　年代別世帯構成

	単身者	夫婦のみ	夫婦と子供	その他	合計	平均 世帯人数	平均 同居子供数
30代以下	12（10.0）	14（11.7）	84（70.0）	10（8.3）	120（100%）	3.2人	1.3人
40代	10（6.3）	23（14.4）	116（72.5）	11（6.9）	160（100%）	3.4人	1.6人
50代	11（6.6）	32（19.2）	96（57.5）	28（16.8）	167（100%）	3.1人	1.3人
60代	22（10.9）	90（44.6）	63（31.2）	27（13.4）	202（100%）	2.4人	0.5人
70代以上	53（27.5）	106（54.9）	18（9.3）	16（8.3）	193（100%）	1.9人	0.2人
合計	108（12.8）	265（31.5）	377（44.8）	92（10.9）	842（100%）	2.72人	0.9人

（NA 1）

居住者のほとんどが「単身者」（27.5%）か「夫婦のみ」（54.9%）となっている。つまり，マンション居住者の構成人数は年齢が高くなるにつれて減っており，世帯構成も最終的には「高齢単身世帯」と変化していくことが理解できる。

表8-16は「単身者」を性別で分けて年代別に整理したものである。性別で見ると，男性より女性単身者が多く，単身者全体の65.4%を占めていることがわかる。特に，70歳以上の単身者の8割近くが女性で，1人でマンションに住んでいる事実には注目する必要があるだろう。これらの事実は，今後居住者の高齢化の進展とともに，「孤独死問題」にもつながっていく深刻な問題を抱えているといえるだろう。

表８-16　年代別・性別の単身者の内訳（NA 1）

	単身者		合計
	男性	女性	
30代以下	4（33.3）	8（66.7）	12（100%）
40代	7（70.0）	3（30.3）	10（100%）
50代	6（54.5）	5（45.5）	11（100%）
60代	9（40.9）	13（59.1）	22（100%）
70代	11（21.2）	41（78.8）	52（100%）
合計	37（34.6）	70（65.4）	107（100%）

次に，マンション居住者の働き方と余暇の過ごし方に着目してみよう。表８-17と８-18は，「Q13. あなたの職業は次のどれにあてはまりますか。配偶者がおられる場合は，配偶者についてもお答えください」の回答結果を整理したものである。マンション調査は，対象を世帯主としているので，表８-18は世帯主の職業構成であるが，「勤め」が半数以上（51.4%）で，次いで「無職」（28.4%）となった。配偶者の職業では，「専業主婦」が最も多く（23.1%），次いで「無職」（21.9%），「非該当」（20.6%）と続いている[(4)]。

表８-19は，配偶者のいるマンション居住者（「非該当」168票を除く）の「職業の組み合わせ」を年代別に集計したものである（性別を考慮し，あなたが男性の場合は「あなた」を「男」，「配偶者」を「女」とし，あなたが女性の場合は「あなた」を「女」，「配偶者」を「男」として整理した）。全体では，「男（自営・勤め）×女（専業主婦・無職）」が33.9%で最も多く，次いで，「男（専業主夫・無職）×女（専業主婦・無職）」が22.2%となっていた。年代別にみていくと，60代から「共働き」，「男（自営・勤め）×女（パート）」，「男（自営・勤め）×女（専業主婦・無職）」の組み合わせは急激に減少しており，一方で「男（専業主夫・無職）×女（専業主婦・無職）」，「その他」は，60代から急激に増加している。特に，70代では「男（専業主夫・無職）×女（専業主婦・無職）」の組み合わせが最も多く，73.3%を占める結果となっている。

表８-20は，マンション居住者の余暇活動に着目し，「Q21. 普段の休日の過ごし方は，しいていえば次のどちらに近いですか」という質問で，「趣味など

表8-17　あなたの職業

自　営	70 (8.4)
勤　め	427 (51.4)
パート	51 (6.1)
専業主婦	47 (5.7)
無　職	236 (28.4)
合　計	831 (100%)

(NA 12)

表8-18　配偶者の職業

自　営	24 (2.9)
勤　め	111 (13.6)
パート	146 (17.9)
専業主婦	189 (23.2)
無　職	179 (21.8)
非該当	168 (20.6)
合　計	817 (100%)

(NA 26)

表8-19　あなたと配偶者の職業の組み合わせ

	共働き	男（自営・勤め）×女（パート）	男（自営・勤め）×女（専・無職）	男（専・無職）×女（専・無職）	その他	合計
30代以下	21 (21.4)	13 (13.3)	60 (61.2)	0 (0.0)	4 (4.1)	98 (100%)
40　代	37 (27.0)	39 (28.5)	52 (38.0)	1 (0.7)	8 (5.8)	137 (100%)
50　代	26 (19.0)	43 (31.4)	57 (41.6)	1 (0.7)	10 (7.3)	137 (100%)
60　代	10 (6.4)	22 (14.0)	37 (23.6)	54 (34.4)	34 (21.7)	157 (100%)
70　代	2 (1.7)	3 (2.5)	14 (11.7)	89 (73.3)	12 (10.8)	120 (100%)
合　計	96 (14.8)	120 (18.5)	220 (33.9)	144 (22.2)	69 (10.6)	649 (100%)

(NA 26，非該当)

表8-20　年代別余暇活動

	休日の過ごし方		趣味活動		合　計
	活動派	休養派	参加している	参加していない	
30代以下	64 (53.8)	55 (46.2)	33 (27.5)	87 (72.5)	120 (100%)
40　代	81 (51.3)	77 (48.7)	43 (26.9)	117 (73.1)	160 (100%)
50　代	84 (50.9)	81 (49.1)	62 (37.1)	105 (62.9)	167 (100%)
60　代	129 (64.8)	70 (35.2)	101 (50.0)	101 (50.0)	203 (100%)
70代以上	107 (60.5)	70 (39.5)	109 (57.1)	82 (42.9)	193 (100%)
合　計	465 (56.8)	353 (43.2)	348 (41.4)	492 (58.6)	843 (100%)

(NA 25)　　(NA 3)

をし，できるだけ余暇を楽しむ様にしている」を「活動派」，「できるだけのんびりし，休養する様にしている」を「休養派」と整理し，「Q23. あなたは現在，習い事とは別に何らかのグループ活動やサークル活動に参加されていますか」の質問から，趣味活動への参加状況を年代別に整理したものである。

全体をみると，「活動派」が56.8%，趣味活動は「参加していない」が

58.6%を占めた。年代別にみると，休日の過ごし方において，50代以下は「活動派」，「休養派」ともに半数近くであったのに対して，60代を過ぎると「活動派」が6割以上を占めている（60代＝64.8%，70代以上＝60.5%）。若い頃は，平日は働き，休日は家で休養していた人が，定年後は休日を活動的に過ごしている姿が見て取れる結果である。それは，趣味活動への参加状況でも同様に指摘できる。仕事をしている世代の50代以下では「参加していない」人が多いのに対して，60代で半数まで増え，70代ではさらに増加しているのである（60代＝50.0%，70代以上＝57.1%）。

4 マンション居住者の近隣関係を測定する

近隣関係に関しては，「都市住民の居住類型別パーソナル・ネットワーク特性に関する調査」（1999年実施，4都市調査）以降，「関西ニュータウン比較調査」（2004年実施，ニュータウン調査）においても継続的に調査を実施してきた[(5)]。ここではまずこれまでにどのように近隣関係を測定する質問文を開発し，居住形態別の近隣関係の特徴を考察しようとしてきたかを整理することにしたい。

4都市調査の近隣関係質問文

〈隣人づきあい〉：Q８．あなたの〈隣人づきあい〉についてお聞きします。お宅の両隣の家を思い浮かべてください。その２軒（なければ１軒でも可）に住む人のなかで，あなたが最も親しくなさっている人を１人決めてください。その人とのつきあい状況についてお聞きします。

a．その人の家族構成を知っていますか
　１．知っている（86.3%）　２．知らない（13.7%）

b．その人の出身地を知っていますか
　１．知っている（51.5%）　２．知らない（48.5%）

c．世帯主の職業を知っていますか
　１．知っている（72.2%）　２．知らない（27.8%）

d．その人の最終学歴を知っていますか
　１．知っている　（29.0%）　２．知らない（71.0%）

e．その人の結婚のいきさつ（未婚の場合は恋人の有無）を知っていますか
　１．知っている（21.3%）　２．知らない（78.7%）

f．その人の現在の悩み事を知っていますか
　１．知っている　（16.2）　２．知らない（83.8）

g．その人と先月１ヶ月の間に一緒に出かけたり，買物・食事等に行ったことがありますか

1．ある（13.0%）　　2．ない（87.0%）

h．その人におすそわけ（土産を含む）をしたりもらったりしたことがありますか

1．ある（77.5%）　　2．ない（22.5%）

i．その人の家に遊びに行ったり（来たり）したことがありますか

1．ある（35.7%）　　2．ない（64.3%）

j．その人に自分の悩み事を話したことがありますか

1．ある（19.1%）　　2．ない（80.9%）

k．その人とは家族ぐるみのつきあいをしていますか

1．はい（24.6%）　　2．いいえ（75.4%）

l．その人に頼み事（留守中の事等）をしたことがありますか

1．ある（46.6%）　　2．ない（53.4%）

〈近所づきあい〉：Q9．あなたの〈ご近所づきあい〉についてお聞きします。今度は近所の人を小学校区内に居住している人とお考えいただき，該当する近所の人の人数をお答えください。

①先月1ヶ月の間に一緒に出かけたり，買物・食事等に行ったことがある近所の人は何人いますか　（1.2人）

②これまでにおすそ分けをしたり，もらったりしたことのある近所の人は何人いますか（3.4人）

③家に遊びに行ったり，来たりしたことのある近所の人は何人いますか　（2.2人）

関西ニュータウン調査の近隣関係質問文

〈隣人づきあい〉：Q24．あなたの〈隣人づきあい〉についてお聞きします。お宅の両隣（または向かい）の家を思い浮かべてください。そのなかで，あなたが最も親しくなさっている人を1人想定してください。その人とのつきあい状況についてお聞きします。

①その人の家族構成を知っていますか

1．知っている（86.2%）　　2．知らない（13.8%）

②世帯主の職業を知っていますか

1．知っている（67.1%）　　2．知らない（32.9%）

③その人と先月1ヶ月の間に一緒に出かけたり，買い物・食事等に行ったことがありますか

1．はい（13.6%）　　2．いいえ（86.4%）

④その人におすそわけ（土産を含む）をしたりもらったりしたことがありますか

1．はい（75.6%）　　2．いいえ（24.4%）

⑤その人の家に遊びに行ったり（来たり）したことがありますか

1．はい（35.8%）　　2．いいえ（64.2%）

⑥その人とは家族ぐるみのつきあいをしていますか

1．はい（26.0%）　　2．いいえ（74.0%）

⑦その人に頼み事（留守中の事など）をしたことがありますか

1．はい（48.4%）　　2．いいえ（51.6%）

〈近所づきあい〉：Q25．あなたの〈ご近所づきあい〉についてお聞きします。今度は近所の人を小学校区内に居住している人とお考えいただき，該当する近所の人の人数をお答えください。

①先月1ヶ月の間に一緒に出かけたり，買い物・食事等に行ったことがある近所の人は何人

いますか　(1.3人)
②これまでにおすそわけをしたり，もらったりしたことのある近所の人は何人いますか　(3.4人)
③家に遊びに行ったり，来たりしたことのある近所の人は何人いますか　(2.3人)

西宮マンション調査の近隣関係質問文

〈**隣人づきあい**〉：Q15. あなたの隣人づきあいに関する質問です。お宅の右隣の家に住んでいる人を思い浮かべてください。右隣がいない場合は左隣，上の部屋，下の部屋の順でお考え下さい。

①入居時にあいさつに行きましたか
1．行った（86.0%）　2．行っていない（14.0%）
②その家の家族構成を知っていますか
1．知っている（83.0%）　2．知らない（17.0%）
③世帯主の職業を知っていますか
1．知っている（49.2%）　2．知らない（50.8%）
④その家の人とあいさつ以外の会話をしたことがありますか
1．ある（73.8%）　2．ない（26.2%）
⑤その家の人におすそわけ（土産を含む）をしたりもらったりしたことがありますか
1．ある（55.7%）　2．ない（44.3%）

〈**近所づきあい**〉：
Q16. 同じマンション内に，顔と名前が一致する人は何人いますか（姓だけ，名前だけでもかまいません）　(12.1人)
Q17. 同じマンション内に，3ヶ月以内にあいさつ以外の会話をしたことがある人は何人いますか　(5.7人)
Q18. 同じマンション内に，3ヶ月以内におすそわけ（土産を含む）をしたりもらったりしたことがある人は何人いますか　(1.4人)

近隣関係の質問文については，過去の社会学の調査研究ではきわめてあいまいに質問されてきた実態を踏まえ，〈隣人づきあい〉と〈近所づきあい〉に明確に概念区分をした上で正確に測定できる質問文を4都市調査において開発した[(5)]。〈隣人づきあい〉については，回答者の両隣のうちで最も親しい人を〈隣人〉と特定してもらい，「その人の個人情報をどの程度知っているか」という情報認知度と，「その人とどんな関わりをもっているか」という接触内容の2つの側面から，〈隣人づきあい〉の測定を試みた。一方，〈近所づきあい〉については，〈近所の人〉を小学校区内に居住している人と概念規定し，その範囲以内で，「先月1ヶ月で一緒に外出したことのある人」，「おすそわけ経験がある人」，「家に行き来した経験のある人」の数を答えてもらうことにより量的に把握しようとしたのである。

〈隣人づきあい〉の質問では，関西ニュータウン調査では，まず隣人特定してもらうワーディングで，「両隣の家」を「両隣（または向かい）の家」と変更した。[(6)]また西宮マンション調査では，「お宅の右隣の家に住んでいる人を思い浮かべてください。右隣がいない場合は左隣，上の部屋，下の部屋の順でお考え下さい」とマンションの実態を考慮して変更している。「隣人づきあい項目」については，4都市調査では12項目を設定していたが，その妥当性を検証しながら関西ニュータウン調査では7項目に集約し，西宮マンション調査では，マンションの実態を考慮して3項目と修正した2項目に変更して調査した（表8-21を参照）。

〈近所づきあい〉の質問では，4都市調査とニュータウン調査では，同じワーディングを使用したが，マンション調査では，〈近所の人〉を「同じマンション内に居住する人」と概念規定し，「顔と名前が一致する人」と「3ヶ月以内にあいさつ以外の会話をしたことがある人」，「3ヶ月以内におすそわけ（土産を含む）をしたりもらったりしたことがある人」のワーディングで調査を実施した。

表8-21　4都市調査・関西ニュータウン調査・西宮マンション調査の「隣人づきあい項目」変更点

4都市調査	関西ニュータウン調査	西宮マンション調査
家族構成を知っている	→ 実施	→ 実施
出身地を知っている	→ 削除	→ 削除
世帯主の職業を知っている	→ 実施	→ 実施
最終学歴を知っている	→ 削除	→ 削除
結婚のいきさつを知っている	→ 削除	→ 削除
現在の悩み事を知っている	→ 削除	→ 削除
出掛けたことがある	→ 実施	→ 削除
おすそわけをしたことがある	→ 実施	→ 実施
行き来をしたことがある	→ 実施	→ 変更　入居時に挨拶に行った
悩み事相談をしたことがある	→ 削除	→ 変更　あいさつ以外の会話をしたことがある
家族ぐるみのつきあいをしている	→ 実施	→ 削除
頼み事をしたことがある	→ 実施	→ 削除

表8-22　西宮マンション調査における居住形態と〈隣人づきあい〉

居住形態	隣人づきあい（%）									
	家族構成		世帯主職業		おすそわけ		入居時あいさつ		あいさつ以外の会話	
	知っている	知らない	知っている	知らない	ある	ない	行った	行っていない	ある	ない
分譲	407 (85.5)	69 (14.5)	236 (49.8)	238 (50.2)	268 (56.4)	207 (43.6)	387 (82.2)	84 (17.8)	368 (77.5)	107 (22.5)
賃貸	121 (71.2)	49 (28.8)	45 (26.3)	126 (73.7)	70 (41.2)	100 (58.8)	149 (89.8)	17 (10.2)	94 (55.6)	75 (44.4)
公営	81 (84.4)	15 (15.6)	46 (51.7)	43 (48.3)	71 (74.0)	25 (26.0)	81 (87.1)	12 (12.9)	79 (84.0)	15 (16.0)
社宅	77 (90.6)	8 (9.4)	76 (89.4)	9 (10.6)	51 (60.0)	34 (40.0)	84 (98.8)	1 (1.2)	66 (77.6)	19 (22.4)
合計	686 (83.0)	141 (17.0)	403 (49.2)	416 (50.8)	460 (55.7)	366 (44.3)	701 (86.0)	114 (14.0)	607 (73.8)	216 (26.2)
	827（100%）		819（100%）		826（100%）		815（100%）		823（100%）	
NA	16		24		17		28		20	

ここでは，まず西宮マンション調査の近隣関係に関する質問の特徴を整理したうえで，次に過去の調査との比較を進めていきたい。表8-22は，〈隣人づきあい〉の回答結果を居住形態別に集計したものである。全体の数字を見てみると，「入居時にあいさつに行った」(86.0%）が最も多く，「家族構成を知っている」(83.0%)，「あいさつ以外の会話をしたことがある」(73.3%）と続き，この3項目までは7割以上の住民が行っていた。「おすそわけを行っている」人は全体の55.7%で，「世帯主の職業を知っている」が，49.2%と最も低い数字であった。

居住形態別の特徴では，賃貸マンション居住者の隣人関係が極端に希薄であるという特徴が見て取れる。「家族構成を知っている」と答えた人の割合では，「社宅」が90.6%と最も高く，「分譲」(85.5%)，「公営」(84.4%）なのに対して，「賃貸」は71.2%と極端に低くなっている。その傾向は，「世帯主の職業を知っている」，「おすそわけ」，「あいさつ以外の会話」の項目でも一貫して低くなっている。注目されるのは，「入居時のあいさつ」に行った人の比率が，

89.8%と，「分譲」の82.2%よりも多い点である。この点は，分譲マンションの場合，入居時期がほぼ一緒の場合が多いことが多く，先に入居した人の場合には，隣にあいさつに行かないケースがあることが影響していると考えることが可能である。

表8-23　西宮マンション調査における居住形態別〈近所づきあい〉平均人数

居住形態	近所づきあい（人）		
	顔と名前の一致	あいさつ以外の会話	おすそわけ
分　譲	13.5	5.9	1.4
賃　貸	6.4	3.2	1.0
公　営	15.3	8.9	1.9
社　宅	12.7	6.4	1.8
合　計	12.1	5.7	1.4
NA	34	24	18

賃貸マンションの近隣関係が希薄であるという傾向は，同じマンション内での〈近所づきあい〉項目でも同様な結果が示されている。表8-23は，〈近所づきあい〉の平均人数を，居住形態別に整理したものである。「賃貸居住者」の数値をみると，「顔と名前の一致」(6.4人)，「会話」(3.2人)，「おすそわけ」(1.0人）とすべての項目において他の居住形態よりも圧倒的に低い数値が出ていることがわかる。このように，〈隣人づきあい〉〈近所づきあい〉ともに「賃貸マンション居住者の近隣関係が特に希薄である」という特徴は，一貫してみられた傾向と位置づけられる。

5　社会調査によって判明する近隣関係の普遍的特徴

西宮マンション調査で明らかになった近隣関係の特徴は，過去の調査でも一貫して見られる特徴なのであろうか。

まず，過去の調査と比較できる調査項目を整理してみたい。居住形態に関する項目では，4都市調査とニュータウン調査では，「一戸建て」と「分譲マンション」の比較が可能であるが，西宮マンション調査ではいうまでもなく「一戸建て」が存在しない。また4都市調査では,「賃貸マンション」,「社宅」が調査されていないため比較ができなくなっている。質問項目で比較可能なのは,すべての調査で共通して質問している「家族構成を知っているか」,「世帯主の職業を知っているか」,「おすそわけをしたりもらったりしたことがあるか」の3項目と〈近所づきあい〉の「おすそわけをしたりもらったりしたことがある人は何人いるか」の項目である。比較にあたって,考慮しなければならない点は,〈近所づきあい〉のワーディングで,4都市調査とニュータウン調査が「これまでに」だったのに対して,マンション調査では「3ヶ月以内」という限定が加えられている点である。また厳密にいえば調査実施年が,4都市調査が1999年,ニュータウン調査が2004年,西宮マンション調査が2008年と,異なっていることも頭に入れておく必要があるだろう。

表8-24は,過去3つの調査で比較可能な居住形態別の近隣関係の結果を整理したものである。

表8-24 3調査間での居住形態と近隣関係の比較

	隣人づきあい(%)									近所づきあい(人)		
	家族構成を知っている			世帯主の職業を知っている			おすそわけをしたことがある			おすそわけをしたことがある		
	西宮調査	4都市調査	NT調査	西宮調査	4都市調査	NT調査	西宮調査	4都市調査	NT調査	西宮調査	4都市調査	NT調査
一戸建て	—	90.0	92.7	—	82.1	78.3	—	81.9	83.7	—	3.6	3.7
分譲マンション	85.5	80.4	83.5	49.8	56.8	56.6	56.4	64.3	67.4	1.4	2.6	3.3
賃貸マンション	71.2	—	72.5	26.3	—	47.9	41.2	—	62.7	1.0	—	2.5
公営	84.4	85.6	81.5	51.7	69.6	60.8	74.0	85.8	75.0	1.9	3.7	3.0
その他(社宅・寮含む)	90.6	—	88.1	89.4	—	84.7	60.0	—	79.7	1.8	—	4.5
全　体	83.0	86.3	86.2	49.2	72.2	67.0	55.7	77.5	75.6	1.4	3.4	3.4

注:隣人づきあいの場合,「知っている」「したことがある」のみの数字を表示している。100%からその数字を引くと,「知らない」「したことがない」の割合が把握できる。表8-25も同様。

まず4都市調査で明らかとなった「分譲マンション居住者の隣人づきあいは一戸建てよりも希薄である」というファインディングスについて検証してみよ

う。ニュータウン（NT）調査の「一戸建て」,「分譲マンション」の欄に着目すると,「家族構成を知っている」割合が「一戸建て」（92.7%）であるのに対し「分譲マンション」が83.5%であるといったように，分譲マンションの数値が一戸建ての数値を下回っていることが読み取れる。さらにこの傾向は，すべての項目において共通していた（世帯主職業:「一戸建て」78.3%,「分譲」56.6%・おすそわけ:「一戸建て」83.7%,「分譲」67.4%）。そして〈近所づきあい〉の数値においても「分譲」（3.3人）が「一戸建て」（3.7人）よりも少なかったのである。これらの結果は，4都市調査のファインディングスを支持する結果といえるだろう。

次に西宮マンション調査で明らかとなった「賃貸マンション居住者の近隣づきあいが特に希薄だ」という傾向について検証してみよう。ニュータウン調査の〈隣人づきあい〉の「家族構成を知っている」項目では,「賃貸」が72.5%であり，他の居住形態（分譲＝83.5%，公営＝81.5%，その他〔社宅・寮等〕＝88.1%）と比較すると低くなっていることがわかる。それは,「世帯主の職業を知っている」,「おすそわけをしたことがある」の結果でも同様である。また〈近所づきあい〉に着目してみると，マンション調査が「3ヶ月以内」という限定だったのに対してニュータウン調査では,「これまでに」という質問であったため，ニュータウン調査の平均人数が全般的に多くなっているが，賃貸居住者の平均人数は2.5人と，他の居住形態（分譲＝3.3人，公営＝3.0人，その他〔社宅・寮等〕＝4.5人）と比較すると低いことが示されている。以上の結果から,「賃貸マンション居住者の近隣づきあいが特に希薄だ」という特徴は，今回の西宮マンション調査のデータだけでなくニュータウン調査でも同様に指摘できる特徴だったのである。

これまで，3つの調査を比較することによって，近隣関係の居住形態別の共通する特徴について考察してきたが，このような検証作業は，過去の社会学研究における実証的知見にも応用することは可能なのだろうか。ここでは，近隣関係の属性的特徴に着目してその点を考察してみたい。これまでの社会学研究では，近隣関係の属性的特徴として,「年輩者」,「その近隣に長く住んでいる人」,「日中家にいがちな人（退職者・主婦）」が近隣づきあいをよくするといった命題が指摘されてきた[(7)]。ここではそれらの「属性面」の命題の妥当性を，3調査のデータを使って検証してみよう。表８-25は３調査間のマンション住民に着目して，属性ごとに，近隣関係質問項目の回答結果をクロスしたものである。ここではすべての調査で比較可能となるように，マンション住民のみのデータを使って（４都市調査とニュータウン調査においては，「一戸建て居住者」を除いて分析を行った），比較検証作業を実施した。

表８-25　３調査間での住民の属性と近隣関係の比較

		隣人づきあい（%）									近所づきあい（人）		
		家族構成を知っている			世帯主の職業を知っている			おすそわけをしたことがある			おすそわけをしたことがある		
		西宮調査	４都市調査	NT調査	西宮調査	４都市調査	NT調査	西宮調査	４都市調査	NT調査	西宮調査	４都市調査	NT調査
年代	30代以下	77.5	75.9	69.9	44.5	51.9	39.7	48.7	66.7	51.6	1.3	3.0	2.5
	40代	84.9	84.1	85.5	54.4	56.6	57.2	49.4	72.4	65.5	1.2	3.4	3.9
	50代	80.6	78.3	82.4	43.3	61.5	61.2	54.0	71.2	74.3	1.1	2.5	3.1
	60代	87.9	85.9	82.8	51.3	69.9	66.3	59.0	72.3	76.5	1.4	3.4	3.3
	70代以上	80.8	94.4	86.5	51.7	79.6	67.9	63.6	90.4	80.5	1.9	3.2	2.9
居住年数	５年未満	70.4	—	64.2	42.6	—	36.7	36.9	—	46.3	1.0	—	2.2
	５～10年未満	84.5	—	79.1	43.1	—	50.5	55.8	—	66.3	1.1	—	2.5
	10～15年未満	83.9	—	83.3	43.1	—	62.2	49.7	—	70.0	1.3	—	3.8
	15～20年未満	93.9	—	84.6	67.3	—	59.7	70.0	—	66.7	1.5	—	3.4
	20年以上	88.1	—	90.9	60.8	—	73.7	72.8	—	85.3	2.0	—	3.8
性別	男性	82.8	74.6	75.1	50.2	58.8	52.9	52.9	63.0	63.6	1.4	2.4	2.7
	女性	83.6	87.6	85.1	46.7	63.6	60.4	64.1	79.3	72.4	1.5	3.5	3.4
全体		83.0	82.5	80.3	49.2	61.9	56.8	55.7	73.0	68.3	1.4	3.1	3.1

注：４都市調査は「一戸建て」を除いた472名，NT 調査は878名を対象とした表である。４都市調査では居住年数に関する質問は調査されていない。

まず，「年輩者ほど近隣づきあいをよくする」という命題については，年代を独立変数とした比較を見てもらいたい。〈隣人づきあい〉の「おすそわけをしたことがある」という項目に着目してみると，西宮調査では，30代以下＝48.7%，40代＝49.4%，50代＝54.0%，60代＝59.0%，70代以上＝63.6%と，年代が上がるにつれ，おすそわけをする人の比率が一貫して高くなる傾向が存在していた。その傾向は，ニュータウン調査でもはっきり見られる傾向であった（30代以下＝51.6％，40代＝65.5％，50代＝74.3％，60代＝76.5％，70代以上＝80.5％）。４都市調査では，40代の比率が高くなっているが，全体的傾向としては年代が上がるにつれて高くなる傾向は存在している（30代以下＝66.7％，40代＝72.4％，50代＝71.2％，60代＝72.3％，70代以上＝90.4％）。このような傾向は，他の〈隣人づきあい〉項目の「世帯主職業を知っている」，「家族構成を知っている」や〈近所づきあい〉項目の「おすそわけをしたことがある」に関しても，同様の傾向が存在していると読み取ることができるだろう。これらの結果は，日本のマンション居住者の調査結果でも，「年輩者ほど近隣づきあいをよくする」という傾向は存在するが，40代の近隣関係が密であるという特徴も併せて存在しているということを指摘することが可能であろう。

次に「そこに長く住んでいる人ほど近隣づきあいをよくする」という命題について検証してみよう。４都市調査では居住年数に関する項目が質問されていなかったので，ニュータウン調査と西宮マンション調査の数値に着目してみよう。まず〈隣人づきあい〉の項目では，いずれの項目においても居住年数が５年未満の人の数値が最低の数値を示している。また，若干の例外があるものの，ほとんどの項目において居住年数が長くなるほど，隣人づきあいをしている人の比率が高くなる傾向が存在しているのである。そうした一貫した傾向は，「女性の方が近隣づきあいに積極的」という命題に関しても同様に指摘できることである。例外的なのは，「世帯主の職業を知っているか」の項目において，男性が50.2％で，女性が46.7％と数値が逆転していた点である。このことは，高齢者の場合に無職が多く職業がわからないケースが多いこと，女性の近隣関係において，世帯主の職業を意識していないケースが多いこと等が仮説的に原因と考えられるが，今後「世帯主の職業を知っている」というワーディングで近隣関係を測定することがふさわしくないことを示唆する結果とも考えられる。

ともあれ，社会学研究で指摘されてきた近隣関係に関する命題は，われわれの調査でも一貫した特徴として表れていたのである。これらの事実は，都市居住に関する「社会調査」の積み重ねによって，都市住民の近隣関係にとどまらず生活行動，生活意識等の普遍的特徴を明らかにしていくことの可能性を示唆していたといえるだろう。

注

(1) 西宮アパート・マンション調査の詳細については，関西学院大学社会学部大谷研究室（2009）『西宮アパート・マンション調査報告書——新たな社会調査手法への挑戦』，（2010）『西宮マンション居住に関する社会学的研究——西宮アパート・マンション調査報告書（２）』，（2011）『マンションの社会学——西宮マンション調査による実態把握』，（2012）『The Sociology of the MANSION: New Methods of Social Survey Using Housing Maps』，大谷信介編著（2009）『危機的調査環境下における新たな社会調査手法の開発——2005～2008年科学研究費［基盤研究（A)］研究成果報告書』の調査報告書と，大谷信介編著（2012）『マンションの社会学——住宅地図を活用した社会調査の試み』ミネルヴァ書房を参照されたい。

(2) 回収率の実態とオートロック付きマンションの件については，小野寺典子・片山朗・佐藤嘉倫・前田忠彦・松田映二・吉川徹・篠木幹子・大谷信介（2010）「座談会——回収率を考える」『社会と調査』第５号，社会調査協会，の特集（37-39頁）を参照されたい。

(3) URと公営の入居条件は，以下のホームページを参照した（2012年１月現在)。

UR：UR 都市機構ホームページ＞住まいのご案内＞申し込みの手続き＞申込資格

①日本国籍のある方，また UR 都市機構が定める資格のある外国人の方で，継続して自ら居住するための住宅を必要とする方

②現に同居し，または同居しようとする親族のある方（単身者も住居タイプによっては申込可能)

③入居開始日から１か月以内に入居できること

④同居世帯の全員が団地内において円満な共同生活を営むことができること

⑤同居世帯の全員が暴力団員ではないこと

⑥申込本人の毎月の平均収入額が基準月収額以上，または貯蓄額が基準貯蓄額以上ある方

⑦過去に UR 賃貸住宅の家賃等を滞納する等により発生して UR 都市機構及びその継承者に対する未払金が無い方

公営：西宮市役所ホームページ>くらしの情報>住宅>県・市営住宅>申込資格

① 申込の本人が西宮市内に住んでいるか，勤務をしている方

② 世帯の条件を満たす方

③ 収入基準に合う方（入居予定者全員の収入が対象）

④ 現在，住宅に困窮している方

⑤ 入居予定者全員が暴力団員でないこと

(4) 表8-18では，学生1票，その他5票，NA 6票であった。この表では，「働く」という観点から，曖昧である学生，その他，NAを除いた831票で処理している。また，表8-19では，その他5票，NA21票であった。この表でも，その他，NAを除いた817票で処理している。また「非該当」とは，世帯構成が「単身者」や「親か子」など，配偶者がいないということを意味している。

(5) 4都市調査における近隣関係質問文開発の経緯については，大谷信介（2001）「都市ほど近隣関係は希薄なのか？」金子勇・森岡清志編著『都市化とコミュニティの社会学』ミネルヴァ書房，170-191頁，大谷信介（2001）「都市住民の居住類型別〈住みつき態度〉——4都市居住類型別調査西宮データの分析を中心として」『1998-2000年度関西学院大学共同研究（西宮に関する総合研究）報告書』関西学院大学西宮研究会，5-18頁を参照されたい。

(6) 関西ニュータウン比較調査研究会において，千里ニュータウンの所在の自治体職員から，千里には，「階段を挟んで両側に部屋が並ぶ」マンションが存在し，「両隣」が存在しないケースがあるという指摘によって変更されたものである。

(7) クロード・S・フィッシャーは，欧米で蓄積された調査研究における近隣関係に関する知見をまとめている。Fischer, Claude S.（1976〔1984〕）*The Urban Experience*（Second edition）, San Diego: Harcourt Brace Javanovich（松本康・前田尚子訳『都市的体験——都市生活の社会心理学』未来社，1996年，163-165頁）.

第9章　〈下り坂〉日本社会における住宅政策の課題

1　〈上り坂〉日本社会と〈下り坂〉日本社会の政策課題

2017年3月，人口学を専門とする国内唯一の研究機関である国立社会保障・人口問題研究所（社人研）が，『日本の人口動向とこれからの社会――人口潮流が変える日本と世界』を出版した(1)。この本は，日本と世界の人口動向に関して人口学の視座からの知見を，体系的かつ一般向けにも理解しやすい記述でまとめたものである。日本社会の今後を考える際には，必読の書といえる貴重な研究成果である。この本の知見は広範にわたるが，私が，特に興味を持った人口学的知見は，総人口の推移曲線を使って「上り坂」と「下り坂」の人口構成変化を提示して，社会経済制度の理念からの再構築の必要性を警告した点である。

図9－1　日本の人口と年齢構成の推移

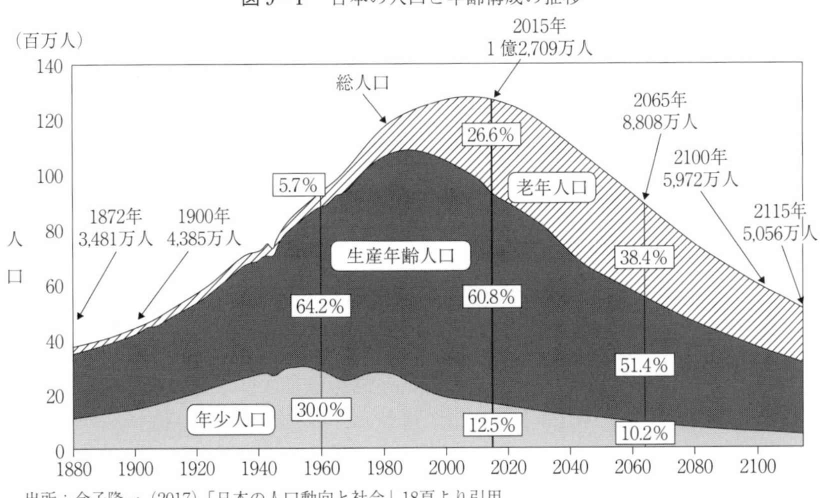

出所：金子隆一（2017）「日本の人口動向と社会」18頁より引用。

図9－1は，国勢調査と社人研「将来推計人口」のデータを使って日本の人口と年齢構成の推移を示したものである。日本の総人口のピークは，2008年12月の1億2809万9049人であった。そして総人口が初めて1億人を超えたのが1967年であり，将来1億人を割り込むと推計されているのが2052年である。すなわち1967年から2008年の41年が「上り坂」，2052年までの44年が「下り坂」と考えられるのである。そこで注目されているのが，老齢人口（65歳以上人口）比率である。同じ1億人という人口規模であるにもかかわらず，1967年に老齢人口667万人・高齢化率6.6％であった数字は，2052年には3793万人・37.9％と高齢者が5.7倍存在する社会が登場してくるのである。「このように上り坂と下り坂では，社会の成り立ちがまったく異なるのであるから，人口高齢化を基調とする今後の社会は，まったく未知の領域であることを自覚すべきである。現行の社会制度は，すべて人口成長時代に構築されたものであり，それらが人口減少社会において十分機能するかどうかは疑わしい，多くの場合理念からの再構築が必要となるだろう」と金子隆一は警告しているのである[(2)]。この人口学者の警告を，関西の事例に引きつけてたとえてみると，より理解可能となる。表9－1は，「上り坂」段階で実施された1970年の大阪万博開催時の人口構成と，「下り坂」段階で実施予定の2025年大阪万博時点の予想を比較したものである。

表9－1　両大阪万博開催時の日本の人口構成

	人口総数（千人）	年少人口（0－14）	生産年齢（15-64）	前期高齢（65-74）	後期高齢（75-）	老齢人口（65-）
1970年大阪万博	103,720	23.9％	69.0％	5.0％	2.1％	7.1％
2025年大阪万博	122,544	11.5％	58.5％	12.2％	17.8％	30.0％

出所：1970年＝国勢調査，2025年＝社人研「将来推計人口」より作成した。

この表で注目されるのは，2025年の人口構成で，子供の数（年少人口）が半減していること，高齢化率が4.2倍に増加し，75歳以上の後期高齢者が2.1％だった数字が17.8％と激増しているということである。来場者を牽引すると思われる子供の数が半減し，介護等を抱えて物理的に行けない人が激増する環境下で，1970年大阪万博の6421万人の来場者の再来を期待するのはあきらかに間違いである。まさに「過去の成功体験にすがる傾向は潔く廃さねばならない。

制度・施策・経営手法の安易な焼き直し程度で対応できる事態ではないことを理解すべきである」という人口学者の「下り坂」日本社会への警告が正鵠を射ているといえるだろう。

巻末に整理した「20世紀の歴史と日本の住宅事情・住宅政策」という年表を，〈上り坂〉〈下り坂〉日本社会という観点から再検討してみると，興味深い日本の住宅政策の課題が見えてくる。

まず注目すべき点は，日本人口が1億人を超えた1967年の翌年，住宅総数が総世帯数を上回った事実である。この事実は，「戦後の住宅不足から脱却し一世帯一住宅を達成した」ことを意味している。「すべての都道府県で一世帯一住宅」が達成されたのは1973年であるが，この年は第1次オイルショックが起こった年であり，日本経済にとっても，高度経済成長期から安定経済成長期へと転換した大きな節目でもあったのである。

第1章で整理したように，戦後420万戸の住宅不足から始まった日本の住宅政策では，持家・新築を重視する建設政策として，住宅政策を経済政策に従属させる経済主義の傾向が重視されてきた。その結果1973年には，「一世帯一住宅」が達成され戦後20年にわたる住宅不足は解消されたが，その後も「住宅ストックを増やす」住宅政策が一貫して推進されてきた。1990年代半ばからは，新自由主義の政策再編により，「市場重視」の住宅政策が展開されてきた。その結果今日では，「住宅余剰」の一方で「住宅不足」が存在するというアンバランスな住宅事情を招くとともに，空家率も年々増加し2018年には13.6％と過去最高になってきたのが実態である。本来であれば住宅政策は，「一世帯一住宅」が達成された1968年以降は，国民がどのように「住まう」のかについて真剣に検討されるべきであったのだが，政府は一貫して経済政策を優先し，新築物件をつくり続けてきたのである。

〈上り坂〉日本社会で，「住宅ストックを増やす」政策と連動するかのように進展した現象として，東京一極集中を指摘することが可能である。本書第2章4節で整理したように東京23区への転入人口のピークが1965年で，地方から大都市圏への急激な都市化の段階から，移動の少ない社会へと転換し，郊外化が進展した。それと同時に，東京圏だけが人口増加を続け，名古屋圏はほぼ横ばい，大阪圏は一貫して流入人口がマイナスを続けていくといういわゆる東京一極集中が進展していくのがまさに1973年のオイルショック以降の時期なのである（第２章図２－１参照）。

表９-２　1967（昭和42）年当時の中枢管理機能の階層構造（主要62都市を100とした数字）

東京　（42.6）	
大阪　（11.6）	＝東京のほぼ４分の１の集中度
名古屋（ 5.9）	＝大阪のほぼ２分の１
札幌（3.2）福岡（2.8）京都（2.5）仙台（2.3） 神戸（2.3）広島（2.1）横浜（1.8）	＝名古屋のほぼ２分の１
北九州（1.3）金沢（1.2）高松（1.0） 新潟（0.9）松山（0.8）岡山（0.8） 長野（0.8）徳島（0.5）高知（0.5）	＝その他の県庁所在都市
和歌山（0.4）堺（0.3）豊中（0.3）布施（0.3） 奈良（0.3）大津（0.3）姫路（0.2）尼崎（0.2）	＝その他の都市

出所：国土計画協会（1967）「都市機能の地域的配置に関する調査」。

人口が１億人を突破した1967年に，国土計画協会が「都市機能の地域的配置に関する調査」という中枢管理機能の量的把握を試みた興味深い調査を実施している。[(3)] 表９－２に示されるように，1967年時点で全国の中枢管理機能の約42.6％が東京に集中し，東京を頂点として大阪，名古屋，地方中核都市といった階層構造が厳然と存在していたのである。この階層構造のイメージは，多くの日本人の中に定着していると思われるイメージであるが，この数字は，東京一極集中が進展していく以前の1967年の「上り坂」日本社会の入り口の実態の数字であることを正しく認識する必要があるだろう。すなわち，その後多くの大企業の本社機能が大阪から東京へ転出していくのは，この数字の後のことであり，現在では圧倒的に東京の地位が向上しているのが現実である。[(4)]

2　都市空間の高層化と規制緩和の歴史

〈上り坂〉日本社会という観点から巻末の年表を振り返ってみると，とても興味深い事実を指摘することが可能である。それは，1968年の「霞が関ビル竣工」という出来事である。私は中学2年生の時に，町内会の子供会行事で「超高層のあけぼの」という映画を見に行ったことを「H型鋼」という名前とともに鮮明に記憶している。それまで東京で最も高い建造物が国会議事堂だった時代に，地上36階・高さ147メートルの霞が関ビルは，まさに日本の明るい未来を象徴するものであった。この事実は，現在の高層ビルが林立する東京のイメージとは別に，人口が1億人を突破する1967年以前の東京では，低い建物で都市空間が形成されていたことを象徴的に示している。ここでは，建物の高さという観点から，東京と大阪の都市空間に焦点を当て，歴史的に概観してみたい。[(5)]

1919（大正8）年に，市街地建築物法が公布され，1920年より建築物の高さを100尺に制限する規制（通称：百尺規制）が6大都市に適用された。これは，英国法の100フィート（30.48メートル）という制限に倣ったものであるが，1926年には全国41都市に適用を拡大し，1931（昭和6）年には，高さ制限は尺貫法による100尺（約30.303メートル）からメートル法による31メートル（102.3尺）に変更された。

関一市長によって1937年に完成された大阪・御堂筋では，44メートルの広幅員道路に4列のイチョウ並木，そして軒線と壁面線が揃った沿道建物の連続的なスカイラインがあいまって，風格ある街並み景観が形成されてきた。この「百尺規制のスカイライン」は，容積率規制が始まっても絶対高さ規制が続いたため，当道の実質的な百尺規制の期間は1920～95年ときわめて長く景観を保ってきたのである（高度経済成長期に形成された仙台市青葉通の百尺規制の1948～70年とは対照的である）。

その後東京オリンピック前に建築基準法が改正され，1961年に特定街区制度，1963年に容積地区制度が創設され，容積率による規制が導入され始めた。特定街区の指定第1号だったのが「霞が関ビル」であった。[(6)] 1968年に制定された都市計画法では，市街化区域と市街化調整区域の「線引き」と用途地域制度の「色塗り」が導入されたが，1970年には建築基準法の改正により，絶対高さ規制が撤廃され，容積率規制が全面導入された。その後都市計画制度の精緻化は徐々に進み始め，1972年には日影規制が導入されるに至った。

しかし1983年に登場した中曽根内閣が「アーバンルネッサンス」を唱え，民活・規制緩和の路線を打ち出した頃から，都市計画の系統的な詳細化は，「土地の有効利用」という名目のさまざまな突発的制度改正の混入によって，混乱させられるようになっていく(7)。その最たるものが「容積率の緩和」制度の乱発である。容積率緩和の嚆矢とみなされるのは，1970年に創設された「総合設計制度」である。それは，一般に容積率の「ボーナス制度」といわれ，市街地環境の向上に資する公開空地を設けるなら，容積率の割り増しをボーナスとして与える制度であり，1980年代にかなり乱用された制度である。

バブル崩壊後の1990年代になると，新自由主義の国家政策が抬頭し，民活・規制緩和の諸政策が積極的に取られるようになっていった(8)。規制緩和の施策としては，住宅の地階に係る容積率除外の緩和（1994年），前面道路幅員による容積率制限の合理化（1995年），共同住宅の共用部分の容積率不算入（1997年）等が導入され，これによって日照や景観をめぐる紛争も多発するようになった。2001年に発足した小泉内閣は，2002年に「都市再生措置法」を公布するとともに，「都市再生特別地区」を指定した。特区の中では，容積率をはじめ斜線，高度，日影などの規制をいったん白紙に戻した上，改めて容積率のボーナスが与えられた。この法律の助けによって出現したのがタワー型の超高層マンション（20階建て以上を指す）である。都市再生の特区という「打ち出の小槌」でもって，高さ100メートル超，延べ面積10万平方メートル超のマンションが楽々建てられるようになったのである(9)。

このような経緯をたどって，東京は高層ビルの林立する都市空間へと変貌していったのである。それでは，大阪ではどのような経緯をたどったのだろうか。御堂筋スカイラインは，1994年日本建築学会による「軒線31メートル制限の継続を求める要望書」もあり1995年まではその規制が継続した(10)。その規制が破られていくのは，小泉内閣後の特区における超高層ビルの容認によってである。2004年淀屋橋 odona（72メートル），2006年本町ガーデンシティ（140メートル）が拠点エリアに建設されたが，その時は御堂筋全体では容認されなかった。御堂筋スカイラインが完全に崩壊していくのは，2012年 橋下府知事の府市統合本部での次の発言からである。「大阪のど真ん中は，マンハッタンと比べると，人口密度がすかすかすぎる。また容積率をどう使っていくか，御堂筋の高さ制限をどこまでこだわり続けるのかを，今までの行政の考え方を超えて考えてほしい」。この後2014年「御堂筋本町北地区計画」によって，三菱 UFJ 銀行ビル等の高層ビルが建設されていき，御堂筋スカイラインが崩壊していくのである。こうした一連の規制緩和は，新自由主義的な経済政策を重視し，東京の都市空間を後追いしていく政策といえるだろう。そうした流れに対して，京都では，2007年の「京都市新景観政策」によって高さ制限が強化された。都心部では，41メートルから31メートル，31メートルから15メートルに引き下げられ，市街化区域全体の約３割で，高さ制限が引き下げられたのである。大幅な高さ制限の強化を広域的に実施した都市は 全国でも珍しく，高く評価できるものである。2019年には，神戸市長が都心部におけるタワーマンション建設の規制について検討することを表明している。

以上，〈上り坂〉日本社会の都市空間をめぐる動向を，建物の高さという視点から整理してきた。1968年の霞が関ビルの竣工以降，高層化が劇的に進み現在のような高層ビルが林立する東京や大阪といった都市空間は創り出されてきたのである。すなわち人口が１億人を超えない1967年以前の東京や大阪の都市空間は，国会議事堂より低い建物しか存在しなかった事実を十分確認しておく必要があるだろう。

現在の東京や大阪の都市空間は，わずか50年間で創り出されたものであり，1980年代以降の中曽根内閣の都市改造路線「アーバンルネッサンス」，1990年以降の小泉内閣構造改革路線といった新自由主義的国家政策に代表される，「規制緩和」政策の結果だったのである。その流れは，まさに都市計画を形骸化していった流れでもあったのである[11]。

原田純孝は，都市計画のベースとなる都市法を「都市環境をも含めた広い意味での都市空間の形成と利用（開発・整備・創造・管理等から維持・保全までのすべてを含む）を公共的・計画的に実現しコントロールするための一連の制度的システムの総体」と位置づけ，「市場原理に基づく自然成長的な都市発展に対するアンチテーゼたる性格を本来的に具有している」ことを強調している。その上で日本の都市法の特質として，次の４点を指摘している。① 都市計画の決定や都市基盤整備その他の公共事業の実施に関し国が決定的に大きな権限を有してきたこと，② 都市計画に基づく土地利用規制や建築規制が欧米諸国と比べれば格段に緩かったこと，③ 都市空間の形成・整備の内容面では，一貫して生活・環境基盤より経済活動基盤に重点が置かれてきたこと，④ 生活・居住・環境面に関わる市町村や地域住民の自主的な発意とか参加には，さしたる意義が付与されてこなかったこと，の４点である。この特徴はまさに日本の都市計画の本質を的確に指摘したものといえるだろう[(12)]。

〈下り坂〉日本社会の住宅政策を考えていくにあたっては，「どのような高さの都市空間が望ましいのか」を議論するとともに，「日本の都市計画」のあり方を再検討していくことがきわめて重要となるだろう。

3 〈上り坂〉日本社会で進められた住宅政策の「負の遺産」

「一世帯一住宅」を達成した1968年以降も，市場重視の経済政策として新築住宅建設を推進してきた住宅政策は，日本を住宅過剰社会へと導いてきた[(13)]。日本全国の空家数は年々増加しており，住宅土地統計によれば，2008年に757万戸，総住宅数に占める空家率が13.1％であった数字は，2013年には820万戸・13.5％，2018年には846万戸・13.6％と年々増加している。都道府県別の空家率では，山梨県21.3％，和歌山県20.3％，長野県19.5％，徳島県19.4％が高く，逆に，埼玉県・沖縄県が10.2％と最も低く，次いで東京都が10.6％と続いている。一見すると大都市部で空家率が低く見えるが，大阪府では15.2％と全国平均の13.6％を上回っている[(14)]。空家問題は，2013年の住宅土地統計で，空家が800万戸を上回ることがメディアで大きく報道されたこともあって，それ以降いろいろな観点から注目されるようになっていった[(15)]。当時注目されていたのは，一戸建ての空家の問題であった。全国で空家が目立つようになり，放置・倒壊・放火・不審者の侵入等，空家の危険性が問題視されるようになっていたのである。空家が増加するのは基本的に住宅を作り続ける政策によるが，国の相続税や固定資産税といった税制もその一因となっていた。賃貸空家は年々増加しているが，郊外や地方都市で需要が見込めない賃貸アパートが作り続けられる背景には，相続税等の節税対策が大きく影響している。また，空家が放置される背景にも，使わなくなった住宅を解体すると多くの場合６倍の固定資産税を支払わなければならないという税制も関係していたのである[16]。しかし当時は，危険性のある空家に正面から対応する法律すら存在せず，埼玉県所沢市の条例制定を契機として，全国の地方自治体で「空家管理条例」を制定する動きが活発化するようになり，国でも2014年に「空家対策特別措置法」を制定したが，抜本的な対策となっていないのが現実である。

空家問題は，一戸建てに限った問題ではなくマンションにも共通する問題である。マンションの空家率は，一般に東京都区部や政令指定都市で低く，それ以外の都市で高い傾向にある。分譲マンションの空家率の上位は，順に和歌山市，鳥取市，甲府市，下位の３市は低い順に川崎市，横浜市，札幌市となっている。賃貸マンションでは，上位は福井市，水戸市，甲府市，下位は川崎市，東京23区，佐賀市となっている。大都市部では，空家率は地方都市に比べて低いものの，古くに建てられた分譲マンションが多いことが問題となっている[17]。今後，深刻な問題となっていくのは，分譲マンションの老朽化問題である。第２章でもふれたように，1962年の区分所有法制定以降，経済政策と連動し１～６次マンションブームといったように，全国各地にマンションが大量に建設されてきた。それらのマンションは築40年を超えるマンションも数多く存在し，耐震基準も考慮すると老朽化マンション問題はきわめて深刻である[18]。2014年末には，全国のマンションストックは613万戸に達したが，このうち1981年６月以前に建設された旧耐震マンションは106万戸（全体の17％），さらに1971年４月以前に建設された旧・旧耐震マンションは18万戸（全体の３％）となっている。老朽化マンションに対処する方法の一つは，建て替えであるが，建て替えできたものはごくわずかで，空室化が進み，管理組合が機能していない例もあり，中にはスラム化している「限界マンション」も数多く存在しているのが現実である[19]。こうした問題は，いずれ超高層マンション（タワーマンション）にも波及していくことになる。超高層マンションとは，一般に60メートル，20階以上を指す。その草分け的存在ともいえるのは，霞が関ビル竣工３年後の1971年に完成した「三田綱町パークマンション（東京都港区）［52メートル・19階］」である。60メートル以上というくくりでは，1976年完成の「与野ハウス（さいたま市）」である。その後，供給はあまり増えなかったが，都心回帰の動きを受け2000年前後から急速に増加した。1998年に「エルザタワー（埼玉県川口市）」が完成し，2000年には超高層マンションとして初めて免震構造を採用した「パークシティ杉並（東京都杉並区）」が完成している。超高層マンションは，デベロッパーにとっては「造れば売れる」という点で大きなメリットがあり，消費者にとってはその豪華さや高層階における眺望，中古物件として値崩れしない等の点で人気を呼んできた。規制緩和により各地で駅前再開発が活発化し，地方都市にまで超高層マンションは広がり，2015年以降の供給予定は10万戸超となっている。超高層マンションは一般マンション以上に，維持修繕の難易度が高いばかりでなく，区分所有者間の合意形成も困難である。今後老朽化が進み，その処理（建て替えや解体）にどのように向き合うのかについての抜本策は全く考えられていないのが現実である。マンションの終末期問題は，区分所有で最終的に誰も責任を持たない可能性も想定され，まさに「埋め込まれた時限爆弾」ともいえる深刻な問題といえるだろう[20]。

こうした〈空家問題〉〈マンション老朽化問題〉の背景は，住宅政策が経済政策として〈市場原理〉に基づいて進められてきたからにほかならない。住宅・建設業界が，特に分譲タイプの戸建てやマンションを大量に建て続けてきた理由は，土地取得費や建設費といった初期投資が短期間で回収できるために事業性を確保しやすく，住宅を引き渡した後の維持管理の責任も購入者に移るために事業リスクが低く「売り放しで済む」からである。こうした業界の「売れるから建てる」という流れが止まらなかったことが，住宅過剰社会をつくってきた最大の要因である[21]。しかしそれは建設業界だけの問題ではなく，国のさまざまな持家・新築を促進する政策が背景に存在していることも忘れてはならない点である。その代表は，住宅ローンを借り入れて住宅を取得した場合の住宅ローン減税である。この仕組みが設けられたのは，1972年の「住宅取得控除」に遡る。その後1986年「住宅取得促進税制」，1999年「住宅ローン税額控除」，2001年「住宅ローン減税」と一貫して景気対策として持家取得を促進する税制がとられてきたのである。また，第1章で整理した住宅政策の3本柱の一つの住宅金融公庫政策も，国民を持家・新築取得に向かわせた原動力であり，木造より耐火建築の融資限度額が多かったことは，国民をマンション購入へ導く側面もあったのである。

こうした日本の持家政策については，批判がなかったわけではなく，古くから多くの研究者によって，その代替策も含めて問題提起がなされてきた。

西山夘三は，1979年の時点で，今後の住宅政策転換の基本的な問題点として「公共賃貸住宅が住宅供給の主要な部分を占めること」を挙げ，以下のように述べていた[22]。

「道路とかいろいろな都市生活の基盤と同じように，住宅は一つの基盤であって，そこに人々が住替えていくというようにならなくてはいけない。それは持家ではできるものではなく，やはり公共機関が供給の主体者とならなければできない。少なくとも30％ぐらいの住宅が公共つまり，公営住宅などでつくられているようにならなければならない。そのためには，公営住宅，公団住宅，公社住宅の今の変な収入制限を取り払って一本化し，それを全体的に自治体の管理のもとに運営していくといったシステムをつくらなければならない。そうなれば，10年もすれば日本人の住宅事情は格段に良くなるだろう」。

1979年という年は，EC（ヨーロッパ共同体）の内部文書で，日本人が「ウサギ小屋に住み，働き中毒にかかっている」と批判された年である。「粗末な住宅に住み，生活費のコストを切り下げ安い商品で世界市場を席巻しているのは，文明国として許せないという外国からの厳しい指摘であった[23]」。こうした西山の指摘にもかかわらず，その後劇的に持家政策が推進されていったことはまさに皮肉なことといえる。西山の指摘の中で注目される点は，自治体による管理を指摘していた点であろう。

2001年には，阿部昌樹が，公営住宅制度の改革の具体的な方策として次のような指摘をしている。「民間借家と同様に，公的借家もすべて市場家賃で供給することとし，低額所得者に対しては，民間借家と公的借家のいずれに居住しようとも，市場家賃と支払い可能家賃との差額を国が家賃補助として給付するような仕組みが検討されるべきである[(24)]」。

さらに2017年には小玉徹によって，先進国では一般的な「住宅手当」の必要性が次のように問題提起されるに至っている[(25)]。「日本では，公的住宅は過少であり，民間借家は狭小・高家賃，国の制度としての住宅手当は不在（低所得者のごく一部は，厚労省の管轄になる住宅扶助を利用）となっており，過度の市場主義，持家重視に偏倚している。住宅手当は，ナショナル・ミニマム（政府が国民に対して保障する最低限の生活水準）の不可欠な要素なのである。国の制度としての住宅手当の不在は，所得レベルに応じた家賃負担と家族数に応じた居住水準の保障，という住宅政策の基本的な原則が日本に貫徹していないことを意味している」。

こうした小玉の「住宅手当」の指摘は，第1章で整理した「単身者が軽視されてきた」，「低所得層に対する援助が手薄」，「公営住宅を自治体が作らない傾向がある」といった日本の住宅政策が抱えてきた問題状況を克服することが可能となる方策であり，今後多様な観点から検討を進めていくべきテーマと考えられる。諸外国における住宅政策・住宅事情・空家対策等の動向については，これまでも数多くの研究が蓄積されてきている[(26)]。〈下り坂〉日本社会の住宅政策を考えていく場合には，そうした諸外国の研究蓄積も踏まえて，抜本的な制度改革を検討していくことが重要であろう。

4 社会調査に基づく政策課題分析の重要性

空家の増大とともに〈下り坂〉日本社会の住宅事情の大きな課題は，独居高齢者の増大という問題である。第4章4節でもふれたように，ニュータウン一戸建ての居住者は，入居後年数を経るにつれて，「三世代家族」へと拡大することはほとんどなく，子供の独立等によって「夫婦のみ世帯」，さらには「独居」へと家族構成を縮小させていた。さらにそうした高齢夫婦世帯ほど「一生住み続ける」という定住志向が強く，いずれ配偶者が平均寿命をむかえる時期が訪れると，独居世帯へと変化していくのが実態であった。そうした傾向がみられた，関西ニュータウン調査実施年の2004年時点から15年以上が経過して，ニュータウンのオールドタウン化・再生問題，孤独死問題は，さまざまな点から解決しなければならない課題として指摘されている(27)。

また，独居高齢者の増大という問題は，ニュータウンだけでなく関西でも人気の高い住宅地である西宮のマンションにおいても同様に進行しているのが現実である。第8章3節で整理したように，2008年時点で，西宮マンションに居住する世帯主の46.9%が60歳以上であり，60歳以上の世帯構成は，その約半数（49.6%）が「夫婦のみ」,「単身者」が約2割（19.5%),「夫婦と子供」世帯は約2割（20.5%）にとどまっていた。そのうち70歳代以上の世帯主に着目すると,「夫婦と子供」は9.3%とさらに少なく,「夫婦のみ」が54.9%,「単身者」が27.5%と増加していたのである。こうした調査結果について，当時の新聞報道では,「西宮のマンション実態浮き彫り:広い分譲に独居高齢者」という見出しでその実態を大きく報道していた(28)。その後10年以上経った西宮のマンションでは，さらに「夫婦のみ世帯」の多くが「単身」世帯へと変化してきていることが推定されている。しかしそのことが現在において大きな社会問題化してきていないのは，西宮マンション居住の高齢者層が,「所得が高く」,「密な近隣関係をもち」,「活動的に余暇活動をしていた」という調査結果と密接に関係していると考えることが可能である。だが，西宮市の広い分譲マンションに多くの独居高齢者が居住していることは確かな事実であり，地震や災害時の対策はもちろん，日常的にどのような福祉対策が必要なのかは考えていかなければならない重要な政策課題といえるだろう。

〈下り坂〉日本社会における住宅政策は，人間が〈どのような住宅に住み〉

〈どのように生計を立て〉〈家族はどこに居住しどのような関係を結び〉〈近隣やコミュニティとどのように関わり〉〈どのような「生活圏」でどのような「生活時間」を過ごしているのか（「生活行動」）〉といった，人間の日常生活実態を詳細に把握し，分析することによって総合的に考えていかなければならない問題であるといえるだろう[29]。第4章1節で整理したように，住宅政策に関する主要な政府統計は，空家率が13.6％，共同住宅率が62.2％といった数字は明らかになるが，〈国民がどのような住まい方をしてどのような問題が存在するのか〉という政策課題を分析することはできないのが現実である。2014年3月の「公的統計の整備に関する基本的な計画」では，「証拠に基づく政策立案（Evidence-Based Policy Making）」が目標として掲げられた。最近の政府の動向としては，その具体的方向性としてビッグデータやマイナンバーの活用及び統計コンシェルジュの創設等が提唱されている。しかし，ビッグデータ，マイナンバー，統計リテラシーを駆使したとしても，複雑な国民の〈住まい方〉の実態把握は不可能であり，いろいろな要因をクロス分析することができる「社会調査」が必要となってくるのである。

本書で紹介してきた「社会調査」の方法は，住民を市町村の公的名簿から標本抽出して調査票調査をするというこれまでの一般的方法とは異なるさまざまな実験的試みを繰り返してきた。それは，調査対象の選定という方法だけでも，「市町村を超えた町丁字データを組み合わせたニュータウン住民の設定」，「居住類型別特徴を明確化するための有意選択による類型設定と無作為抽出の組み合わせ」，「住宅地図を抽出台帳とし国勢調査結果による〈割当法〉を使って，マンション居住者を母集団とする標本調査の設計」といったように多岐にわたっている。こうした実験的試みは，COE 研究と3回の科研費基盤研究によって可能となってきたものである。現在進行中の基盤研究（A）で実施した「愛媛・長崎県民生活実態調査」（2017年）と「川崎・神戸・福岡市民生活実態調査」（2019年）の調査結果の分析は，本書では使われていないが，多岐にわたる領域で国民負担の大きかった政府統計調査を，いかに簡潔に1つの調査票にして，複雑な国民生活の実態を測定し，政策課題を解明できる「社会調査」へと改善できるかが検討されている[30]。これらの研究成果は，いずれ別途１冊の本にまとめるべきだと現状では考えている。

「令和」という時代に入り（2019年５月），政府や地方自治体においても徐々にではあるが，「社会調査」の重要性が認識されるようになってきている。総務省自治大学校では，2019年度から研修科目として「社会調査の方法」を新設した。この科目改訂は，65年ぶりだったということである。また川崎市は，やはり2019年度より，「市役所内のアンケート調査全般を改善・充実していきたい」という視点から社会調査協会との間で「川崎市アンケート調査支援モデル事業」を開始している[31]。2019年に発覚した「統計不正問題」は，こうした動きに加え，「政府統計調査」の見直し作業とともに，統計データの「証拠」としての意味についての検証作業が進んでいくことになると思われる。

また2020年の新型コロナウイルスのパンデミックは，〈下り坂〉日本社会の問題状況に加え，国民生活を激変させた出来事である。緊急事態宣言下で国民が直面した経験は，今後の国民の〈働き方〉〈生活の仕方〉〈住まい方〉すべてを激変させ，コロナ禍以前の社会に戻れないことを実感させたのである。今後は，「証拠に基づく政策立案（ＥＢＰＭ）」ではなく「社会調査に基づく政策課題分析」がますます重要性を増していくことになるだろう。

注

(1) 森田朗監修，国立社会保障・人口問題研究所編（2017）『日本の人口動向とこれからの社会――人口潮流が変える日本と世界』東京大学出版会。

(2) 金子隆一（2017）「日本の人口動向と社会」森田朗，前掲書，25頁。

(3) この調査の概要は，まず中枢管理機能を経済的機能，行政的機能および文化・社会的機能の３種に分け，さらに，それら各機能が支配影響力を与える地域的な広がりに応じて機能Ａ（全国的範囲を管理する機能），機能Ｂ（地方ブロック的な範囲を管理する機能）および機能Ｃ（県単位の範囲を管理する機能）の３段階に区別する。次に，このように分類された各機能についてそれぞれの具体的な発現機関――中央官庁，民間企業の本社，大学など――を選び，主としてその機関で中枢管理業務に関係していると思われる職員の数によって各機能の大きさを計量する。以上の方法で全国の主要な62都市の中枢管理機能の強さを量的に把握し，この62都市の合計を100とした場合の各都市の各機能の大きさを表したものが表9－3である。国土計画協会「都市機能の地域的配置に関する調査」（経済企画庁委託調査1967年3月）。

(4) 1960年代以降の東京と大阪の経済的中枢管理機能の実態については，都市地理学者阿部和俊の研究が注目される。阿部は，主要民間企業の本社と支所（支社・支店・営業所・出張所・事務所など）を集計し，経済的中枢管理機能の実態を調査している。注目されるのは，大企業の複数本社制への移行も含め，本社機能が大阪から東京へ転出している点である。1960年に0であった「登記上の本社所在都市は大阪，第2本社の所在都市が東京」という企業が，2000年には96社と増えている。また，日本を代表する9大商社の東京本社と大阪本社の従業者数の推移にも，大阪の地盤沈下が象徴的に示されている。阿部和俊・山崎朗（2004）『変貌する日本のすがた——地域構造と地域政策』古今書院。こうした分析を通して阿部は，「20世紀の後半は，大阪の地位低下が顕著な50年であった」と総括している。阿部和俊（2006）「経済的中枢管理機能からみた東京と大阪」『統計』5月号，7頁，および大谷信介（2020）「〈下り坂〉日本社会における関西復権の道——住みやすい関西生活圏の構築」広瀬憲三編『関西復権の道——アジアとの共生を梃子として』中央経済社，149-174頁を参照されたい。

(5) 大澤昭彦（2014）『高さ制限とまちづくり』学芸出版社。

(6) 霞が関ビルは超高層ビルの幕開けではあったが，多くの議論も巻き起こっていた。1966年後半に取り壊された東京都・丸の内の東京海上ビルディングの跡地には，前川國男設計で30階建て，高さ127メートルの超高層ビルが立つ予定であったが，1967年に東京都がこれを却下したことから「美観論争」が起こった。皇居の堀端にあったこの地域は，新しいビルが百尺規制のスカイラインを崩して皇居を見下ろしかねないことから激しい争いとなったが，1970年，高さをぎりぎり100メートル以下の99.7メートルにすることで，結局高層ビル自体の建設は認められた。

(7) 本間義人（1996）『土木国家の思想——都市論の系譜』日本経済評論社，本間義人（1999）『国土計画を考える』中公新書。

(8) 本間義人（2009）『居住の貧困』岩波新書。

(9) 住田昌二（2015）『現代日本ハウジング史 1914～2006』ミネルヴァ書房，335-337頁。

(10) 要望書では，①御堂筋が都市機能と景観が見事に統一された都市空間としての都心のステイタスを支える，②特に本町・淀屋橋間の都市景観は統一感ある連続したスカイライン（沿道に立地する50棟の約9割が軒高31メートル）と壁面線，バランスの取れた道路幅と建物の高さ，さらに質の高い建築群により，我が国で他に類を見ない都市美を形成している，③イチョウ並木とあいまって，市民をはじめ多くの人々に長年親しまれ愛されてきた大阪のシンボル的空間であることが強調されていた。

(11) 本間義人・五十嵐敬喜（1984）『近代都市から人間都市へ――規制緩和批判』自治体研究社，本間義人（2004）『戦後住宅政策の検証』信山社，本間（2009）前掲書。

(12) 原田純孝（2001）『日本の都市法Ⅰ――構造と展開』東京大学出版会，4頁。

(13) 野澤千絵は住宅過剰社会を「将来世代への深刻な影響を見過ごし，居住地を焼き畑的に広げながら，住宅を大量に作り続ける社会」と位置づけ，その問題性を指摘している。野澤千絵（2016）『老いる家 崩れる街――住宅過剰社会の末路』講談社現代新書，2，5－6頁。

(14) 総務省統計局（2019）『平成30年住宅・土地統計調査 住宅数概数集計 結果の概要』。

(15) 空家問題に関する文献としては，浅見泰司編著（2014）『都市の空閑地・空き家を考える』プログレス，上田真一（2015）『あなたの空き家問題』日本経済新聞社，牧野知弘（2014）『空き家問題――1000万戸の衝撃』祥伝社新書，中川寛子（2015）『解決！ 空き家問題』ちくま新書，などがある。

(16) 住宅にかかる固定資産税は，地価高騰する中で，1973年からは住宅用地に対して課税標準を価格の2分の1（住宅延床面積の10倍まで）あるいは4分の1（200平方メートルまで）として計算する特例が導入された。さらにバブル経済の地価高騰が考慮され，1994年には，固定資産税評価額を公示地価の7割程度にすることと併せてこの特例を3分の1あるいは6分の1へと拡充した。砂原庸介（2018）『新築がお好きですか？――日本における住宅と政治』ミネルヴァ書房，180頁。

(17) 分譲・賃貸別の数字は，2008年の数字である。米山秀隆（2012）『空き家急増の真実――放置・倒壊・限界マンション化を防げ』日本経済新聞社，37-39頁。

(18) マンションの老朽化問題については，浅見泰司・福井秀夫・山口幹幸編著（2012）『マンション建替え――老朽化にどう備えるか』日本評論社を参照されたい。

(19) 旧耐震基準は1968年の十勝地震の被害を踏まえ1971年に改正されたもので，中地震（震度５程度）に耐えうる基準である。新耐震基準は，1978年の宮城県沖地震の被害を踏まえて，1981年に策定されたもので，大地震（６強〜７程度）に対して倒壊しない基準となっている。米山秀隆（2015）『限界マンション――次に来る空き家問題』日本経済新聞出版社，20-21，64-65頁。廃墟マンションとなってしまうプロセスについては，松本恭治（2013）「集合住宅における空き家問題――地方都市から大都市への警告」『都市問題』104（４）：79-89頁を参照。

(20) 1998年に完成した川口市の「エルザタワー〔55階・185メートル・650戸〕」は，2015年から２年間の予定で大規模修繕を実施したが，１戸あたり200万円（総額12億円）と一般マンションの２倍程度の工事費で，７階までは足場を組み，８階以上はゴンドラで工事が行われた。こうした問題に加え，建物の上層階・中層階・低層階で購入する所得階層が分化していたり，中国・香港・台湾島の外国人投資家がいたりして区分所有者間の合意形成がきわめて困難なことが想定されている。米山秀隆（2015）前掲書，82-83頁，タワーマンションの階数ヒエラルヒーについては，榊淳司（2016）『マンション格差』講談社現代新書を参照されたい。

(21) 野澤（2016）前掲書，５-６頁。

(22) 西山夘三（1997）「国民的課題としての住宅の質」『都市とすまい――西山夘三建築運動の軌跡』東方出版，100-119頁。

(23) 西山夘三（1989）『すまい考今学――現代日本住宅史』彰国社，12頁。

(24) 阿部昌樹（2001）「住宅政策における自治体の役割」原田純孝編『日本の都市法Ⅱ 諸相と動態』東京大学出版会，315-316頁。

(25) 小玉徹（2017）『居住の貧困と「賃貸世代」――国際比較でみる住宅政策』明石書店，13，28頁。

(26) 小玉徹・大場成明・檜谷美恵子・平山洋介（1999）『欧米の住宅政策――イギリス・ドイツ・フランス・アメリカ』ミネルヴァ書房，Lowe, Stuart（2011）*The Housing Debate*（祐成保志訳『イギリスはいかにして持家社会となったか――住宅政策の社会学』ミネルヴァ書房，2017年），Kemeny, Jim（1992）*Housing and Social Theory*（祐成保志訳『ハウジングと福祉国家――居住空間の社会的構築』新曜社，2014年），早川和男（2005）『人は住むためにいかに闘ってきたか――欧米住宅物語［新装版］』東信堂，米山秀隆編（2018）『世界の空き家対策――公民連携による不動産活用とエリア再生』学芸出版社，平修久（2020）『アメリカの空き家対策とエリア再生――人口減少都市の公民連携』学芸出版社。

(27) ニュータウンの再生については，上野淳・松本真澄（2012）『多摩ニュータウン物語――オールドタウンと呼ばせない』鹿島出版会，石田光規編著（2018）『郊外社会の分断と再編――つくられたまち・多摩ニュータウンのその後』晃洋書房，孤独死等独居老人問題については，中澤卓実・淑徳大学孤独死研究会編（2008）『団地と孤独死』中央法規，大山眞人（2008）『団地が死んでいく』平凡社新書，小池高史（2017）『「団地族」のいま――高齢化・孤立・自治会』書肆クラルテを参照されたい。

(28) 『産経新聞』2012年４月10日朝刊，『毎日新聞』2012年３月24日朝刊。

(29) 社会学領域では，鈴木栄太郎が都市住民の生活行動の実態を調査研究によって把握し「正常人口の正常生活の理論」を提起したように，国民生活の実態を社会調査によって分析する方法が古くから構築されてきた。鈴木栄太郎の実施した社会調査の再発掘作業としては，大谷信介・山下祐介・笹森秀雄編著（2015）『グローバル化時代の日本都市理論――鈴木栄太郎『都市社会学原理』を読み直す』ミネルヴァ書房を参照されたい。

(30) 大谷信介編（2019）『2018年度 科研費基盤研究（A）研究成果報告書』関西学院大学社会学部大谷研究室，大谷信介編（2018）『愛媛・長崎県民生活実態調査報告書――平成28-32年度科研費基盤研究（A）研究成果中間報告書』関西学院大学社会学部大谷研究室，関西学院大学社会学部大谷研究室（2020）『政府統計調査の限界と生活実態調査の可能性――「川崎・神戸・福岡市民生活実態調査」報告書』，関西学院大学社会学部大谷研究室（2019）『国民生活の実態を明らかにする社会調査の可能性――「愛媛・長崎県民生活実態調査」報告書』』，関西学院大学社会学部大谷研究室（2018）『47都道府県庁が実施する社会調査の実態把握――「県民意識調査」の実施状況と問題点』。

(31) 大谷信介（2019）「社会調査協会の新しい時代」『社会と調査』23号，３頁。

参考文献

浅野慎一・岩崎信彦・西村雄郎編（2008）『京阪神都市圏の重層的なりたち――ユニバーサル・ナショナル・ローカル』昭和堂。

浅見泰司編著（2014）『都市の空閑地・空き家を考える』プログレス。

浅見泰司・福井秀夫・山口幹幸編著（2012）『マンション建替え――老朽化にどう備えるか』日本評論社。

鰺坂学・西村雄郎・丸山正央・徳田剛編著（2019）『さまよえる大都市・大阪――「都心回帰」とコミュニティ』東信堂。

阿部昌樹（2001）「住宅政策における自治体の役割」原田純孝編『日本の都市法Ⅱ 諸相と動態』東京大学出版会，299-320頁。

有泉亨編（1956）『給与・公営住宅の研究』東京大学出版会。

石田光規編著（2018）『郊外社会の分断と再編――つくられたまち・多摩ニュータウンのその後』晃洋書房。

石田頼房（1987）『日本近代都市計画の百年』自治体研究社。

磯村英一（1963）「社会学の都市計画への接近」『社会学評論』14（１）：11-28頁。

磯村英一（1984）『住まいの社会学20の章』毎日新聞社。

板垣勝彦（2017）『住宅市場と行政法――耐震偽装・まちづくり・住宅セーフティネットと法』第一法規。

伊藤繁（2004）「都市人口と都市システム――戦前期の日本」今井勝人・馬場哲編著『都市化の比較史――日本とドイツ』日本経済評論社，27-58頁。

稲月正（2016）「特集「社会調査と政策のあいだ」に寄せて」『社会と調査』17：４-11頁。

今井勝人（2004）「近代都市の到達点における住宅――東京市の住宅・1930年」今井勝人・馬場哲編著『都市化の比較史――日本とドイツ』日本経済評論社，247-278頁。

上田篤（1985）『流民の都市とすまい』駸々堂。
上田真一（2015）『あなたの空き家問題』日本経済新聞社。
植田政孝編（1992）『現代大都市のリストラクチャリング』東京大学出版会。
上野淳・松本真澄（2012）『多摩ニュータウン物語——オールドタウンと呼ばせない』鹿島出版会。
上野千鶴子（2002）『家族を容れるハコ 家族を超えるハコ』平凡社。
近江哲夫（1984）『都市と地域社会』早稲田大学出版会。
大海一雄（2004）『須磨ニュータウン物語』神戸新聞総合出版センター。
大海一雄（2009）『西神ニュータウン物語』神戸新聞総合出版センター。
大海一雄（2013）『神戸の住宅地物語』神戸新聞総合出版センター。
大阪市立大学地理学教室（1996）『アジアと大阪』古今書院。
大澤昭彦（2014）『高さ制限とまちづくり』学芸出版社。
大澤昭彦（2015）『高層建築物の世界史』講談社現代新書。
大谷信介（1981）「住民運動の役割」駒井洋編『現代のエスプリ別冊 変動する社会と人間３——人間居住環境の再編成』至文堂，182-193頁。
大谷信介（1983）「住民参加と人間居住環境」駒井洋・樺山紘一・宮本憲一・淡路剛久編『人間居住環境を考える——住みよい都市づくりへの提言』学陽書房，233-248頁。
大谷信介編（1988）『松山市民の住民意識とネットワーク』松山商科大学社会調査室。
大谷信介（1995）『現代都市住民のパーソナル・ネットワーク——北米都市理論の日本的解読』ミネルヴァ書房。
大谷信介（2000）「ボランタリーアソシエーションと居住類型別特性」越智昇編『都市化とボランタリーアソシエーションの実態に関する社会学的研究——平成10・11年度科学研究費補助金（基盤研究Ｂ・１）研究成果報告書』23-39頁。
大谷信介（2001）「都市ほど近隣関係は希薄なのか?」金子勇・森岡清志編著『都市化とコミュニティの社会学』ミネルヴァ書房，170-191頁。
大谷信介（2001）「都市住民の居住類型別〈住みつき態度〉——４都市居住類型別調査西宮データの分析を中心として」『1998-2000年度関西学院大学共同研究（西宮に関

する総合研究）報告書』関西学院大学西宮研究会，5-18頁。
大谷信介編（2002）『これでいいのか市民意識調査――大阪府44市町村の実態が語る課題と展望』ミネルヴァ書房。
大谷信介編著（2004）『問題意識と社会学研究』ミネルヴァ書房。
大谷信介（2007）『〈都市的なるもの〉の社会学』ミネルヴァ書房。
大谷信介（2008）「ニュータウン高齢化の特徴と問題点」『Dia News』no.55，ダイヤ高齢社会研究財団，3-6頁。
大谷信介（2009）「市民意識調査の再構築 ⑥ 市民の〈意識を問う調査〉から〈実態を把握する調査〉へ――「事実を問う質問」の活用」『地方自治 職員研修』42（2）（583）：80-81頁。
大谷信介編（2009）『危機的調査環境下における新たな社会調査手法の開発』2005～2008年科学研究費［基盤研究（A）］研究成果報告書。
大谷信介（2010）「住宅地図を使ったサンプリングの可能性――高松市住宅地図分析」『松山大学論集』21（4）：195-208頁。
大谷信介編著（2012）『マンションの社会学――住宅地図を活用した社会調査の試み』ミネルヴァ書房。
大谷信介・木下栄二・後藤範章・小松洋編著（2013）（2005・1999）『新・社会調査へのアプローチ――論理と方法』ミネルヴァ書房。
大谷信介（2015）「政府・地方自治体の政策立案過程における〈社会調査〉の役割――統計行政を踏まえた社会学からの問題提起」『社会学評論』66（2）：278-293頁。
大谷信介・山下祐介・笹森秀雄編著（2015）『グローバル化時代の日本都市理論――鈴木栄太郎『都市社会学原理』を読み直す』ミネルヴァ書房。
大谷信介（2016）「都道府県庁における県民意識調査の実態と職員研修の現状――長崎県・愛媛県・兵庫県の事例を中心として」『社会と調査』第17号，社会調査協会，30-44頁。
大谷信介編（2018）『愛媛・長崎県民生活実態調査報告書――平成28-32年度科研費基盤研究（A）研究成果中間報告書』関西学院大学社会学部大谷研究室。
大谷信介編（2019）『2018年度 科研費基盤研究（A）研究成果報告書』関西学院大学社

会学部大谷研究室。

大谷信介（2020）「〈下り坂〉日本社会における関西復権の道——住みやすい関西生活圏の構築」広瀬憲三編『関西復権の道——アジアとの共生を梃子として』中央経済社，149-174頁。

大西敏夫（2000）『農地動態から見た農地所有と利用構造の変容』筑波書房。

大西敏夫（2018）『都市化と農地保全の転会史』筑波書房。

大本圭野（1985）「福祉国家とわが国住宅政策の展開」東京大学社会科学研究所編『福祉と国家 6 日本の社会と福祉』東京大学出版会，397-452頁。

大本圭野（1991）『証言・日本の住宅政策』日本評論社。

大山眞人（2008）『団地が死んでいく』平凡社新書。

奥田道大（1983）『都市コミュニティの理論』東京大学出版会。

小田光雄（1997）『〈郊外〉の誕生と死』青弓社。

小野寺典子・片山朗・佐藤嘉倫・前田忠彦・松田映二・吉川徹・篠木幹子・大谷信介（2010）「座談会——回収率を考える」『社会と調査』第5号，社会調査協会，37-39頁。

片木篤編（2017）『私鉄郊外の誕生』柏書房。

片木篤・藤谷陽悦・角野幸博編（2000）『近代日本の郊外住宅地』鹿島出版会。

片寄俊秀（1979）『千里ニュータウンの研究——計画的都市建設の軌跡・その技術と思想』長崎総合科学大学生活空間論研究室。

金子淳（2017）『ニュータウンの社会史』青弓社。

関西学院大学社会学部大谷研究室（2000）『都市住民の居住特性別パーソナル・ネットワーク——4都市居住類型別調査報告書』。

関西学院大学社会学部大谷研究室（2005）『ニュータウン住民の住居選択行動と生活実態——「関西ニュータウン比較調査」報告書』。

関西学院大学社会学部大谷研究室（2006）『ニュータウン住民の生活行動とネットワーク——「関西ニュータウン比較調査」報告書(2)』。

関西学院大学社会学部大谷研究室（2007）『ニュータウンにおける自治会形成——町内会は日本の文化なのか』。

関西学院大学社会学部大谷研究室（2009）『西宮アパート・マンション調査報告書――新たな社会調査手法への挑戦』。
関西学院大学社会学部大谷研究室（2010）『西宮マンション居住に関する社会学的研究――西宮アパート・マンション調査報告書（２）』。
関西学院大学社会学部大谷研究室（2011）『マンションの社会学――西宮マンション調査による実態把握』。
関西学院大学社会学部大谷研究室（2012）『The Sociology of MANSION: New Methods of Social Survey Using Housing Maps』。
関西学院大学社会学部大谷研究室（2017）『行政サービスからみた東京一極集中――東京23区と政令指定都市の便利帳分析』。
関西学院大学社会学部大谷研究室（2018）『47都道府県庁が実施する社会調査の実態把握――「県民意識調査」の実施状況と問題点』。
関西学院大学社会学部大谷研究室（2019）『国民生活の実態を明らかにする社会調査の可能性――「愛媛・長崎県民生活実態調査」報告書』。
関西学院大学社会学部大谷研究室（2020）『政府統計調査の限界と生活実態調査の可能性――「川崎・神戸・福岡市民生活実態調査」報告書』。
久保倫子（2015）『東京大都市圏におけるハウジング研究――都心居住と郊外住宅地の衰退』古今書院。
倉沢進（1990）『大都市の共同生活――マンション・団地の社会学』日本評論社。
建設省五十年史編集委員会編（1998）『建設省五十年史』建設広報協議会。
小池高史（2017）『「団地族」のいま――高齢化・孤立・自治会』書肆クラルテ。
国民生活センター編（1975）『現代日本のコミュニティ』川島書店。
小玉徹（2017）『居住の貧困と「賃貸世代」――国際比較でみる住宅政策』明石書店。
小玉徹・大場成明・檜谷美恵子・平山洋介（1999）『欧米の住宅政策――イギリス・ドイツ・フランス・アメリカ』ミネルヴァ書房。
駒井洋編（1978）『人間と居住――地球共同体のための指針（現代のエスプリ137号）』至文堂。
駒井洋編（1981）『人間居住環境の再編成（現代のエスプリ別冊［変動する社会と人間

3］）至文堂。

駒井洋・樺山紘一・宮本憲一・淡路剛久編（1983）『人間居住環境を考える——住みよい都市づくりへの提言』学陽書房。

小山弘彦（1997）「日本の未来を拓く統計調査」『官庁統計の潮流』大蔵省印刷局。

近野正男（1984）「日本のニュータウン開発の鳥瞰」住田昌二編著『日本のニュータウン開発——千里ニュータウンの地域計画学的研究』都市文化社，14-34頁。

榊淳司（2016）『マンション格差』講談社現代新書。

佐藤滋（1989）『集合住宅団地の変遷——東京の公共住宅とまちつくり』鹿島出版会。

塩崎賢明編（2006）『住宅政策の再生——豊かな居住をめざして』日本経済評論社。

篠原聡子・大橋寿美子・小泉雅生他（2002）『変わる家族と変わる住まい——〈自在家族〉のための住まい論』彰国社。

芝村篤樹（2004）「関一の都市政策」今井勝人・馬場哲編著『都市化の比較史——日本とドイツ』日本経済評論社。

祐成保志（2008）『〈住宅〉の歴史社会学——日常生活をめぐる啓蒙・動員・産業化』新曜社。

祐成保志（2016）「住宅がもたらす分断をこえて」井手英策・松沢裕作『分断社会・日本——なぜ私たちは引き裂かれるのか』岩波書店，33-45頁。

鈴木成文・上野千鶴子・山本理顕他（2004）『「51C」家族を容れるハコの戦後と現在』平凡社。

鈴木広編（1978）『コミュニティ・モラールと社会移動の研究』アカデミア出版会。

砂原庸介（2018）『新築がお好きですか?——日本における住宅と政治』ミネルヴァ書房。

住田昌二編著（1984）『日本のニュータウン開発——千里ニュータウンの地域計画学的研究』都市文化社。

住田昌二（2007）『21世紀のハウジング——〈居住政策〉の構図』ドメス出版。

住田昌二（2015）『現代日本ハウジング史 1914～2006』ミネルヴァ書房。

盛山和夫（2015）「社会保障改革問題に関して社会学は何ができるか——コモンズ型の福祉国家をめざして」『社会学評論』66（2）：278-293頁。

関一（1992）『住宅問題と都市計画』学陽書房。

瀬古美喜（2014）『日本の住宅市場と家計行動』東大出版会。

袖井孝子（1994）『住まいが決める日本の家族』TOTO 出版。

園部雅久（2008）『都市計画と都市社会学』上智大学出版。

高木恒一（2012）『都市住宅政策と社会――空間構造 東京圏を事例として』立教大学出版会。

竹中英紀（1990）「ニュータウンの住宅階層問題」倉沢進編『大都市の共同生活――マンション・団地の社会学』日本評論社，103-130頁。

竹中英紀（1990）「ニュータウンにおける住宅階層問題の構造」倉沢進先生退官記念論集刊行会編『都市の社会的世界』UTP 制作センター，247-265頁。

竹中英紀（2002）「ニュータウンの住宅階層問題・再考」『都市問題』93（５）：51-59頁。

巽和夫（1993）『現代社会とハウジング』彰国社。

谷謙二（1997）「大都市圏郊外住民の居住経歴に関する分析――高蔵寺ニュータウン戸建住宅居住者の事例」『地理学評論』70：263-286頁。

玉野和志「地方自治体の政策形成と社会学者の役割」『社会学評論』66（２）：224-241頁。

太郎丸博・大谷信介（2015）「特集「社会学は政策形成にいかに貢献しうるか」によせて」『社会学評論』66（２）：166-171頁。

東京大学社会科学研究所編（1952）『戦後宅地住宅の実態――宅地住宅総合研究』東京大学出版会。

東京大学社会科学研究所編（1953）『日本社会の住宅問題――宅地住宅問題の諸側面』東京大学出版会。

東京大学社会科学研究所編（1985）『福祉と国家６　日本の社会と福祉』東京大学出版会。

内閣府政府広報室（2014）「内閣府の世論調査に関する有識者検討会提言」。

中川理（2017）『近代日本の空間編成史』思文閣出版。

中川寛子（2015）『解決！　空き家問題』ちくま新書。

西澤晃彦（2000）「郊外という迷宮」町村敬志・西澤晃彦『都市の社会学――社会がかたちをあらわすとき』有斐閣。

西村雄郎（2008）『大阪都市圏の拡大・再編と地域社会の変容』ハーベスト社。

西村雄郎（2008）「大阪都市圏における住宅地域の形成」浅野慎一・岩崎信彦・西村雄郎編『京阪神都市圏の重層的なりたち――ユニバーサル・ナショナル・ローカル』昭和堂，4-19頁。

西山夘三（1989）『すまい考今学――現代日本住宅史』彰国社。

西山夘三（1997）「国民的課題としての住宅の質」『都市とすまい――西山夘三 建築運動の軌跡』東方出版，100-119頁。

西山夘三（1997）『都市とすまい――西山夘三 建築運動の軌跡』東方出版。

日本建築学会編（2017）『都市縮小時代の土地利用計画――多様な都市空間創出へ向けた課題と対応策』学芸出版社。

日本建築センター（2018・2017）『A Quick Look at Housing in Japan（日本語）』。

野澤千絵（2016）『老いる家 崩れる街――住宅過剰社会の末路』講談社現代新書。

橋爪紳也（2018）『1970年大阪万博の時代を歩く――戦災からの復興，高度経済成長，そして万博へ』洋泉社。

橋爪紳也（2019）『昭和の郊外 関西編』柏書房。

馬場健（2003）『戦後英国のニュータウン政策』啓文堂。

早川和男（2005）『人は住むためにいかに闘ってきたか――［新装版］欧米住宅物語』東信堂。

林浩一郎（2018）「住宅階層問題の変容と都営団地の持続可能性」石田光規編著『郊外社会の分断と再編――つくられたまち・多摩ニュータウンのその後』晃洋書房，47-61頁。

原武史（1998）『「民都」大阪対「帝都」東京――思想としての関西私鉄』講談社。

原田純孝（1985）「戦後住宅法制の成立過程――その政策論理の批判的検証」東京大学社会科学研究所編『福祉と国家 6 日本の社会と福祉』東京大学出版会，317-396頁。

原田純孝（2001）『日本の都市法Ⅰ――構造と展開』東京大学出版会。

原田純孝（2001）『日本の都市法Ⅱ――諸相と動態』東京大学出版会。

平山洋介（2005）「公営住宅制度の変容とその意味」『都市問題研究』57（4）：71-84頁。

平山洋介（2009）『住宅政策のどこが問題か――〈持家社会〉の次を展望する』光文社

新書。

平山洋介（2011）『都市の条件——住まい，人生，社会持続』NTT 出版。

広原盛明・高田光雄・角野幸博・成田孝三編著（2010）『都心・まちなか・郊外の共生——京阪神大都市圏の将来』晃洋書房。

福原正弘（1998）『ニュータウンは今——40年目の夢と現実』東京新聞出版局。

藤森照信（2004）『明治の東京計画』岩波書店。

堀内亨一（1978）『都市計画と用途地域制——東京におけるその沿革と展望』西川書店。

本間義人（1992）『国土計画の思想——全国総合開発計画の三十年』日本経済評論社。

本間義人（1996）『土木国家の思想——都市論の系譜』日本経済評論社。

本間義人（1999）『国土計画を考える——開発路線のゆくえ』中公新書。

本間義人（2004）『戦後住宅政策の検証』信山社。

本間義人（2009）『居住の貧困』岩波新書。

本間義人・五十嵐敬喜（1984）『近代都市から人間都市へ——規制緩和批判』自治体研究社。

牧野知弘（2014）『空き家問題——1000万戸の衝撃』祥伝社新書。

牧野知弘（2015）『2020年マンション大崩壊』文春新書。

眞嶋次郎・住宅の地方性研究会編（2005）『地域からのすまいづくり——住宅マスタープランを超えて』ドメス出版。

松川尚子（2019）『〈近居〉の社会学——関西都市圏における親と子の居住実態』ミネルヴァ書房。

松原治郎（1978）『コミュニティの社会学』東京大学出版会。

松本恭治（2013）「集合住宅における空き家問題——地方都市から大都市への警告」『都市問題』104（4）：79-89頁。

松本康編（2014）『都市社会学・入門』有斐閣。

三浦展（1999）『「家族」と「幸福」の戦後史——郊外の夢と現実』講談社現代新書。

三浦展（2004）『ファスト風土化する日本——郊外化とその病理』洋泉社。

三浦展編（2016）『昭和の郊外——東京・戦前編・戦後編』柏書房。

水内俊雄（1996）「大阪都市圏における戦前期開発の郊外住宅の分布とその特質」大阪

市立大学地理学教室『アジアと大阪』古今書院。
水内俊雄・加藤政洋・大城直樹（2008）『モダン都市の系譜——地図から読み解く社会と空間』ナカニシヤ出版。
宮台真司（1997）『透明な存在と不透明な悪意』春秋社。
宮台真司（2000）『まぼろしの郊外——成熟社会を生きる若者たちの行方』朝日新聞社。
森田朗監修，国立社会保障・人口問題研究所編（2017）『日本の人口動向とこれからの社会——人口潮流が変える日本と世界』東京大学出版会。
矢崎武夫（1962）『日本都市の発展過程』弘文堂。
山口幹幸・川崎直宏編（2015）『人口減少時代の住宅政策——戦後70年の論点から展望する』鹿島出版会。
山崎福寿（2014）『日本の都市の何が問題か』NTT 出版。
山路英雄（2002）『新しき故郷——千里ニュータウンの40年』NGS。
山本理奈（2014）『マイホーム神話の生成と臨界——住宅社会学の試み』岩波書店。
由井義通・久保倫子・西山弘康編（2016）『都市の空き家問題なぜ？ どうする？——地域に即した問題解決にむけて』古今書院。
横田清編（1993）『住居と政策の間——対談で考える住宅問題』地方自治総合研究所。
吉野英岐（1989）「明治期の住宅調査——近代化の陰画」河合隆男編『近代日本社会調査史（１）』慶応通信，191-218頁。
吉野英岐（1991）「大正期の住宅調査——救済思想の限界と「すまい」の商品化」河合隆男編『近代日本社会調査史（２）』慶応通信，177-211頁。
吉野英岐（1994）「昭和戦前期の住宅調査——住宅調査のセンサス化と脱社会調査化」河合隆男編『近代日本社会調査史（３）』慶応通信，159-191頁。
米山秀隆（2012）『空き家急増の真実——放置・倒壊・限界マンション化を防げ』日本経済新聞社。
米山秀隆（2015）『限界マンション——次に来る空き家問題』日本経済新聞出版社。
米山秀隆編（2018）『世界の空き家対策——公民連携による不動産活用とエリア再生』学芸出版社。
若林幹夫（2007）『郊外の社会学——現代を生きる形』ちくま新書。

渡辺精一（1973）『ニュータウン――人間都市をどう築く』日本経済新聞社。

渡辺洋三（1962）『土地・建物の法律制度（中）』東京大学出版会。

Bourdieu, Pierre (2000) *Les Structures Sociales de L'Economie*, Éditions du Seuil（山田鋭夫・渡辺純子訳『住宅市場の社会経済学』藤原書店，2006年）.

Fischer, Claude S.（1976〔1984〕）*The Urban Experience* (Second edition), Harcourt Brace & Company（松本康・前田尚子訳『都市的体験――都市生活の社会心理学』未来社，1996年）.

Fischer, Claude S.（1982）*To Dwell among Friends: Personal Networks in Town and City*. Chicago: The University of Chicago Press（松本康・前田尚子訳『友人のあいだで暮らす』未来社，2002年）.

Howard, Ebenezer (1965〔1922〕) *Garden City of To-Morrow*（長素連訳『明日の田園都市』鹿島出版会，1968年）.

Kemeny, Jim (1992) *Housing and Social Theory*, Routledge（祐成保志訳『ハウジングと福祉国家――居住空間の社会的構築』新曜社，2014年）.

Lowe, Stuart (2011) *The Housing Debate*, The Policy Press（祐成保志訳『イギリスはいかにして持家社会となったか――住宅政策の社会学』ミネルヴァ書房，2017年）.

Perry, Clarence Arthur (1929) *The Neighborhood Unit in Regional Survey of New York and Its Environs*（倉田和四生訳『近隣住区論――新しいコミュニティ計画のために』鹿島出版会，1975年）.

Ward, Barbara (1976) *The Home of Man*（磯村英一・駒井洋訳『人間と居住――人間は地球にどう住むか』日本経営出版会，1977年）.

資料　20世紀の歴史と日本の住宅事情・住宅政策

1868 明治維新・1872 廃藩置県　1988 東京市区改正条例
1894 日清戦争・1904 日露戦争
　1910 上野倶楽部（日本初のアパート）　1910 阪急：箕面に動物園・池田室町分譲・1911 宝塚温泉・1913 宝塚唱歌隊　1916 軍艦島端島アパート
1914 第1次世界大戦
　1919「都市計画法」「市街地建築物法」
　1921「借地借家法」
1923 関東大震災　1924 同潤会　1922 洗足・1923 田園調布第1期分譲　1923 関一大阪市長『住宅問題と都市計画』 1925「大大阪」
　1929 始発駅梅田に阪急百貨店　1930 国勢調査人口　東京207万－大阪245万
　1933 御堂筋線開業（関一市長）

1945 第2次世界大戦敗戦　［住宅不足　420万戸］
　1950 住宅金融公庫・「建築基準法」・**「国土総合開発法」**
1950 朝鮮戦争
　1951「公営住宅法」
　1955 日本住宅公団　1956 堺・金岡団地（公団第1号賃貸住宅）
　1955 保守合同・55年体制　1956 神武景気［3種の神器（冷蔵庫・洗濯機・白黒テレビ）］ 1958-61 岩戸景気
　1960 太平洋ベルト地帯構想・所得倍増計画（池田内閣）
　1962 **全国総合開発計画**　「新産業都市建設促進法」
　1962「区分所有法」（マンションの法制化） 1962 千里ニュータウン入居開始
　1963-64 第1次マンションブーム（高所得者向けマンション）
　1963「新住宅市街地開発法」（ニュータウンの整備）
1964 東京オリンピック（新幹線・高速道路開通）
1965 ベトナム戦争北爆開始　1966 いざなぎ景気（3C時代＝カラーTV・クーラー・カー）
　1966「住宅建設計画法」（「住宅建設5箇年計画」の策定）
　1967「公害対策基本法」・68～ 学園紛争
　1968「新都市計画法」　1968 住宅総数が総世帯数を上回る　1973 全ての都道府県で一世帯一住宅達成　〈1968 霞が関ビル竣工〉

1968-69 第２次マンションブーム（大衆化路線・住宅ローン付きマンションの登場）
1969 **新全国総合開発計画** 「新都市計画法」（市街化調整区域・開発規制・用途地域制）
1970 容積率制の導入・住宅金融公庫「高層分譲住宅購入資金」貸付開始
1970 大阪万博・「公害対策基本法」根本改正　1971 環境庁　1972 日影規制
1972 日本列島改造論（田中内閣発足）沖縄返還
1972-73 第３次マンションブーム（団塊の世代が住宅取得時期を迎える）
［1972 新築着工数：180万戸（ピーク）］
1973 第１次オイルショック・狂乱物価　1976 ロッキード事件
〈1973「一世帯一住宅」達成〉
1977 **第３次全国総合開発計画**　田園都市構想（大平内閣）
1977-79 第４次マンションブーム
1979 第２次オイルショック
1981 住宅都市整備公団（住宅公団と宅地開発公団の統合）
1981-83 第２次臨時行政調査会（臨調）増税なき財政再建・行革
1983-84 中曽根内閣アーバンルネッサンス　1985 電電・専売民営化
プラザ合意→円高不況　1986 中曽根民活
1987 **第４次全国総合開発計画**・緊急経済対策・NTT 株売却 →バブル経済へ
1988 瀬戸大橋
1986-89 第５次マンションブーム（都心における高額化，ファミリーマンションの郊外化傾向）　［バブル経済期：160-170万戸］
1989 消費税導入（３％）
1991「借地借家法」改正（定期借地権）
1991 バブル崩壊
1992「都市計画法」「建築基準法」改正（用途地域制の細分化・市町村マスタープラン）
1994-2002 第６次マンションブーム
（経済対策による持家系需要の喚起，阪神淡路大震災の復興需要・バブル崩壊で地価下落・東京都内に一次取得者向けマンション「都心回帰現象」首都圏新築マンション分譲８万戸超大量供給が８年続く・団塊ジュニア世代＝新規世帯形成期，団塊世代＝熟年期を迎え持家取得時期）
1995 阪神淡路大震災
1996「公営住宅法」改正（低所得・高齢者等に限定化・応益応能家賃）
1997 消費税５％　消費税・大手金融機関の破綻等の金融危機
［1990年代後半以降：120万戸前後］
1999 都市基盤整備公団（分譲住宅事業から撤退）
1998 **21世紀の国土のグランドデザイン**
2000「都市計画法」「建築基準法」改正

2001 小泉構造改革

2002「都市再生特別措置法」→タワー型マンション・「マンション建替え円滑化法」

2004 都市再生機構（Urban Renaissance Agency〔UR〕）

2006「住生活基本法」（少子高齢化：〈住宅量〉→〈住生活全般の質向上〉）

2007 住宅金融支援機構（住宅融資業務から原則撤退）

2008 リーマンショック　［2009年：100万戸を割り込み77.5万戸］

2011 住宅基本計画の改定（2011-2020）

2011 東日本大震災　震災復興需要・消費税率引き上げ駆け込み需要等４年連続で増加　［2013年：98.7万戸］

2013 住宅総数6063万戸・総世帯数5245万世帯・1.16倍・空家率13.5%

2014「空き家対策特措法」

2014 消費税８％　駆け込み需要の反動減　［2014年：88.0万戸］

あとがき

〈住むこと〉を意味する英語は〈live〉であり，それはまさに〈生きること〉である。親友を意味する英語が，〈close friend〉で〈近い〉という単語を使うように，英語という言葉は，いろいろなことを考えさせてくれる。私の人生を振り返ってみると，さまざまな場所・住居に〈住むこと〉によって，いろいろなことを考え，そのことが私の社会学研究の問題意識を形成するとともに，社会学的視点を育み，それが結果として本書の内容につながっていると感慨深く思い返している。

〈両親が結婚を機に購入した横浜駅から徒歩10分の借地に立つ中古住宅（当時の横浜駅は，横浜中心部からすると郊外であった）〉〈その借地に家を建てるために数カ月間住んだ市営住宅〉〈横浜市西区の木造２階一戸建て〉（進学）〈筑波大学の平砂学生寮〉〈桜村大角豆の木造２階建てアパート〉（就職）〈松山市山越の民間賃貸マンション〉（結婚）〈松山市東長戸の木造２階一戸建て借家〉〈松山大学の山越校宅〉（留学）〈カリフォルニア・バークレーのコンドミニアム賃貸〉（転職）〈堺市深井の民間賃貸マンション〉〈堺市城山台（泉北ニュータウン）の公団５階建て賃貸団地〉（転職）〈西宮市東山台（公団名塩ニュータウン）の５倍の抽選で土地を購入後，注文住宅一戸建て〉（留学）〈カナダ・トロントのコンドミニアム賃貸〉〈トロント中心部のタワーマンション賃貸〉（留学）〈ベルギー・KU ルーヴェンの世界遺産（ベギンホフ修道院）を改修した客員教授住宅〉。

これまでの自分の生活を振り返ってみると，大都市・田舎・地方都市・外国で，本書に登場してくるほとんどの居住形態の住宅に居住してきたわけである。転居の契機となったのは，進学・就職・結婚・転職といったいわゆる自分自身のライフイベントだった。それ以外の契機としては，堺の深井地区で，地元のだんじり祭りには賃貸マンションに住む子供たちは地元民でないので参加できないという土着の壁を経験したことであった。その経験が，自分自身のニュータウン居住と「関西ニュータウン調査」につながったとも考えられる。

「都市居住」の社会学というテーマは，私が社会学を学び始めてからずっと追求し続けてきた研究テーマである。ここではその経緯について振り返ってみたい。

私は1974年４月に，社会学を勉強したいと思い，筑波大学開学１期生として入学した。その当時在籍していた社会学の教員は，今は亡き竹中和郎教授と私の指導教官となっていただいた駒井洋助教授の２人であった。大学の校舎もできていない環境の中で，社会学ゼミが始まったのが1976年であった。昔のことなので教室での記憶はほとんどないのだが，毎週のゼミの後に土浦の「鳥平」という焼き鳥屋で，駒井先生を囲んで飲んで議論したことはよくおぼえている。その年の５月に，バンクーバーで開催された国際人間居住会議（ハビタット）から帰国された後の飲み会ゼミで，先生がその時の感激を熱く語られていた光景は特に印象深く記憶している。以下の文章は，駒井先生が1977年12月に B. ウォード『人間と居住』の翻訳を終えて，「解題にかえて――訳者あとがき」に書かれた一節である。

「磯村英一先生と1976年末までに訳稿をしあげる約束をしたにもかかわらず，いつのまにかまた冬になってしまった。それは，言い訳になるが筑波大学という新しい大学に新しい社会学――われわれはそれを筑波社会学と呼んでいる――それを建設することに必然的に伴う，欠くことのできない業務のためであった」。

翻訳の遅れの一因に，当時の私たち学部学生への公私にわたる指導があったことは間違いない事実であろう。その後私は1978年に卒論を指導していただいた駒井助教授を指導教官として大学院博士課程（５年一貫）に進学した。「訳者あとがき」にも書かれてあるように，駒井先生は筑波社会学建設に向け，学生への熱血指導を展開していた。大学院に入学した私に最初に与えられたのが，『現代のエスプリ　人間と居住』という雑誌に掲載する「都市と権力」という論文を夏までに執筆せよという課題であった。その依頼を受けた時は，とても光栄なことでありとにかく頑張ろうと思っていた。しかし当然のことではあるが，不眠不休の努力はしたものの，結局論文を執筆することはできなかった。至文堂の編集者から，「原稿はいつ頃できますか？」との電話がとても恐怖だったことだけは今でも鮮明に記憶している（その時の本は，私の論文がないまま駒井洋編〔1978〕『現代のエスプリ no. 137　人間と居住――地球共同体のための指針』至文堂，として出版された）。その後42年社会学研究を進めてきた現在でも，「都市と権力」というテーマで論文を書くことはとても難しいと思っている。ただ当時の駒井先生の意図は，おそらく L. マンフォードや B. ウォードのような壮大な問題意識から全世界的視野で「都市」を考えろという課題だったのだろうと今では想像することは可能である。ただそれはアメリカ・カナダ・ベルギーでの居住経験やその後の調査研究の積み重ねを経てきた現在の自分だからこそ解釈できることであり，初学者の大学院生にはとても無理だっただろうと思っている。

論文が書けず憔悴していた私に，２年後にも先生は再度チャンスをくださった。それはやはり，『現代のエスプリ』に「住民運動の役割」という論文を執筆せよという課題であった。この時も原稿がなかなか完成せず，先生の辛抱強いご指導のおかげで，なんとか仕上げたのが実態であった（大谷信介〔1981〕「住民運動の役割」駒井洋編『現代のエスプリ別冊――人間居住環境の再編成』至文堂，182-193頁）。

学部の卒論で考えていた「階級論」，最初の論文の課題であった「都市論」，再度の課題であった「住民運動論」を原稿としてまとめようと足掻いた大学院時代の執筆経験は，私にとってはとてもつらい経験ではあったが，まさに自分なりの社会学研究の活路を見出していった過程であり，本書につながる重要な第一歩として跡付けることが可能である。それは，階級論，住民運動論といった運動論ではなく，住民参加論といった具体的な政策課題へ着目することの重要性であり，方法論としての社会調査を使った実証的研究の重要性であった。それについては，やはり駒井先生から大学院入学後５年後に分担執筆を依頼していただいた論文（大谷信介〔1983〕「住民参加と人間居住環境」駒井洋・樺山紘一・

宮本憲一・淡路剛久編『人間居住環境を考える――住みよい都市づくりへの提言』学陽書房，233-248頁）と，課程修了時に修士号を授与された論文（『住民参加制度の再構想――横浜市緑区調査を中心として』）に象徴的に示されている。今振り返って考えてみると，『都市居住の社会学――社会調査から読み解く日本の住宅政策』という本書の主要な方向性は，私が研究を始めた大学院時代の研究の「生みの苦しみ」から出来上がってきたのだと感慨深く思い返している。大学院時代の駒井先生の辛抱強い学恩に感謝しつつ，42年前にまぼろしとなっていた「都市と権力」という論文の代わりに，本書を駒井先生に謹呈したいと考えている。

本書で使われている調査研究は，私が関西学院大学に赴任した1997年以降に，国から受給した研究費を使い，私が担当した研究演習と社会調査実習の受講生とともに実施してきた調査がベースとなっている。実施した調査別に，研究費と学生たちが卒業時に各自の卒論を再編集してまとめた社会調査実習報告書を整理してみよう。

「4都市調査」（1999年 調査地：西宮・武蔵野・八王子・松山市）

研究費：1998-99年度科研費基盤研究（B・1）『都市化とボランタリー・アソシエーションの実態に関する社会学的研究』（研究代表者 越智昇）

1999年度 西宮市・関西学院大学プロジェクト『西宮研究』

調査実習報告書：2000年『都市住民の居住特性別パーソナル・ネットワーク――4都市居住類型別調査報告書』関西学院大学社会学部大谷研究室（以下省略）

「関西ニュータウン調査」（2004年 調査地：千里・泉北・須磨・西神・三田・和泉・洛西・平城ニュータウン）

研究費：関西学院大学21世紀COEプログラム『人類の幸福に資する社会調査の研究』

2003年度指定研究（研究代表者 大谷信介）

調査実習報告書：2005『ニュータウン住民の住居選択行動と生活実態――「関西ニュータウン比較調査」報告書』
2006『ニュータウン住民の生活行動とネットワーク――「関西ニュータウン比較調査」報告書（2）』
2007『ニュータウンにおける自治会形成――町内会は日本の文化なのか』

「西宮マンション調査」（2008年 住宅地図を使った西宮マンション居住者調査）
研究費：2005-08年度科研費基盤研究（A）『危機的調査環境下における新たな社会調査手法の開発』（研究代表者 大谷信介）
調査実習報告書：2009『西宮アパート・マンション調査報告書――新たな社会調査手法への挑戦』
2010『西宮マンション居住に関する社会学的研究――西宮アパート・マンション調査報告書（2）』
2011『マンションの社会学――西宮マンション調査による実態把握』
2012『The Sociology of the MANSION: New Methods of Social Survey Using Housing Maps』

「愛媛・長崎県民生活実態調査」（2017年 愛媛・長崎県民4000名を対象とした標本調査）
「川崎・神戸・福岡市民生活実態調査」（2019年 川崎・神戸・福岡市民6000名を対象とした標本調査）
研究費：2016-20年度科研費基盤研究（A）『政策形成に貢献し調査困難状況に対応可能な社会調査方法の研究』（研究代表者 大谷信介）
調査実習報告書：2017『行政サービスからみた東京一極集中――東京23区と政令指定都市の便利帳分析』
2018『47都道府県庁が実施する社会調査の実態把握――

「県民意識調査」の実施状況と問題点』
2019『国民生活の実態を明らかにする社会調査の可能性
——「愛媛・長崎県民生活実態調査」報告書』
2020『政府統計調査の限界と生活実態調査の可能性——
「川崎・神戸・福岡市民生活実態調査」報告書』

「４都市調査」は，今は亡き越智昇先生を研究代表者として実施した調査である。越智先生は，苦しい大学院時代に横浜市立大学の研究プロジェクトに共同研究者として誘っていただき，私に丹念な社会調査の方法を伝授していただいた先生である。横浜市に存在していた自主活動団体（ボランタリーアソシエーション）を丹念にリストアップしてその特徴を明らかにするという社会調査の方法は，西宮マンションデータベースの作成にもつながる方法であり，越智先生の社会調査の精神を受け継ぐものである（大谷信介〔1986〕「ボランタリーアソシエーションの組織と性格」越智昇編『都市化とボランタリーアソシエーション』横浜市立大学市民文化センター，59-106頁，大谷信介〔2000〕「ボランタリーアソシエーションと居住類型別特性」越智昇編『都市化とボランタリーアソシエーションの実態に関する社会学的研究』平成10・11年度科研費補助金〔基盤研究Ｂ・１〕研究成果報告書，23-39頁）。

また，４都市調査は，関西学院大学の共同研究『西宮研究』の一環としても研究が進められたものである。学部横断の研究者が西宮について考えるという研究スタイルは，とても有意義で楽しい機会であった。こうした共同研究は，関西学院大学の貴重な研究スタイルとして今後も尊重されるべきであろう。それに対して，１つの学部に巨額の研究費が支給された21世紀 COE プログラムは，大学にとっては名誉なことではあったが，学部にとって生産的なものであったかどうかは疑問の残るところである。それ以降は，科研費基盤研究を受給し，ゼミや社会調査実習といった学部学生の教育をベースに調査研究を進めていくという研究スタイルを一貫して進めてきた。この方法は，１学年600人以上の学生が40を超える専門ゼミの中からゼミ選択が可能な私立大学の社会学部であるからこそできることではあるが，学生も教員もテーマを絞った調査研究に集中することができたのである。大谷ゼミでは，毎年卒業論文を再編集して『社会調査実習報告書』を継続して発行してきたが，その研究成果は年々質的に向上し，2012年には学生が執筆した単行本として出版することができたのである（大谷信介編〔2012〕『マンションの社会学――住宅地図を活用した社会調査の試み』ミネルヴァ書房）。このように本書の内容には，1997年以降の大谷ゼミの学生たちの一連の調査研究に向けた議論や調査作業が背景に存在していることは指摘しておきたい。また，一連の調査研究の成果は，随時，関西学院大学社会学部の授業科目「都市社会学 B」という講義で話をしてきた内容でもある。その講義での受講生の反応やコメントペーパーにもいろいろな影響を受け，その経験が本書につながっているといえる。

2020年の新型コロナウイルスのパンデミックは，大学にもさまざまな影響を与えた。2020年度の卒業生は，計画したゼミ旅行がことごとくキャンセルとなり，卒業式もできないままに旅立たざるをえなかった。2020年度の新入生は，入学式も新入生歓迎の行事もなく入学し，キャンパスにも入れないまま春学期が終わってしまった。ゼミは，Zoom を使ったオンラインで何とか実施したが，春学期に実施した「都市社会学 A」の講義では，対面的な講義は実施できず，オンデマンド型講義を実施することになった。1年生のことを考えるととても気の毒なので，何とか充実した講義内容になるよう努力した。毎回ごとにビデオ撮影した動画作成，音声付きパワーポイント講義資料の作成，毎回の課題へのリプライをするよう努めたのだが，通常の講義に比べると3倍以上の作業が必要となってしまった。ただ，毎回300名を超える受講生の感想文を丹念に読んだ作業を通じて，学生にどのように伝えればより理解が進むのかについて，多くの発見を得ることができた。そうした経験も本書の執筆には大変役立ったことを指摘しておきたい。

今回のコロナ禍によって，私は，緊急事態宣言期間（4月7日～5月25日）だけでなく3月から7月にわたってほぼ自宅にいて，講義の準備と本書の執筆に集中することができた。通勤や月2～3回の東京出張や懇親会，コンパ等がなかったことは，本書を完成させた大きな要因といえるだろう。また，夫婦で健康のために始めた毎朝の散歩時間に妻からもらった原稿へのコメントもとても参考になったことを記しておきたい。最後に，本書の出版に関してはミネルヴァ書房の杉田啓三社長に大変お世話になった。また秋学期のオンデマンド講義に間に合うよう編集作業を進めていただいた岡崎麻優子氏にはとてもご苦労をかけてしまった。この場を借りて感謝を申し上げたい。

2020年７月24日　コロナ禍がなければ東京オリンピックの開会式だった日

大谷信介

索　引

（＊は人名）

ア　行

カ　行

サ　行

タ　行

ナ　行

《著者紹介》

大谷　信介（おおたに・しんすけ）

1955年　生まれ。
筑波大学大学院社会科学研究科博士課程単位取得退学。社会学博士。

現　在　関西学院大学社会学部教授。

主　著　『現代都市住民のパーソナル・ネットワーク』ミネルヴァ書房，1995年。
『〈都市的なるもの〉の社会学』ミネルヴァ書房，2007年。
『問題意識と社会学研究』（編著）ミネルヴァ書房，2004年。
『マンションの社会学』（編著）ミネルヴァ書房，2012年。
『新・社会調査へのアプローチ』（共編著）ミネルヴァ書房，2013年。
『グローバル化時代の日本都市理論』（共編著）ミネルヴァ書房，2015年。

都市居住の社会学
――社会調査から読み解く日本の住宅政策――

2020年10月1日　初版第1刷発行　〈検印省略〉

定価はカバーに
表示しています

著　者　大谷信介
発行者　杉田啓三
印刷者　藤森英夫

発行所　株式会社　ミネルヴァ書房
607-8494　京都市山科区日ノ岡堤谷町1
電話代表　(075)581-5191
振替口座　01020-0-8076

亜細亜印刷・新生製本

ISBN978-4-623-09043-3

Printed in Japan